NONFICTION
論創ノンフィクション
030

白装束集団を率いた女

千乃裕子の生涯

金田直久

論創社

目次

序章　老女の死

福井県福井市は日本海に面するが、市街地と海とのあいだには地を裂くように小高い峰が通っているため、日本海に没する雄大な夕陽を街から眺めることはできない。二〇〇六年一〇月二五日夕刻、この日の曇り空は、太陽が海に沈んだ残り陽が反射されて赤く火照ったように輝き、薄暗い夜の訪れを鈍い黄金のような光で照らしていた。

一七時三四分、福井市にある赤十字病院の病棟で一人の老女が亡くなった。女性の名は増山《ますやま》英美《ひでみ》、京都出身の七二歳だった。

英美は福井の市内から車で三〇分ほど離れた五太子町《ごだいしちょう》の山の中で、英美を「先生」と慕う人たちと暮らしていた。最期の日の前日、英美は一日中ずっと「お腹が痛い」と小さな声で叫び、うめき声をあげていた。「先生を人生の師とすることを一五年前に決めた」という女性が一人、英美のそばについて手のひらをじっと腹部にあてていた。英美は女性の手を覆うように両手を置き、重なった二人の手はまるで強い熱が放出するように暖かく、英美の身体を優しく包みこむ。英美の死期が近いのを悟ったのだろう、女性は今にも泣きだしそうな眼をして「もしものときには救急車を呼びましょうか」と英美に聞いたが、英美は考える間もなく首を横に振った。天凶報を告げようとしたのか、数日前には福井市上空に不思議な流星群が降り注いでいた。

頂、北西、南東、西、東、空のあらゆる角度から、時には鳥の鳴き声のような音を伴い、低空で流れる星もあった。流星は一時間にわたって三〇回以上、空に降り注いだ。

一〇月二五日になった。「救急車は呼ばない」が英美の願いだったが、当日の夕刻になって英美の容態がいざ悪化すると、英美を先生と慕う人たちが話し合い、同日一六時八分、結局、救急車を呼ぶこととなった。一六時二九分、救急車が現場に見えた。英美はなぜか家の中ではなく敷地内に停められたワゴン車の中にいた。救急隊員はすでに心肺停止状態の英美を救急車に移し、救急病院まで急いだ。救急車には前日に看病をしていた女性が付き添った。最寄りの総合病院である福井市赤十字病院までは三〇分ほどもカーブの多い山間の道を駆ける格好となったが、揺れる救急車の中で、女性ができることは、前日と同じように英美の腹部の中心にじっと手を当てることだけだった。

英美はその数週間前からもはや立つこともままならず、五感、特に嗅覚がおかしくなって、四六時中、臭気が体を覆うような感覚に襲われていた。食欲もなく、口に入れるものは主に水と流動食で、スイカジュースと番茶しか摂取できない時期もあった。寝たきり生活の英美にとって、唯一の慰めになったのは周囲の人が英美のために歌うキリスト教の讃美歌を聞くことだった。

若いころの英美は、名門女学校出身の潑剌とした英語講師として、女子高生たちから「先生」と慕われたが、もはやその面影はない。付き添いの女性は骨の目立つやせ細った英美の身体が愛おしかった。女性は、英美の中心から全身を覆うように、救急車に乗っているあいだ、ずっと〝虹色のエネルギー〟をイメージしながら手を当てていた。柔らかい繊細な光のエネルギーではなく、むしろ強い虹色の光で全身を覆うエネルギー。七色の虹は、元気だったころの英美が言うには「大天使ミカエルの生命の色」だった。

老衰にしてはまだ少し若い七二歳。生前、英美は「胃癌《がん》やすい臓癌など、無数の癌にむしばまれている」と言ったこともあったが、翌日に行われた司法解剖の結果、腫瘍は見つからなかったため、死因は心筋梗塞《こうそく》か脳梗塞、または多臓器不全だろうと言われた。周囲から「先生」と慕われた英美だったが、身近な家族はなく、火葬後、遺骨は最期を看取った英美を慕う人たちのもとに引き取られた。

平均寿命よりも少し若い老女の死――。裏日本の片田舎でただ一人の老女が看取られて没したことが何の物語になるのかを知るには、いま少し時間をさかのぼってみなければならない。

話は英美が死ぬ三年と半年前にさかのぼる。

二〇〇三年四月二九日のこと。新聞、テレビ、週刊誌など日本中のほぼすべてのマスメディアは福井県と岐阜県の県境近く、岐阜県郡上《ぐじょう》郡八幡町の林道に広がる〝真っ白〟の奇々怪々な光景を報じていた。

遠目からはその場だけに雪が降り積もったように見えた（「日刊スポーツ」二〇〇三年四月三〇日付）

緑切り裂く白色の帯（「毎日新聞」二〇〇三年五月一日付）

山中に突然、降ってわいたように現れた白ずくめ――（「朝日新聞」二〇〇三年五月一日付）

うらさびしい田舎の林道に突然降ってわいた積雪のように見えたのは、奇妙なワゴン車列の白い大渋滞だった。普段は山菜採りの村人くらいしか通らない閑散とした山間の小道に、なぜかワゴン車の大渋滞が発生しているのだ。そして、その真っ白な車体には、おびただしい数の奇怪な渦巻き模様のステッカーが所狭しと貼られており、それはフロントガラスにも及んでいる。それだけではない。ワゴン車列の周囲、山肌や立木、ガードレールもこれまた真っ白い布で、延々とまるでカーテンが引かれているように林道に沿ってずっと覆われている。

車列は五台や六台どころの話ではなかった。なんと前後二〇〇メートルにわたって、白いワゴン車一四台、乗用車三台、四輪駆動車一台、トラック三台の計二一台の車が並んで停車し、林道を文字どおり占拠していたのである。

テレビ局各社の取材カメラは、この異様な白い車列が林道を埋め尽くす様子を日本全国に配信し、テレビの視聴者は何気なく見ていたテレビ画面に広がる禍々《まがまが》しいくらい真っ白で異様な光景に目を奪われ、呆然としていた。

テレビの前の衆目を釘付けにしたのは、車両の奇抜な白さに加えて、その車列の周囲にうごめく人たちの異様な格好である。彼らは白い長靴に医者のような白衣、顔には白い布マスクを装着、頭は舞台芸術の黒子が被る頭巾を真っ白にしたような奇妙な布を被って車列の周囲をせわしなくうろつき、彼らに近づく侵入者を監視して、まるで林道を検問しているようだった。

「共産主義の過激派による電磁波攻撃があるんです」

「道をふさいでいるのは申し訳ないが、重病人がいるので、すぐには動けない」

「われわれは世の不正義を正し、宇宙の法・真理を探究する啓蒙・反共団体だ」

マスコミ各社は、彼ら〝白装束の集団〟の奇怪な主張をそう報じていた。

現場にいたテレビや新聞などの報道機関はワゴン車の一群と安全距離を保ちながら対峙しているが、なにぶん五メートル少々の狭い林道である。二〇台以上の車が連なって停車しているうえ、現場には報道陣のほかに、不測の事態に介入するべく警察や自治体職員も集まっているため、狭い林道は半ば通行止め状態となっている。

「寄るな！」

「電磁波が危ない。重病人がいるんだ！」

「おい、どけ！」

不意に、テレビ画面は白衣の男たちがうごめくワゴン車列の奥から何やら喧騒を映し出した。もみくちゃの人だかりができている。テレビカメラを肩に抱えた取材陣の群れが、大きな鏡のような〝反射板〟を両手にした白衣の男数人から文字どおり力ずくで押し返され、殴られ、声を荒げてもみ合っている。

テレビカメラは、白く覆った布の隙間から覗く男たちの眼に実直な使命感を捉えていた。


この日のうちに、日本テレビ、テレビ朝日、TBS、フジテレビなど、民放各局は白いワゴン車の群れを「白装束集団」と報道し、四月二九日は各局合計四時間以上が「白装束集団」の報道に費やされた。翌日にはそれまで静観していたNHKまでも報道合戦に参加。報道時間は五時間四〇分を超えた。彼らの異様な風貌と行動そして主張に日本中の視線が釘付けとなり、二日後の五月一日には当時の佐藤英彦・警察庁長官が次のように発言したことから、騒動は収束するどころか、公安までも巻き込む国家的な大事案に発展していった。

「彼らの装束や行動は異様だ。オウム真理教の初期に似ている。あのまま放っといていいはずがない」（「朝日新聞」二〇〇三年五月二日付）

その後、約一カ月にかけて、NHKから民放各局、全国・地方紙、スポーツ新聞や各種週刊誌まで、日本中のありとあらゆる情報媒体が次から次に「不気味な白装束集団」としてこの奇怪な集団を報道し続けた。

「われわれは反共団体だ」「共産主義の過激派によって電磁波攻撃にさらされている」――。彼らの自己主張がなんであれ、〝不気味な白装束集団〟という雑な語彙が、日本社会から彼らに与えられた唯一の評価であった。

集団の名前は〝パナウェーブ研究所〟――正式には〝千乃《ちの》正法会《しょうほうかい》[1]〟。その「教祖」は千乃《ちの》裕子《ゆうこ》という女性だった。彼女はほかに二つの名前を持っていた。ひとつはレイナ・エル大王妃、そしてもう一つは増山英美――。冒頭、二〇〇六年一〇月二五日に福井県の病院でひっそりと亡くなった老女は、この白装束集団の生みの親だったのだ。

千乃裕子――。一九三四年、京都府生まれ、二〇〇六年没。享年七二歳。いまではもう世の記憶から消え去ったあの白装束集団の創設者は、〝スカラー波〟なる「共産主義者が出す電磁波」に命を狙われ、「惑星ニビルが地球に接近する」と予言し、「痴漢ビーム」や「失禁攻撃」

に痛めつけられたあと、人知れず〝白装束キャラバン〟生活を全うした。

一〇年以上も日本全国を流浪し、日本中の好奇の眼にさらされた挙句、「白装束集団の教祖」という言葉で社会的に漂白されてしまった千乃は、臨終の間際まで周囲から「先生」と慕われていた――。

千乃正法会は、その名のとおり、千乃が説く正法（正しい法）を学ぶ会として一九七七年に設立された組織である。そこには本来、政治や社会の退廃や既成宗教のドグマ化に憤り、宗教と科学の一致によって、よりよい世界を作ろうと望み求めた多くの若者と良識ある大人たちがいた。

よりよい世界を希求したはずの彼らが、なぜ白装束を身にまとい「電磁波」に追われることになったのか。彼らの中心にいた千乃はいったい何を信じ続けていたのか。そして、彼らは予言が外れた「いま」をどのように生きているのだろうか。

その問いに答える旅を、彼女の死から時間を辿って、始めようと思う。

第一章　告白

「わざわざ、こんなところまでよく来ましたね」

二〇一九年二月、長野県松本市。宮野（仮名、六〇歳）は、わざわざ昔話を聞くためだけに東京から足を運んだ私をそう言ってねぎらった。ここは、長野県松本市のシンボルである松本城から徒歩五分、観光客の集まる中町通りの喫茶店。店内はストーブが焚かれ、外の雪景色が別世界のように曇りガラスに透ける。〝白装束騒動〟の約一〇年前に起きた「松本サリン事件」の現場住宅地は、ここから歩いてすぐ行ける距離だ。

「こっちに住んだのはオウム事件のあとなんで、そのことはまったく知らないね」

宮野は、マスコミがまるで〝オウムの再来〟かのように報道し、当時の警察庁長官をして「オウムの初期に似ている」と言わせた白装束集団・パナウェーブ研究所／千乃正法会の元会員である。

宮野が千乃正法会に出会ったのは七〇年代の末。大学の帰りに本屋で立ち読みした千乃正法会出版の書籍『天国の光の下に』がきっかけだ。宮野は本に挟まれていた折込チラシに書かれていた電話番号に電話をし、年額三〇〇〇円の機関誌を購読。吸い寄せられるように東京でおこなわれていた集会に顔を出し始めた。

「特に求めるものがあったとか、〝虚しさ〟とか、そういうものではなかったですけど」

宮野が正法に出会った七〇年代末は学生運動の波がほぼ終焉し、暢々《のうのう》とした大学生活は退屈なものだったが、宮野には、バブル期にオウムに吸い寄せられた若者にありがちの〝社会への鬱屈〟があったわけではない。「あくまで書籍の内容に納得して」入会した宮野だが、当時の正法会の活動は宗教団体と言うよりも、むしろ政治団体のそれに似ていた。集いの場では熱く「レーガン政権が……」、「ソ連の脅威が……」と国際政治、特に共産主義の脅威が語られており、レベルの高い政治談議とそれを裏で支える〝正しい法〟（宗教と科学の一致）を説く千乃正法会は、宇宙史的な時間の流れの中における自己の位置付けや生きる意味を、実践をもって求める青春の場に見えた。

「千乃正法は、宗教ではなく、科学でもなくて、政治でもない。だけども、そのすべてなんですよ。だからこそとても新鮮に感じたんです」

保守系月刊誌の「正論」や「ゼンボウ」を読み始め、〝ジョギング〟と称した反共産主義・共産党批判のチラシ配りやポスティングをやったり、勉強や仕事の合間をぬって書店を回り、千乃裕子の書籍の注文を取る活動を会の仲間とおこなったりしたのも、ちょうどこのころだ。九〇年代になり、千乃が福岡県に居を構えたときは福岡まで赴き、すでに「共産主義者によるスカラー波の攻撃」にさらされていた千乃の家に「スカラー波除けの金属板」を貼る作業も手伝った。

「初めて会った千乃先生は空気感が普通の人と違った。ま、話してる感じは関西弁の普通のオバちゃんでしたけど」

宮野は、電磁波攻撃に怯える千乃が九一年に突如として始めた白装束キャラバンにも参加。専従のキャラバン隊員ではなく、月に一度のボランティアとしての参加だったが、二〇〇三年の〝白装束集団〟へのメディアスクラムの時期が過ぎても続けた。

〝白装束キャラバン〟が二〇〇三年五月一一日に福井県福井市五太子町の団体施設に戻ってからは、パナウェーブ研究所がマスコミに取り上げられることもなくなる。同年八月に施設内で会員が変死した事件を最後に、その動向が一般に報道されることもほぼ皆無となった。一時は日本中の衆目を一点に集めたパナウェーブ研究所だが、騒動が終息したあとも二〇〇六年に千乃裕子が亡くなるまで継続的に、「スカラー波の調査」や「過激派からの攻撃の監視」のために会員が地道に活動していたことはあまり知られていない。

千乃正法会は〝奇怪な白装束集団〟とマスコミ報道が過熱した二〇〇三年以降に会員数が激減したと言われる。そんな苦難の中でも会から離れることはなかった宮野だが、二〇〇六年、千乃裕子の死後に千乃正法会を離れることになった。

――どうして会を辞めたのですか？

「私が辞めたのは、千乃先生が亡くなった少しあとでした。もう嫌になったんです。正法が嫌になったと言うより、雰囲気が嫌になったんでね。千乃先生が亡くなったあとの〝主導権争い〟と言ったらまだ格好いいくらい。会員の数もわずかになったのに、『〇〇はおかしい！』と、些細なことを引き合いにして『〇〇は天の意思に反している。〝背反〟だ！』と批判する状況があったんですよ。そんな話聞きたくないでしょ？『もう先生が亡くなったあとは、天の

キャラバンの車列（長野県にて。2003年5月）

声は聞こえないんじゃないか……』と、別に退会届とか、そういうのを出したわけではないけど、もう連絡をしなくなった。残っている人からは『道に迷った可哀そうな人』と思われているかもしれないですけど」

宮野が述べる〝背反〟は千乃正法会を理解するうえでのキーワードであるので、詳しくは後述する。

二〇〇三年にマスコミで一躍有名になったパナウェーブ研究所だが、その白装束キャラバンが始まったのは、じつはそれから一二年前の一九九一年、そしてキャラバンが終わったのは二〇〇三年、千乃の死によりスカラー波を測定する必要がなくなり、パナウェーブ研究所が解散したのが二〇〇六年。一九七七年の千乃正法会設立時から数えると、千乃裕子は千乃正法会を設立して二〇〇六年に亡くなるまで、二九年間も宗教家としての活動を続け、そのうち一六年間はスカラー波による攻撃を受け続け、一三年間も延々とキャラバン生活を続けたのである。

千乃の主観に立ってみれば、活動期間の半分以上ずっと〝見えない敵〟による攻撃にさらされ続けたことになる。

――キャラバン生活をずっと続けるというのは相当辛かったのではと思いますが。

「あれは……一番大変（な時期）。体力的にもそうだし、精神的にも。専従でキャラバンにいた人たちは、仕事も辞めて隊員になったわけで、私は週末に行くだけのボランティアだったけど、それでもがんばって会社から休暇をもらってやっとの思いで行くわけですよ。最初は自宅からキャラバンまでの交通費が出たけど、最終的には自腹になったから。特に辛いのは既婚者の方でしょうね。マスコミであんなに騒がれたらいたたまれないでしょ。スカラー波？　感じたことはあるよ。私は吐き気に襲われて、二回くらい吐いたことがありますね。白い布がエスハ（筆者注：S波、「スカラー波」のこと）除けになるんだけど、S波が溜まると洗わなくてはいけない。それをボランティアの方に洗濯してもらうんだけど、洗濯するときに手がビリビリ痺れるんですよ。S波は水で取れるので洗ったあとに干して、それをまたキャラバンに届ける……」

すでに会を離れたはずの宮野だが、どうやら〝スカラー波の攻撃〟は未だに信じているようである。

「S波というのは電磁波の一種で、普通の電磁波とは波動が違うんだよ」

千乃正法会が〝スカラー波〟を言い始めたきっかけは、千乃が原因不明の心臓の痛みや耳鳴りを、共産主義過激派が電磁波兵器で自分を攻撃しているからだと捉えたことが始まりだ。なんでも、「千乃は天上界により霊能力を与えられ、天のエネルギーでつねに満たされているので常人の数十倍の生体エネルギーを有する」ゆえに「つねに電磁波の横溢《おういつ》と放電があり、過激派が探知しやすく、攻撃が千乃に集中した」らしい。

白布を積み込み、渦巻き模様が車体一面にびっしり施された一〇台以上のワゴンが連なっての逃避行。行先も不明のまま一〇年以上も車中生活を続けた千乃正法会。一般社会はそれを「カルト集団の奇行」と雑な一言で考えてきたが、それが終わって十数年経ったいま、あの〝白装束キャラバン〟は、彼らにとっていったい何の意味があったというのか。

——キャラバンの意義は結局何だったのでしょうか？

そう尋ねると、考え込むのか、それとも苦笑いでもするのかと思った刹那、宮野は間を置かずにこう答えを返した。

「キャラバンは善と悪の闘いの最終決戦の現場だったんです。要するにニビル星もキャラバンも、サタンをおびき寄せるための罠。最終的には、天の勢力が大サタンに勝利したと。肉体的にも精神的にも、もちろん辛かった。キャラバンに参加していたわれわれもみんな、サタンにコントロールされて千乃先生を攻撃してしまう。そんな状況で、千乃先生が大魔王を消滅させた。天の勝利で闘いが終わったんです。

一言で言えば、キャラバンは〝天がサタンに勝利するための犠牲〟だったんですよ」

千乃裕子はキャラバンの最中の二〇〇三年五月一五日に「第十惑星ニビル」が地球に接近し、地軸が大混乱、世界は破滅すると予言。当の一五日が近づくと「ニビルは、宇宙人や天使の協議により、暗黒の太陽に向けて軌道が修正された」と訂正し、その後うやむやになった。そして自身も「末期癌が全身に転移して余命四、五日」と述べていたが、結局それから三年ほども長く生きた。

　宗教は、カリスマ的指導者の〝死〟の意味付けを信仰共同体に要求する。キリストが十字架上で死ぬ直前には、弟子たちはイエスを見捨てたのだが、その死後に、イエスへの裏切りと復活と昇天の物語を、贖《あがな》いの死という解釈とともに紡ぐことによって、キリスト教という宗教が誕生した。イエスはユダに裏切られて十字架上で無残に殺されたが、その裏切りと死がなければ、キリストへの信仰は人類に決して生まれなかったのである。

　千乃裕子の死は、いったい宮野に何を要求したのだろうか。宮野の言う「サタン」や「善と悪の闘い」は、何を意味するのだろうか。予言が外れたあとの千乃正法会は、いかに自分たちの真実の物語を紡ぐようになったのだろうか——。それを探るには、千乃正法会とは何だったのかを、歴史を辿って考えていかなければならない。次章からは一九七七年に始まっていまにいたる、四〇年以上にわたる千乃裕子と千乃正法会の物語を手探りで辿っていく作業に入る。[2]

　この作業を通して〝何か〟を強く信じる哀れな人間の強さと愚かさが、美しいくらいにないまぜになって胸に去来する——そんな予感がする。

第二章　誕　生

千乃裕子の前半生

私はよく、小さい頃から人から誤解を受けては、悲しい思いをしていたものでした。（千乃裕子『天国の扉』一四頁）

千乃裕子は一九三四年一月二六日に、「生橋英美《いくはしひでみ》」として京都で生まれた。生まれたときの彼女の姓は、序章に記した「増山」ではなく「生橋」であった[3]。

英美の父親は士族の出身で、加賀藩前田家に代々勤めた典医《てんい》の家系だったという。父親は二人兄弟だったが、医大を卒業した優秀な兄に比べ、弟である英美の父は、頭はよいが出来が悪く、三校（現・京都大学）に合格したものの暴力沙汰を起こして退学。私大に進んだあとは地元（おそらく京都）の市役所に勤めた。

英美の父親は一九三二年ころに英美の母親と結婚するが、二人の年齢差は一六歳もあった。英美の母は二〇歳のころ、対する英美の父は三〇代後半での結婚だった。これが父親にとって初婚なのか再婚なのかは不明である。英美によれば、両親の結婚は昭和初期には珍しい恋愛結婚だったらしい。

夫妻の待望の第一子・英美は一九三四年に生まれた。夫妻に第二子はできず、英美は一人娘として両親に愛され、大事に育てられたものの、教育方針は独特だった。父親は幼少の英美がお腹を壊すとヒマシ油を飲ませ、絶食させた。育ち盛りの幼児に空腹は何より辛い。栄養が足りずに皮膚が炎症を起こすこともしばしばだったが、お腹をすかせた英美がこっそり拾い食いでもしようものなら、父は決まって容赦ない平手打ちを食らわすのだった。

太平洋戦争の初戦の戦果に日本中が沸いていた一九四二年、厳格な父親は四八歳で粟粒《ぞくりゅう》結核にかかり、亡くなった。よく叱られながらも幸せな家庭生活を送っていた英美母子は、人も物も金も足りない戦時下で「未亡人とその連れ子」となった。

父親を幼くして急に喪失したせいか、英美は精神が不安定な子どもだった。不遇な娘の精神状態と夫を亡くした家計への不安、そして都市の食糧難もあって、終戦後すぐ、英美が国民学校初等科（小学校）を終えるころ、母親は島根県の山奥に住む農家の知人に英美を養女として預けた。このころの日本は食糧が配給制で、コメ二合一勺《しゃく》（一人一日分）の配給が規定とされたが、遅配や欠配は当たり前。全国平均でも二〇日の遅配があり、特に都市部では食糧難が深刻だった。英美は母と離れるのを嫌がったが、戦後の混乱状況で身を立て、精神状態が不安定な娘にお腹いっぱいに食べさせてあげる環境を作るには、そのほかに道はないと母親は考えたのだった。

しかし、そんな母の親心とは裏腹に、英美を預かった島根の知人一家のほうでは、単に「よい働き手が来た」としか思われなかった。しかし、都会生まれで精神の不安定な英美に農家の手伝いなどできるはずもなく、しだいに「気が利かない子」として厄介者扱いを受け始める。父を失い、母からも捨てられ、田舎の家族からも拒絶された英美は、しだいに希死願望を抱くようになり、一二歳のある晩、自殺行に出た。

ある晩、付近の裏山で、長い間、一人で夜空を見ながら考え込んでいたのです。一晩食べなければ、死ねるとでも思ったのでしょう。(『天国の扉』一一頁)

思春期の少女の「断食自殺行」は結局、知人一家が探しに来て、未遂に終わった。その後、家出と自殺未遂をいとわない英美は、知人一家には手が負えなくなったようで、ほどなくして母親の元へ帰ることとなった。母親とともに住んだのは大阪府池田市、阪急電鉄の石橋駅近くにある商店街の一画、暗い台所の木造二階建てだった。

池田市役所が発行した『池田市史』によると、このころの池田市は大都市・大阪と神戸のあいだにあったものの、戦争による大きな痛手を受けておらず、戦時中に多少の家屋の疎開間引きはあったが、ほとんどの民家や公私の施設は健在だったという。

戦後の池田市石橋は、疎開してきた人を目当てにした闇市や露天商が並び、戦後の混乱の中でも平和な活気が息づく街だった。終戦直後の闇市はしだいに〝石橋商店街〟として成長し、石橋は池田市の商業の中心となっていく。戦争の災禍からは逃れられた池田市だったが、終戦五年後の一九五〇年に西日本で猛威を振るったジェーン台風の暴風雨に見舞われる。これは死者三九八名、床下浸水三〇万戸を出した占領期最大の自然災害で、英美の家も屋根や天井に大穴が開くなど、大きな被害が出たらしい。

台風被害から復興した池田市はその後、一九五九年の五月丘《さつきがおか》団地の建設を皮切りに、高度経済成長期には大阪・神戸両市郊外のベッドタウンとして着実な発展をしていった。英美は、そんな戦後日本の復興と発展の王道を堂々と歩む街に、それから四〇年ほど住み続けることになる。

英美の母は洋裁の仕事をしていたようだが、一人娘を育てるにはおぼつかない。英美らの生活を金銭的に支えたのは、会計士をしていた母親の再婚相手だった。継父という生活の安定を得た英美は、大阪で最初の女学校として一八七八（明治一一）年に設立された名門・梅花《ばいか》高等女学校（豊中市）に通い始める。周囲の人々が戦後の経済的困窮にあえぐ中、比較的恵まれた青春時代を過ごした英美は、高校卒業後の一九五二年にはそのまま梅花女子短期大学の英語科に入学。在学中にはキリスト教（プロテスタント）の洗礼を受け、教会には毎週日曜日に熱心に通った。洗礼名は「デボラ」。旧約聖書の士師記に登場する預言者「デボラ」から名付けられた。

当時の女性の大学進学率が三％以下だったことを考えると、英美の家庭は比較的裕福で社会階層が上位であったことはまちがいない。しかしながら、幼少期に抱いた希死願望は英美の胸中にあったままだった。二〇〇三年に〝白装束集団〟が報道された際に、テレビのインタビューで英美の学生時代を知る同窓生が、彼女が大学時代から「私、もうすぐ死ぬのよ」と言い続けていたと証言している。

短大卒業後の英美は、大阪で大きな貿易会社に勤め始めた。旧制女学校出の英語が堪能な才女として意気勇んで就職したものの、キリスト教精神にのっとり、自由で上流階級的な校風の梅花学園で多感な一〇代を過ごした英美に、昭和三〇年代当時の男尊女卑的な企業文化は退屈極まりないものだった。

英文科を出たのに、手紙のファイルやお茶を汲むこと、掃除することが主で、陰で頼まれて、男性社員のために英文の手紙の原稿を書いてあげるのが精いっぱいで、嫌気がさした。

（『天国の扉』一四頁）

英美は単純作業ばかりで男性社員の補助しかできない仕事に嫌気がさして会社を辞めたが、どのくらいの期間をその会社で過ごしたのかは定かではない。自身の社会人生活で、英美が明らかにしているのは、新卒で勤めた会社を辞めたあと、少なくとも三〇歳になるかならないかの一九六三〜六四年ころに、当時としては珍しい外資系（西ドイツ）の化学染料を扱う会社で、英語力を生かしながら英文速記者の仕事をしたということである。[4] その会社では、優秀な人材としてドイツ人の男性上司から「ドイツへの留学」も打診されたようだ。しかし、それを断ったせいで上司や同僚から恨み・妬みを買い、人間関係に病んで、またしても退職を余儀なくされた。続いて六七年か六八年からは米国系の製薬会社で秘書として働いたが、これも長続きはせずに退職。英美は三〇代前半で職を転々とする、社会からの〝はみ出し者〟となるのである。

その後、英美は四二歳になって突如として霊感が目覚める。それ以前の一〇年間の消息については、〝白装束騒動〟のブームに沸いた二〇〇三年の週刊誌に、断片的に「ホットパンツで足を丸出しで犬を散歩させていた」とか「全裸で近所の商店街を走り回った」などと書かれるが、確かなことは知れない。確実なのは、一九七五年から母親がＧＬＡという新宗教の熱心な信者となったということ。そして職場でも教会でも家庭でも、人付き合いが苦手な性格のせいで、人間関係には非常に苦しんだということだ。

幼少のころに抱いた希死願望が、再び表面化するのもこの時期である。新卒で勤めた貿易会社では同僚への片思いが実らず、また仕事上で大きなミスをしたこともあって、自分自身への葛藤に耐えられなくなり、睡眠薬を手に家出をした。大阪から、新幹線もまだ通っていない東京へ逃避し、東京や横浜などの大都市を渡り歩くなど、何日も各地を転々としながら自殺を熟考した。が、ついに決行できず、一文無しになって舞い戻った京都から母親に電話をし、迎えに来てもらった。従業員に急に姿をくらませられた会社は、寛大にも復職を提案してくれたが、英美は結局退職した。退職したあとも英美は、二度ほど自殺未遂を繰り返したという。

育ちのよい経歴と高い能力がありながら人間関係のトラブルに巻き込まれ、自己嫌悪に陥る英美――。〝社会不適合者〟の烙印を押され、右往左往をした二〇代が過ぎ、三〇代も半ばとなったとき、いまでいう心療内科の領域だろう、精神的なストレスから胃腸炎や胆嚢《たんのう》炎などが悪化した。このように精神だけでなく、体にも不調をきたし、もはや会社員として働くことは難しくなった英美は、米国系の製薬会社を最後に外で働くことを辞めるのであった。

英美は一九七〇年ころ、製薬会社を辞めた三〇代後半から、のちに霊道の場となる自宅で英語教室を開き、子どもたちを相手に英語を教え始めた。英語教室では思春期の子どもたちの悩み相談にも乗った。

会社を辞めて家にこもりがちになった英美は、読書にふけるようになった。内向的な英美が好んで読んだ本は、キリスト教をはじめとする宗教書やオカルト本で、一九七三年に創刊されたばかりの日本初のUFO雑誌「UFOと宇宙」も好んで読んだ。池田市石橋の自宅に引きこもってからは、学生のときから欠かさず毎週日曜日に通っていた教会からも、牧師との人間関係の悪化から除《の》け者にされた。こうして大人とはほとんど付き合いがなくなったという。


何年、実社会から遠ざかっていても、人間にたいする不信と嫌悪の念は深まるばかりで、子どもたちや動物を相手にしているときが、一番幸福でした。（『天国の扉』一五頁）

社会生活に適合できず、精神を病んだ英美を慰めたのは動物たちだった。部屋の窓際には鳥かごを置いて小鳥を、家の一階では猫や犬を飼っていた。また、屋根から落ちたスズメの雛《ひな》も飛べるようになるまで世話をして、近所を徘徊する野良猫にも餌やりをしていた。

「家の前にエサをまき、野良猫も呼び寄せ飼っていたから、家じゅう猫だらけ。猫の姿が見えなくなると、『〇〇ちゃ〜ん』ってアーケードの天井に叫んだり、路地裏で探す声が響いていた」

「きれいなコやったけど、表情が乏しいというか、変わった感じのコやった」

「美人っていやぁ美人だけど、いつもツンツンし、犬の散歩させとった。性格が暗そうで、何を考えているかわからんかった」

「あそこの娘さん、頭は良かった思いますけど、少し変わってたで。会計士してたお父さんに電話入れたら、あの子が出て取り次いでくれないばかりか、『ウチに電話してこないで』みたいなことをうわーッと言う。その後、ピーッとかガーッとか、ファックスみたいな音を延々と流してきて、エライ目にあったことがありました」

石橋の商店街に住む住民は、二〇〇三年のマスコミインタビューで、社会をドロップアウトしたころの英美の様子をそう伝える。

美人だが、自分のことしか考えていない一風変わった人――。それが周りからの英美の評価だった。野良猫への餌やりに「迷惑だ」と苦情を言った隣人に対し、「生き物は大切にしないといけない！」とヒステリックに突っかかったこともあったらしい。

英美自身も当時を振り返って、こう述べている。

曲がったこと、歪んだ性格、歪んだ社会が大嫌いだったので、そのような人には真っ向から非難を浴びせかけました。（『天国の扉』一六頁）

彼女が親友と呼べる人間は、一人か二人に過ぎなかった。とはいえ、適齢期には人並みに恋愛もしたし、親がおぜん立てしてくれた男性と見合いもした。だが、英美によると「義父との折り合いが悪く、私が結婚に飛び込めなかった」らしい。英美に言わせれば、義父は「理屈の通らぬ変人で私とは水と油」だそうで、いつも喧嘩ばかりしていた。また、職場や教会での人間関係のトラブルの相手はすべて男性だったため、英美は「男性不信と人間不信」に陥っていたという。こうした男性との〃折り合いの悪さ〃から、英美は結婚を選択しなかった。彼女の二〇〜三〇代は、昭和三〇〜四〇年代に相当する。戦後のベビーブームは過ぎたとはいえ、独身を通す女性はまだ珍しかった。

人付き合いが苦手で、自宅に愛猫や愛犬を囲って過ごした英美の三〇代は、高度経済成長の渦中で発展していく街の様子とは対照的で、孤独に彩られる。厳格ながら娘を愛して英美が八歳のときに亡くなった実父と、いがみ合った養父。母親に捨てられ希死願望を抱いた幼少期と、終戦直後にしては恵まれた青春時代。人間関係に悩み疲れた社会人生活と、動物と子どもに囲まれた幸福な隠遁生活——。四半世紀後に、「共産主義者による電磁波攻撃」に追われるキャラバンで逃避行を繰り返す英美の青年・壮年時代を彩るのは、死と孤独、そしてせわしない生きづらさの中で見つけた無垢な癒しだった。

不遇の三〇代を過ぎて、自宅で英語教室を始めたあとの一九七七年、英美が四二歳の時、彼女の前に天国の扉がようやく証《あか》しされるときが来る。次からは英美が霊道を開き、宗教家となりゆく時代の論証に移る。だがその前に、彼女が「生橋英美」から「千乃裕子」に移り変わる過程に、重大な影響を与えたもう一人の宗教家についてスポットを当てなければならない。類《たぐい》まれなその宗教家がいなければ、「千乃裕子」が生まれることは決してなかったのだから。

GLAの教祖・高橋信次

一九七六年六月二五日、一人の宗教家が亡くなった。その名は高橋信次。一九七〇年代の日本のオカルト／精神世界を一世風靡《いっせいふうび》した〃GLA〃という宗教団体の教祖である。

GLAとはGod Light Associationの略。高橋信次を「釈尊の生まれ変わり」として、一九六九年に創始された宗教団体で、現在も続いている。その教義はこうだ。人間の本質は輪廻転生を繰り返す魂であって、魂は天上界から人生で果たすべき使命を抱き、この世に肉体を持って生まれ出た。大自然の法である万物の生命が一つの法則の下に輪廻している。それを人類は長い歴史を通じて証しして来た。仏教もキリスト教もイスラームも、あらゆる宗教は一つであり、科学の発展、哲学思想の発展も天上界の意志によってなされた。

これを理解し、生きることが「正法《しょうほう》」すなわち世界の法《ダルマ》である、という、いわばスピリチュアリズムとニューソートを混交したような思想が中心であった。一見〝ありきたり〟に見える平凡なその教義を、熱狂的な実感を持って当時の人々にアピールしたのが高橋信次のカリスマ性とその具体的な霊能力だった。

「具体的な」と書いたのは、高橋信次の講演する場所には金粉が天から舞い落ちる、信次の汗を拭いたハンカチに金粉が付着していたなどと会員の目の前で物質化現象が起こったり、人生相談に来た人の思いや行動を信次がズバリと言い当てたりするなど、具体的な超常現象が起こったからである。また、信次は、講演では会員を聴衆の前に呼び寄せ、彼らの過去世（前世）を解き明かすばかりか、当人の過去世の記憶をよみがえらせ、曰く古代インド語やギリシャ語で異言を語らせたりした。こうした超常現象をGLAでは「霊道を開く」と呼びならわしていた。

二五〇〇年前のインドにいた釈尊とその弟子たち、また二〇〇〇年前のカナンにいたキリストとその弟子たちが遠い輪廻転生を経て、二〇世紀の日本に生まれ変わり、高橋信次の許《もと》に再び集い来た――。その〝物語〟を、霊道の開いた信次のカリスマ性によって信者が実感し、感動する。感動のうねりは、一九六九年の創設以来わずか七年のうちに日本全国に伝搬し、北海道から九州まで全国に一〇〇軒近い支部、さらに海外伝道支部をブラジルとアメリカに持つまでに成長していた。

こうしたGLAの流行を理解するには、七〇年代という時代性を考慮する必要があろう。一般に七〇年代の日本は〝第一次オカルトブーム〟と言われ、日本テレビ系「木曜スペシャル」の放送（一九七三年）やユリ・ゲラーの来日（一九七四年）、映画『エクソシスト』（同）の公開、書籍『ノストラダムスの大予言』（一九七三年）のヒットなどにより、それ以前は一部の好事家《こうずか》のものであったオカルトが文化として大衆化する、オカルトの黎明期《れいめいき》と位置付けられる時代だったのである。

高橋信次が他界したとき、GLAの公称会員数は一〇万人で、大阪に住む英美の母親もそのうちの一人だった。英美の母は少なくとも一九七五年にはGLAの関西本部に出入りする会員であったという。

「信次先生がどこの家にも見に来はるんよ。会員の家は光に溢れてるの。信次先生のご本から光が出よって、天上界からそれが置いてある家が光っているのが見えるんやって」

英美の母親はGLAの集いで得た感動を英美に何度も言い聞かせた。初めは訝《いぶか》しげだった英美も、しだいに母が熱狂的に話す高橋信次への興味をかき立てられていった。

母は高橋信次氏の教えを信じる人たちの立派さ、その一言一言が真に価値のある素晴らしいものとして、また、その人の講演で、いかに驚くべき奇蹟が多く行われ、異言が語られるかを述べ、そこを訪れるたびに、私と同じ失望に住んでいた母が、生き生きと自信に満ちて、私が聞こうと聞くまいと、理解しようとしまいと、私に語らずにはいられないように、その教えを語ったのです。(『天国の扉』九頁)

まだしっかりと書籍を読むにはいたらなかったものの、母から口伝《くちづ》てに聞く高橋信次の教えに英美が惹かれた一番の理由は、彼の述べる霊やこの世の仕組みが、ひそかに英美が幼少のころから抱いていた心の疼《うず》きや渇きに合致する温かさがあったからだった。

しかし、転機は突然やって来る。母が「先生」と慕った高橋信次は一九七六年に急逝するのである。わずか七年間の宗教家活動であった。そして、指導者の死後には、いかにそのカリスマを継承するか、いかに支柱を失った組織の動揺を防ぐかが、どのような集団にも重要である。だが、GLAの場合、その体制が十分ではなかった……。いや、それどころか、高橋信次は混乱の種をあえてGLAに撒いていたのだった。

一九六九年の活動開始以来、降霊術や彼の霊能力はともかくとして、主にニューソート的な思想と仏教的な術語を基に、現実的な教義を説いてきた高橋信次であったが、一九七六年の三月から死ぬ直前にかけて、突如としてそれまでの仏教的な教説を逸脱し、以下のようなオカルトなコスモロジーを説いたのである。

一九七六年七月のGLAの機関誌はこう記す。

人類の祖先は三億六五〇〇万年前にベー・エルデ星から天使と共に宇宙船に乗って地球のエル・カンタラ（現在のエジプト）というところに渡来した。

そのときの中心人物は「エル・ランティ」と言う〝真のメシア〟であり、現在高橋信次として地上に生まれている。

エル・ランティの光の分霊としてはアガシャーやカンターレなどがあり、それぞれイエス・キリストと釈尊である。キリストや釈尊はエル・ランティと共に九次元宇宙界に存在している。

エル・カンタラから地球の文明が起こり、ムー大陸やアトランティス大陸など超古代文明が栄えた。

地上はエデンの園だったが、人間がエデンの園を離れ、神との絆を断ったため、世は善と悪（明暗）に別れるようになった。

この突拍子もないコスモロジーに会員は動揺した。なにしろ三億年前にＵＦＯで地球に来た宇宙人が人類の祖先であるからには進化論が否定され、それまで釈尊の生まれ変わりと信じてきた指導者が、じつは「エル・ランティ」という奇抜な名前の「宇宙人」だったと言うのである。[5] これを無批判に受け入れろというのは、もはや思考を停止しろと言うに等しい。

高橋信次が常に言っていた台詞《せりふ》がある。

「決して妄信せず、疑って疑って、疑いきれないものだけを信じなさい」

しかし、高橋信次が説いた突拍子のないコスモロジーは、多くの会員にとって疑うに足るものだった。当時のＧＬＡの機関誌には「この発表によって、一部に動揺を与えたことも事実のようです」と正直に書かれ、会員の執るべき姿勢として「仏教的立場の身に固執せず、大宇宙の中の人類的視野から、正法神理の全体像を把握され、心の大いなる糧として前進されることが、強く望まれます」と書かれている。

そして、何より根本的にまずかったのは、唐突にオカルトコスモロジーを語り始めた張本人の高橋信次が、その解き明かしをする間もなく、すぐにこの世からいなくなってしまったことであった。信次は新しくオカルト言説を述べることで、人類の魂の歴史を宇宙的なレベルで統合しようと試み、『新・復活』という彼の遺稿でその全貌を明らかにするはずだった。しかし、結局それは刊行されなかった。

教義の揺らぎ、会員の動揺、絶対的な指導者の死、そして組織の混乱――。カリスマを失ったＧＬＡ指導者の地位は、彼の遺言どおり、なんと心細いことに、当時は若干一九歳の女子大生だった高橋信次の一人娘、高橋佳子《けいこ》に継承されることとなった。

英美と高橋信次

話は高橋信次が死ぬ半年前にさかのぼる。

一九七五年の暮れ、英美の母はＧＬＡで知り合った知人女性に、日ごろから感じる悩みの相談をしていた。

「娘はね、再婚した夫と仲が悪うて。そないときは、いつも私があいだに立ったもんですから、よく三人で口論したんです」

するとお知人女性はこう言った。

「娘さんに悪霊が憑いているんでしょう。娘さんと早く別居しなければ、お二人とも殺されてしまいますよ」

そばで聞いていた英美はかっとなり、高橋信次の本を三冊ほどゴミ箱に投げ捨て、二階に駆け上がって自室に閉じこもった。

「なんてひどいことを……」

英美の身体は金縛りのようにこわばった。感情的に激高することは以前もあったが、そのときは体の受け止め方が違っていた。言われたことに対する心的ショックというよりも、霊的な次元で起こったこわばりに感じられた。しばらく横にならなければ、その体のこわばりは収まらなかった。

「こんなことは生まれて初めてだ」

英美は未知の体験に本能的な恐れを感じた。なんとか動けるようになってから、階下に降り、ゴミ箱に捨てた高橋信次の本を元あった場所に戻すとそれは収まった。

不思議なことは続いた。金縛りにあって一週間ほどしたあと、英美が寝転がっていると、突然に黄金のオーラに包まれた仏陀とイエスが目の前に現れたのである。

「悪魔よ、去れ！　去れ！」

不意の超常現象を拒否した英美だったが、光り輝く仏陀とイエスは遠のいてはまた近づいてくる。英美はそれを「高橋信次先生の本が家にあるから、それで霊体が見えるのだろう」と解釈した。

そんな不思議な霊現象が続いたさなか、高橋信次の突然の訃報に英美と母は深い悲しみに陥ることとなる。

「信次先生が亡くなった……」

一九七六年六月二五日、英美は母の師・高橋信次の訃報を聞いた。無関心を装い、口では「宗教など信じられない」と強がりを言いながらも、突然の訃報は英美の心に少なからぬショックを与えた。

「信次先生は真の宗教であると母は言うが、宗教など信じられない。所詮は成功者の集団であるGLAに自分の苦しみがわかるはずがない。宗教家などみな、自分勝手の俗物だ」

当時の英美の宗教家アレルギーは、かつての教会生活で〃非常に立派な人格者〃として通っていた牧師から無視され、ありもしない悪口をほかの信徒に広められた経験が原因だったらしい。男性不信と人間不信、そして宗教家不信がないまぜになった厭世願望により、当時の英美は半ば〃無神論者〃を自認していたほどだった。

しかし、不思議なもので、英美は高橋信次の訃報を聞くや、あえて「宗教家など……」と無視していたその教えを詳しく学んでみたいと、初めて心が動いたのである。


それから、母が大切に並べている著書を母のいない時にそっと盗み読みし、斜めに目をとおしました。少しずつ、私の心にもその光りが染みとおり始めたのです。

(『天国の扉』一八頁)

高橋信次の著作に自らゆっくり触れだした英美は、「黒豹《くろひょう》を連れて天国のゴミ捨て場から山や川を下って地獄を体験し、川上に駆け上って天国の光景をまざまざと体験した」という夢や「夕暮れの中で顔が金色に光っている人びとを見たと思ったら、自分も自分の書いた日記も金色に光っていた」という夢を見た。それを母親と二人で「天国と地獄の夢だ」と語り合った。

一九七六年一二月、大晦日も近づいたある日、英美は高橋信次が釈迦の生涯を描いた書籍『人間・釈迦』をおもむろに読み始めた。するとどうだろう――。「いちど斜めに目を通したときには覚えなかった感動と涙が、読み進んでゆくうちに溢れて来」たのである。四日間で四巻まで読み終えてしまうころには、嗚咽をこらえきれないほどの涙が隘れて仕方がなくなるまでになっていた。GLAでは、涙が出るということを過去世の記憶がよみがえる証拠と教えていた。

『人間・釈迦』を全巻読み終えた英美は、最終巻をそっと閉じ、こうつぶやいた。

すっかり〝信次先生〟のとりこになってしまいました……。（『天国の扉』一九頁）

一方、そのころ、高橋信次という大カリスマを失ったGLAでは、狂乱が続いていた。それは、主として仏教的なタームで教えを述べた信次時代とは異なり、娘・佳子がキリスト教的な思想と言説を用い始めたこと、若く容姿に優れた佳子を中心にアイドル的狂騒が集会に持ち込まれたこと、そして佳子が「ミカエル宣言」として〝ミカエル天使長〟の生まれ変わりを自称し、「父、高橋信次の教えは無意味です」と公言したことが原因だった。

四〇代後半の柔和な紳士である信次が、「心の仕組みはこうです」「人生の本質はこうです」と、現代によみがえった釈迦が仏弟子に諭す風であったGLAの集会は、いまでは一九歳の佳子が着せ替え人形のような純白のドレスを着て、派手な照明と音響効果とともに現れる〝ジョー〟となり、その光景が機関誌にアイドルのグラビア写真のように現れるようになった。若年会員を中心に、「ミカエル・ウィングス」や「ミカエル・ボーイズ&ガールズ」というアイドルのファンクラブもどきかと思うようなものが組織され、年長の会員も集会で佳子が登場すると若者と肩を組んで「ビバ・ミカエル！」と自作の歌を歌わされるなど、熱狂を〝強要〟されていた。

あまりの方針転換に、高橋信次の妻、すなわち佳子の母親が諫《いさ》めようとしたこともあったが、逆に佳子の取り巻きの幹部たちから「あなたは佳子先生を産ませてもらった感謝はないのか？」と詰め寄られ、公の場で佳子に土下座して「佳子先生を産ませていただいた感謝」を述べる始末だったという。

釈尊の生まれ変わりと信じ、帰依《きえ》した人物の娘が、突然「私はミカエルです」と宣言し、二〇歳に満たない小娘の分際で歴戦の大人たちを叱責《しっせき》する。その大人たちも「佳子先生に従え」と周囲に強要し、あろうことか母親まで娘に土下座をするにいたる。

「やっていられるか……」

あくまで高橋信次個人に弟子入りし、その〝人〟ではなく、〝教え〟に帰依したはずの年長のGLA幹部・有力者たちは、信次時代とは異なる狂乱が続くGLAを見限って、次々と脱会に及んだ。元「生長の家」幹部だった園頭広周《そのがしらひろちか》は、脱会して「正法会《しょうほうかい》（国際正法協会）」を設立。信次の著作を共著していた元白光真宏会《びゃっこうしんこうかい》会員で出版社社長の堀田和成は「法友（現・偕和会《かいわかい》）」を設立。「瑞宝会《ずいほうかい》」という既存の霊友会系宗教団体がまるごとGLAに帰依して成立した「GLA関西本部」（英美の母はここに出入りしていた）は、佳子の下に属さない方針を取った。そして、高田馬場にある真言宗・観音寺の村上宥快《ゆうかい》和尚もGLAとの関係を清算した。

「ミカエル宣言」による狂乱は、佳子がアイドル路線を改め、無難な活動にシフトを変えたことで一年ほどにて終結するにいたった。だが、高橋信次の没したとき（一九七六年六月）からの一年間で、信次の生前に最大一〇万といわれた会員は、狂乱が収まる一九七七年半ばには三分の一ほどに激減したといわれている。

英美がGLAの教えを真剣に学び始めたのは、こうしたGLAの狂乱の最中であった。彼女がGLAに関わるきっかけは、〝信次先生のとりこ〟となったことだった。しかし、会員ではなかったために狂乱の内情を詳しく知らなかったせいか、英美は「高橋信次の教えは無意味です」と言う高橋佳子を天使長・ミカエルの転生であると信じていた。英美のお気に入りはミカエル天使長が佳子の中に入って、佳子の口を借りて天国の教えを語る音声テープだった。

オカルトと宗教が好きな壮年女性に過ぎないはずの英美は、このあと、激しい〝神憑《かみがか》り〟によって、高橋信次や佳子と同じ霊の世界に自らを引き上げることになる。英美が神憑りを経験したのは一九七七年の春のことだった。英美は二度、悪霊に侵襲され、二度とも神や天使の助けを得てそれを退散させた。一度目は二月末から四月半ばにかけて、二度目はそれから間もない五月の梅雨のことだった。

巫病、統合失調症、神憑り

一九七七年、それが始まったのは、冬が終わり、大阪府池田市石橋に温かい春の風が吹き始めた二月の末のことだった。

「ミカエル大天使長様、ミカエル大天使長様……」

母親がGLAの集会に行っているあいだ、高橋佳子とその母の健康のために、英美は自宅から念波を送っていた。

「ミカエル大天使長様、お嬢様の健康をお気遣いください。ミカエル様」

英美がミカエルの名を呼んでいると突然、あたかもその念波の軌道に乗って来たかのように、夕陽のように赤く、直径四〇センチくらいはあろうと思われる丸い大きな火の玉が壁を通り透けて、英美の前に飛び込んできた。それは温かく優しい火の玉で、抱擁されているようで気持ちがよく、いつまでも包まれていたいと思うような温かさだった。

「ミカエル様、どうぞこの暖かみで私のガタガタの身体を治してください」

いつまでもこの温かさで癒されたいと思ったが、火の玉は二分ほどで去って行った。

夕方になって母親が帰宅した。

「お母さん、今日ね、お母さんがいないあいだ、『ミカエル様』と祈っていたら、あったかい火の玉が目の前に現れて、癒してくれたのよ」

英美は、その日にあった不思議で温かい経験を母に話した。

「そら、ほんまなん⁉」

娘の告白に母は気色ばんだ。

「GLAの研修会でもおんなじことがあったんよ。禅定しとるとき、お母さんも見たんよ。紫色と赤の光がパって広がって、金色の光が一面にばぁっと広がっていってん。会員の人に聞くと、『それは、天国を見たのでは?』って。あんたも見たんやな? これはきっと天国なんやな?」

その夜、母との不思議な偶然に接し、英美の心は躍った。「ミカエル大天使長」の名前を口にするたびに、なぜか体が汗ばむほどに熱くなった。

翌朝、高橋信次の著書『人間・釈迦』の第一巻を開くと、わけもわからない感動が押し寄せ、嗚咽し、体が自然に揺れ始め、頭から額にかけて割れるように熱くなった。

「霊が入ったんだ……!」

英美はそう確信した。

「誰の霊だ?」

母と一緒に『人間・釈迦』をめくり、探した。入ったのは仏陀の弟子であるモンガラナーの霊だとわかると、霊は安心して立ち去った。その日は、ほかにキリストの使徒ピリポの霊も英美に入った。

その後も日を置いて、ミカエルやアポロ、仏陀やステパノなど、多くの天使や善霊が英美の中に入り、そのたびに英美は嗚咽し慟哭する。まるで映画のフィルムの中に自分がいるように、それぞれの霊の思いを実感し続けていた。

霊道が開いたとき、まる一日は、自分の過去世の名ではなく〝ステパノが可哀そうだ。救ってやりたかった！〟とそればかり繰り返して泣いていました。（『天国の扉』二八頁）

映画のフィルムに入り込んだようなトリップが終わったあと、英美には天からの強い光が後頭部に当てられているような感じがした。ついに英美に、霊道が開かれたのである。

母は喜んで、娘の霊道が開いたことをＧＬＡに報告した。

「聞いてください！　娘の霊道が開いて、モンガラナー様が入って来はったんです！」

霊の世界に出会うことができた喜びと幸福を、ＧＬＡの本部はきっと共有してくれるだろう――。英美も母親もそう思っていた。だが、ＧＬＡからの返事は、にべもない冷淡なものだった。

「ちょっと……勝手なことを言わないでください」

「勝手なことってどないなことですか？　うちの娘が『ミカエル様が来た』って言うんですけど」

「ですから、それが勝手なことなんですよ。それにモンガラナー様が入ったと言いますが、モンガラナーさまはすでに本部の講師に転生していて、その講師はほかの地区に行っていますので、娘さんに入るというのはありえません。何かのまちがいでは？」

「では、ステパノ様の霊が入って来はったのは？」

「それもまちがいでしょう。勝手に判断するのは危険です。悪霊の可能性がありますから、とにかく、本部の判断を待たずにほかの会員にそういうことを言うのはやめてください」

GLAの冷たい対応に英美は一気に意気消沈した。それまで英美の周りにいたのは善霊だったが、それ以後は悪霊が英美に侵入してきた。母親は「それでは、娘の過去世は誰なんですか？ 佳子先生に確認させてください」と粘ったが、GLAからは何も回答はなかった。当時のGLAは、高橋信次の後継者として、GLAに対し威風堂々たる入会を希望していた。英美は高橋佳子を「ミカエルの生まれ変わり」であるとしていたため、英美は「お嬢様（佳子）がミカエル様なら、私は（ミカエルではなく）サリエル様の生まれ変わりです」としてGLAに自らを認めさせようとしたが、GLAは新たな混乱の種を嫌ったのか、当然ながら英美の要求は黙殺された。

GLAに拒否された英美は、とたんに悪寒に襲われ、気味の悪い金縛りと幻聴を経験するようになった。「耳元、あるいは頭の中で、ペチャクチャと早口で」話す独特の話し声が耳にキーンと鳴り響き始めた。「悪霊だ」――。英美は審神者《さにわ》としての訓練や修行は受けたことがなかったが、実感覚でわかった。

霊道が開き、善霊に満たされたと思ったとたん、今度は悪霊が英美を支配したのである。その後は約一カ月間、悪霊が英美に侵襲しては追い払うの繰り返しだった。

「悪霊に襲われる！」

リアルな悪霊の恐怖と不快感から英美を守ったのは、仏陀やモーセやミカエル、そして高橋信次の霊だった。英美の心と頭と体の中で、悪霊と善霊のせめぎ合いが続き、ついに悪霊の親玉であるサタン・堕天使ルシファーが英美に侵襲してきた。英美は高橋信次の講演テープを流しながらルシファーにこう諭した。

「あの綺麗な天国に帰りたくないの？　ただ、自分のしたまちがいを反省して、神様に詫《わ》びればよいのよ」

高橋信次が生前に言った〝如何なる悪霊も慈悲と愛の心には勝てない〟という言葉のとおりに、英美は慈悲と愛を持って堕天使ルシファーに対決したのだった。

そしてやっと、四月一三日、ルシファーは天国に戻って、神に背いた罪の償いを受けるために英美の中を抜け出た。

「ルシファーが改心した。天の勝利だ！」

英美によると、ルシファーが天上界に戻ったとき、「天上界でも喜びの祝宴が続いた」という。悪霊が抜けた英美はフッと気がラクになった。

このころの英美は、鬱状態を脱して精神状態が躁の状態に安定しても、現実と幻覚の区別がつかず、幻視や幻聴に加え、存在しない匂いを感じる「幻嗅」によっても天国を実感していたようだ。ルシファーを追い払ったあとの様子をこう綴っている。

私は有頂天になって、伽羅の匂いや、薔薇や菊やデイジーや、ユリの花の匂いを願うと、ルシエル（ルシファー）が帰ったご褒美として、モーセ様と信次先生が、私の部屋いっぱいに満たしてくださいました。他の星から来られた、エル・ランティ様の御兄弟、奥様もいらっしゃり、高次元の女の方たちがたくさん降りて来られて、私に話しかけられました。お祝いが済んでからも、天上界は割合自由になり、ミカエル様が降りて来られてピアノを弾いて下さったりしました。（『天国の扉』三九頁）

悪魔がペチャクチャ耳元で話す、天使が見え、祈りで悪霊を調伏《ちゆうぶく》する、心が滅入《めい》る、幻想的に心が高揚する——。こうした英美のリアルな体験は、精神医学の分野では〝祈禱性精神病〟や〝躁鬱病〟、また〝統合失調症〟、宗教学の領域では〝巫病《ふびよう》〟、宗教の領域では〝神憑り〟と、それぞれ異なった名称で呼ばれる症状である。しかし学問的にどのような解釈がなされようとも、体の中、心の中、脳の中で繰り広げられた神々とサタンの〝善と悪の闘い〟は、英美にとってリアルな現実だった。

この時期を描写した英美の著書を読むと、幻聴は悪霊と描写され、幻視は天使や神など善霊のものとして描写される。これは、「視覚」は「聴覚」に比べ、主体の能動性、自我の関与が強いからであろう。幻覚も同様であり、一般に幻聴よりも幻視のほうが能動的であり、当事者にとって防衛的に働くとされる。幻視は意味を獲得し、精神病の症状を安定へと向かわせるが、幻聴は意味を見失い、安定を獲得するまでに非常な困難を伴うのである。

英美が悪霊を調伏するうえで依拠したのは、高橋信次の教説であった。しかし、「悪霊が憑いて本人の肉体内で闘いが起こる」という英美の身に起こった現象は、ＧＬＡの認識枠組みとは少々異なる。高橋信次も『悪霊』という書籍を著し、そこで悪霊に憑かれた事例を多く記したが、信次はあくまで「本人の歪んだ心の在り方が悪霊に付け入る隙を与える」とし、「悪霊に勝つには、心を強く正しくし、宇宙に調和させなければならない」と本人に修養努力を要求した。だが、英美は悪霊の侵襲によって自身の心の在り方を顧みたことはなく、まったく受動的に悪霊に身を任せ、それを追い出すために善霊にすがり、受動的に身をゆだねた。

英美は自身の心身の異常を、身体化された〝善と悪の闘い〟として認識したが、こうした霊障の善悪二元論的な解釈は、死にいたるまで一貫して彼女の思考を束縛することになる。ともあれ、この時点ですでに「共産主義の過激派が出す電磁波から攻撃を受けている」という、のちのパナウェーブ研究所に見られる世界観の萌芽が見て取れるだろう。一九七七年この時に、英美が自身の心身異常の原因を「悪霊／サタン」ではなく「電磁波」と考えていれば、この時点で白装束を着て、一人でキャラバン生活に出たかもしれない。〝一九七七年の巫病〟と、のちの〝白装束キャラバン〟の違いは、単に英美が心身の異常に襲われた期間が三カ月間であったか、一六年間であったか、また周囲に英美を妄信する信者がいたか、いなかったのかの違いに過ぎない。


さて、いったんはルシファーが天に帰り、収まったかに思えた悪霊の襲来だが、五月になるとベー・エルデ星から「サタン・ダビデ」というルシファーの五倍の力を持つ悪魔が飛来し、これまでで最悪に英美を苦しめた。五月の一週目から三一日まで、英美の心臓は苦しくばくばくと高鳴り、内臓も痛み、気味の悪い幻覚や幻聴が響いて、ひどいときは五日間の不眠と絶食に及んだ。絶食五日目には体から腐敗臭がしたといい、英美は時に吐血し、血尿も出た。

「サタンが家の中のあらゆる生き物を殺そうとしている」

「もうどうなってもよい。疲れたから殺してほしい。死にたい…」

このときの英美の言動はあまりに常軌を逸しており、義父は「英美は気が狂った」と思い込み、当初は英美に天使が降りたことを共に喜んでくれた母親ですら、今回ばかりは英美の荒唐無稽な説明と異常な言動についていくことができなかった。「サタンに小鳥が殺される」と、飼っていた鳥を鳥かごごと持ち出し、夜中にパジャマ姿で外へ出かけて一晩中、鳥を抱いて祈っていたこともあった。英美は家を飛び出し、行方をくらまして、サタンと格闘した。[6]

英美によれば、自身に憑いたサタン・ダビデは強力すぎて、もはやミカエルなどの天使の手に負えるような相手ではなかった。五月三一日の朝になり、ようやく天の王であるエル・ランティが天上界から降りてきてサタン・ダビデを撃退させ、英美を心身の異常から解放したという。

このように英美は躁状態と鬱状態を繰り返し、最終的に霊の世界に開かれた。彼女は自身に起こった精神異常の躁と鬱の波を、「天上界における善と悪の闘い」という宗教的世界観によって理解し、実感し、そして克服したのである。

正法の集い

当時、英美の生業は数年前から自宅で開いていた英語教室であり、悪霊に襲われていないあいだは高校生に英語を教えていた。英語教室が終わると、英美は自身に対して天の扉が開きつつあること、天使や悪霊が実在すること、高橋信次の教えの素晴らしさなどを高校生に語って聞かせた。

英美にとって巫病の初めこそ、悪霊の声として聞いた幻声だったが、巫病のあとは、神や天使の声に変わった。幻聴を患う統合失調症の患者には、幻声の聴覚体験を彼らの精神性を支え、消してほしくないものとして捉える者もいれば、恐怖を伴う否定的体験として幻声の消滅を望む者もいる。多くの場合、前者は神の声であるのに対し、後者は実在する人間の声である。苦しい巫病のあとも、幻声は英美に響き続けるが、もはやそれは悪霊の声ではない。幻声は英美に同伴する神や天使の声となり、彼女の精神を支える大切な存在となった。英美は、生涯を通じて悪霊に襲われる体験を何度も経験するが、「声」は一貫して天上界の声であった。[7]

英美の巫病と前後して、英語教室には四人の女子高生が集うようになる。英美の巫病が収まったあとは、毎週一度のペースで、英美の自宅で英美が天使をイタコのように口寄せし、天の実在を証し、この世とあの世を繋ぐ法則を学ぶ集会が持たれるようになった。といっても、その場は「激しい神憑りがおこなわれる霊場」というより、女子高生が放課後に集まって、談笑したり、学校の勉強の相談をしたり、自由に絵を描いたりという牧歌的な「女子高生のオカルト文化サークル」ともいうようなものであった。英美の処女作『天国の扉』には、高校生と天使たちとのやりとりがこう描写される。

ルリエル　「ユートピアってどんなだと思う?」

優　子　「うん、そうだね、具体的に言ったらね、サザエさん的な人ばかり住んでて、ムーミン谷のようなところかな、一口に住みやすい愛と慈悲と八正道に満ちているると言っても、いろいろあるけど、つまりですね、善男善女が住む平和な国」

ルリエル　「ばかねえ、そんなのじゃ答えになってないじゃない」

優　子　「じゃ、あなたはわかってるの？」
ルリエル　「伊達に天使はやってません。それぐらい分かりきっています。こうやって問答式であんたを賢くしてやろうとしてんじゃないの」
優　子　「わかった、ごめん、ありがとう、つまり、ユートピアというのは住みやすいところで、住みやすいというのは、いつも状態が平穏なことで、平穏というのはものが中におさまって落ち着いていることで…」
ルリエル　「ものが中におさまってるということは、たとえば人間を例にとって言うと？」
優　子　「人間が、人間らしく、してる世の中のことなんだね。人間らしくってのは、愛や慈悲に満ちていて、決して欲望のままに動くのではないことよね、世の中が、「らしさ」に満ち満ちたら、それは、その人の職業や地位なんかに対する責任をはたしたことになるんよねー。ということは、それがユートピアだわ」
ルリエル　「はい、正解。それがわかったらあんたも学生らしくもっと勉強して、女の子らしくしてなさいね」
優　子　「はーい。あなたも天使らしく言葉使いを改めてはいかがですか？」

（『天国の扉』一六四頁）

英美が天使ルリエルを呼び出し、女子高生らと対話する。こうした霊言の対話を英美は「現象」と呼んだ。このように、和気あいあいとしたチャネリングの場が英美の自宅で開かれ続けたのである。当時、英美の自宅に集うと、女子高生の腕や足に金粉が出て、二ミリほどの粒になることもあったらしい。女子高生の一人である小田優子（右の会話中の「優子」）は、英美と同じく霊媒体質であり、巫病の終わった英美によって霊道が開かれ、自分の中にミカエルやルリエルなどの天使を呼び入れ、英美と代わる代わる「現象」の実演を担った。GLAでは教えを「正法」と言っていたが、英美らも自らの思想を「正法」と呼び、勉強会は「正法講座」または「正法の集い」と呼ばれた。

英美に霊道が開いたことを彼女の母親が周囲に言いふらしたものだから、母親のGLA関係の知人たちも物珍しさに続々と英美のもとに集まることになった。その中にはGLAの会員で、GLAの方針に不満を持つ者が大勢いた。前述したように、GLAは狂乱のさなかにあったからである。

霊道が開いた当初にはGLAから入会を断られた英美だったが、霊道が開いてからは立場が逆転して、「信次先生の後継者は英美さんではないか」、「信次先生は、後継者は関西から出ると言った」、「佳子先生にはついていけない。こちらこそ法の継承者だ」とGLAから流れた人が英美のほうに集まり始めたのである。当時、GLAに参加していた宗教家の中野裕道《なかのゆうどう》もその一人だった。

中野はもともと日蓮宗妙福寺の僧侶だったが、戦後すぐからオカルトに染まり始めた。当時はGLAに参入し、「日本神学」という個人誌で霊現象や心霊治療などのオカルト現象を論じていた。彼はこの「日本神学」に英美の降ろすミカエルや高橋信次の霊言を好意的に掲載したのだが、そんな中野と英美とのあいだを取り持ったのはGLAの元会員であった。高橋佳子に反発するGLA会員が多くの分派を形成したとすでに述べたが、新しく霊道が開いた英美の霊言を中心に、中野や前述した高田馬場の観音寺・村上宥快和尚らも協働して、ゆるやかな連携組織を作る動きがあったのである。[8] 元GLAの会員の中には、英美が開催する集会で「講師」として働き、彼女が述べる正法を解説・補強する役割を担う者まで出ていた。

「先生、本を出しましょう」

「高橋信次先生が亡くなって、路頭に迷っている人がいます。ぜひ正法を多くの人に伝えてください」

GLAからの転入者は、高橋信次の後継者として書籍を出すことを英美に願った。元GLAの会員らが望んだのは、信次死後に高橋佳子がとった路線の誤りを修正することと、「ベー・エルデ星のエル・ランティ云々」という、説かれっぱなしで放置されたオカルトなコスモロジーの解き明かしだった。現実にベー・エルデ星からのサタンに襲われ、エル・ランティの助力によってそれを撃退した英美にしか、その解き明かしはできないことだった。

ところで、ここまでずっと〝生橋英美〟として述べてきたが、このころから英美は、まず「幸川恵以子」次いで、「千乃裕子」を名乗り始める。「千乃裕子」を名乗るきっかけは、前述の中野裕道による画数診断で「千乃裕子」がよいと鑑定されたからであった。彼女が初めて出版した『天国の扉』には、「千乃裕子」の名が用いられている。よって、ここから先は英美のことを千乃裕子と呼んで論を進めたい。

千乃は、自身の霊体験とそこで悟った天の実在を書籍にするため、小田優子らとともに早速執筆活動に取りかかった。その年（一九七七年）の夏には著作の原稿が完成し、出版社探しに奔走した結果、オカルト書籍の刊行で有名な「たま出版」から自費出版のかたちで出版できる運びとなった。

脱稿し、ゲラの朱入れを終えて、出版社に返送した一〇月二八日の夜半。千乃が夜空を見上げると、こうこうと輝く満月の周囲に白く薄い雲が集まり、優しく月を包み込むようにして巨大な虹が円形に浮かんでいるのが見えた。それは、内側が赤で外側が紫だった。

「お母さん、ちょっと！」

千乃は母を呼び、興奮して外へ飛び出す。そして、虹が幻でないことを確認しようと通行人に声をかけた。

「あれが見えますか？　虹になっているの！」

幻でないことを確認すると、千乃は「著書の出版は天の意志と計画だ。発刊を天国が喜んでいる」と実感した。真夜中にもかかわらず、小田優子に電話をかけ、感動を分かち合った。

「先生、私は驚きで足が震えてます」

それは、無限の鑑《かがみ》のような美しさだった。クリスチャンだった千乃には、それが創世記で神がノアに見せた契約の虹のように思われた。

千乃の著作は、一九七七年一二月に『天国の扉』として出版された。出版に際しては「日本神学」で内容が紹介されたほか、一般の新聞広告も出された。女子高生のオカルト文化サークルのようなかたちで始まった正法の集いが、わずか半年で一端の書籍を出版できるまでに急成長したのである。それには、何よりも高橋信次亡きあとのＧＬＡからの転入者の力添えが大きかった。中でも大物は中野裕道で、彼は自身の「日本神学」誌に書籍の紹介文を掲載し、同誌読者へ『天国の扉』の販売取次ぎも買って出たうえ、「妄信の域を脱しよう」と題するGLA批判記事を『天国の扉』に寄稿したのである。

千乃正法の教義

ここで、千乃正法の教義がいかなるものだったかについて述べたい。

もっとも、千乃のコスモロジーの中では、この世では現在進行形で天使や神が活動しているため、その活動中に犯した過ちなどにより、神や天使の役割分担も変わる。また、初期（七〇、八〇年代）にはさほど言及されなかった宇宙人やUFOが、後期（九〇年代以降）にはその言説に頻出する。このように千乃の精神状態に従って、以前の理論を修正・撤回し、新たな教義や理屈付けが加わることも多くあるので、この作業がどこまで有意義なものかどうかは微妙なところだ。しかし、千乃の思想を理解する参照軸として、初期の著作に記された彼女の根底にある世界観と千乃正法の大まかな教義を説明したい。

・GLAから踏襲したオカルトコスモロジー

先に述べたとおり、千乃はGLAの高橋信次が述べた以下のコスモロジーを踏襲している。

人類の祖先は三億六五〇〇万年前にベー・エルデ星から天使（ミカエル等の七大天使）とともに宇宙船に乗って地球の「エル・カンタラ」という場所に渡来した。

そのときの中心人物は「エル・ランティ」という〝真のメシア〟である。エル・ランティの光の分霊としてはイエス・キリストと釈尊がいる。キリストや釈尊はエル・ランティとともに九次元宇宙界に存在している。

エル・カンタラから地球の文明が起こり、ムー大陸やアトランティス大陸など超古代文明が栄えた。

地上はエデンの園だったが、人間がエデンの園を離れ、神との絆を断ったため、世は善と悪（明暗）に別れるようになった。

千乃はこうしたコスモロジーを踏襲しているが、GLAと異なるのは、GLAがこのようなオカルトコスモロジーを封印した一方、千乃は具体性を持ってそれを詳述し、発展させていることである。

・オカルトコスモロジーの具体性

前述したように、千乃は高橋信次が生前に解き明かさなかったオカルトコスモロジーの詳述と解明をおこなった。ここでは、彼女がその理論の全体像を示した著作、『天国の扉』（以下、『扉』）の内容を概観することにしよう。『扉』に書かれるコスモロジーは以下のとおりである。

地球人類の霊的な始祖は太陽系外に存在するベー・エルデ星のエル・カンタルーネ王家の宇宙人の一団であり、エル・ランティという人物に率いられたその一団は、三億六五〇〇万年前にＵＦＯに乗って地球に入植した。彼らの死後、その霊魂は地球に留まった。彼らの霊魂は地球上に人類が生まれると、天空に天上界を形成し始め、人類を導くために人類と「合体」（後述）をし始めた。このように、千乃の思想では特定の創造神はおらず、神ももともとは生身の身体を持っていて、死後に神になったと考えられている。

ここまでは高橋信次の述べたこととさほど変わらないかもしれないが、千乃のオリジナリティはその設定の具体性と詳細さにある。続けよう。

霊体となったエル・ランティは、正式には「エル・シャルレア・カンターレ公爵」と言い、聖書時代にはエホバとして人々に認識され、二〇世紀には高橋信次と合体している。ラファエルやウリエルなどのユダヤ・キリスト教の大天使も、じつはエル・ランティの息子であり彼とともに地球に渡来したベー・エルデ星人である。そして、人類の歴史が始まったあとは、ミカエルはアレクサンダー大王、ガブリエルはダンテ、パヌエルはプラトン、ラグエルは聖徳太子、ウリエルはスサノオノミコト、ラファエルはシェイクスピアと合体している。

『天上界メッセージ集Ⅲ』によれば、エル・ランティの双子の弟エル・カンタルーネ王にはエル・ルネラエル・カンタルーネ（長男）、レイナ・エル・カンタルーネ（長女）、エル・ビルナビル・カンタルーネ（次男）、エル・ミケラエル・カンタルーネ（三男）という四人の子がいて、長女を除きそれぞれ世界史上では、仏陀、イエス・キリスト、モーセと合体している。そして、一九七七年の五月に千乃を苦しめたサタン・ダビデはこのエル・カンタルーネ王であった（図1参照）。

このように、宇宙人（＝神や天使）の細かい親族関係や爵位《しゃくい》、それらが「合体」した歴史上の偉人まで具体的に詳述されるのが千乃のコスモロジーの特徴だ。〝具体性〟をさらに理解するため、『扉』から少し引用したい。

エル・シャルレア・カンターレ公は、ベー・エルデ星にあるY国の領主でその知識と徳高き人格の故を持って、人々から特に慕われていられます。エル・シャルレア・カンターレ公、すなわち、エル・ランティと私たちが教えられたかたは、二十歳のときに物理学博士号を受け、宇宙物理学、電子工学、原子物理学の権威として、大学教授の教鞭を執るかたわら、電子工学に関する研究と発明に専念し、重力切り替え装置と超高速で飛び得るUFOをベー・エルデXX年に発明、以来、同盟星に輸出され、自由に短時間の星間飛行がなされているのです。（『天国の扉』六四頁）

ラファエル様は、生前にはエル・ラファルライエルと申され、ベー・エルデでは一、二を争う文筆家で、絵に画才の腕を振るっていられました。こちらに来られて五十歳まで生きられたそうです、また、ウリエル様はエル・ウリレイナと申され、経済学者で、やはり政府高官として勤めていられました。地球では五十八歳まで生きられました。（同、六九頁）

書籍では、こうした宇宙人（＝神や天使）の家系図や人となり、学歴や職業などとともに、血液型まで記載されている。このように壮大なスケールで具体的にうごめく宇宙人の生活史が

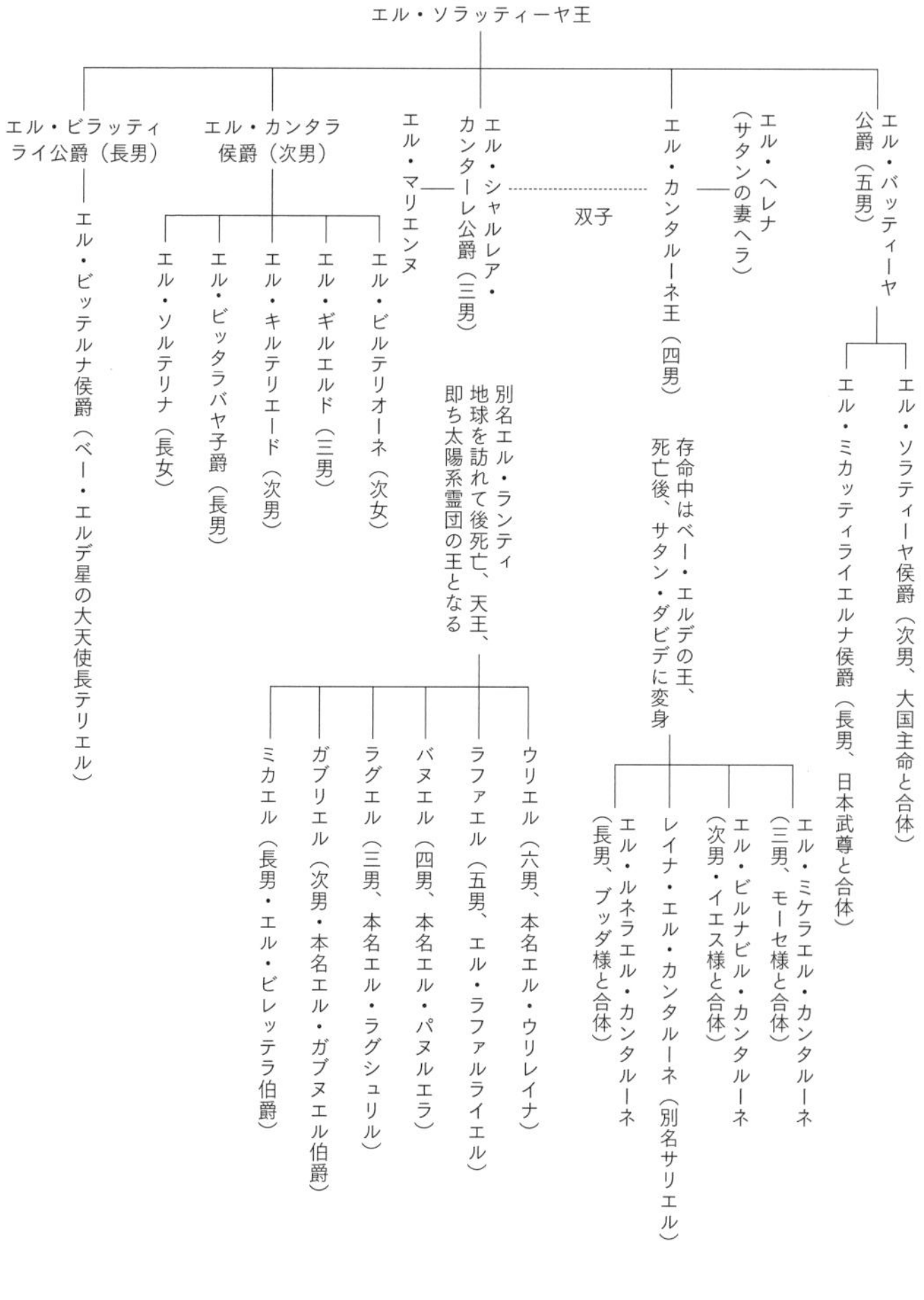

図1　エル・カンタルーネ王家の系図（『天上界メッセージ集Ⅲ』1頁より[9]）

地球の神や天使のルーツである、これが千乃のコスモロジーであった。

以上が主に『扉』に記述された内容である。全体的なコスモロジー自体に変化はないものの、その後、詳細は時とともに修正され、変容する。たとえば、『扉』（一九七七年一二月発刊）の次に出された『天国の証』（以下では『証』。一九七八年八月発刊）では、早くも高橋信次と合体したのはエル・ランティではなく、じつは仏陀であったとする。『扉』でそう書かなかったのは、『天国の扉』の執筆中はサタンとの闘いの最中だったため、サタンを惑わすためにあえて言わなかった」とされた。また、高橋佳子をミカエルの生まれ変わりとしたGLAに遠慮して、『扉』で千乃裕子と合体しているのはミカエルではなく、サリエルであると書かれていた。だが、『証』では千乃と合体したのは、じつはミカエルとした。

一九七八年七月にはエル・ランティに代わってミカエルが天の大王となり、一九八一年に千乃はミカエル大王と結婚し、「レイナ・エル大王妃」となった。

また、一九七七年五月に千乃を襲った凶悪なサタン・ダビデは、一九七八年に消滅（後述）したはずだったが、一九八一年に東京で千乃に反抗する動きが出たときに、「じつはサタン・ダビデは生きていて、東京の集いのメンバーを扇動した」と、エル・ランティがそれを自らの霊体の死をもって滅ぼしたとした。

このように、千乃の思想の中では定まった神はいないし、善と悪が戦う神話が現在進行形で国際政治のように流動している。神々の世界も裏切りや過失に溢れ、自在に変容していくのである。

・宗教と科学の一致、合体霊

霊魂について千乃はこう述べる。

魂という特別な何かが、Aさんという人間が生まれる前から別に取ってあるわけではなく、Aさんが生まれた時に肉体に付随する、その肉体内に含まれるありとあらゆる有機物に、細胞組織内に含まれるAさんのものである宇宙エネルギーの中の電子、陽子、中性子、並びに(光子)、を魂の構成要素と見做してよいわけです。(『天国の扉を開くマスター・キー』一一四頁)

千乃によれば、霊魂もこの世にある物質であり、化学的に肉体とともに生成される。どのように生成されるのかというと、大脳や脊髄神経の化学的な生体反応がその根本原理である。

内外の刺激を受けると、大脳の神経細胞に興奮が生じて伝わり、シナプス部に興奮が伝わると化学伝達物質がそこからすき間に放出される。すると接触している神経細胞膜の透過性が変化して、細胞膜を横切って活動電流が流れる。電流が流れればそこに磁場が発生する。この電流は一方向にしか流れず、電流が流れれば流れるほど、神経細胞の周りに磁場が強く固定される。これが学習過程で得た反射体系で、霊体(魂)の元となる。(同、一一九頁)

つまり、大脳生理学・細胞生物学的なシナプスの働き、およびそこで機能する微弱電流が霊魂の原形であるということだ。この点を踏まえれば、のちの白装束キャラバンで千乃が「電磁波」を極端に恐れたのも納得できるだろう。千乃にとっては、霊魂の正体も科学的な電流だからである。

前項で述べた「合体」という語彙を説明したい。千乃は「転生（生まれ変わり）」ではなく、人の死後に、別の人の肉体に物理的に霊魂が入り込む「合体」という概念を用いて、生命と生命の繋がりを論じた。

千乃によれば、人間の肉体の死後に体を離れて一つのガス状の塊となった霊魂は、有機物（人体）の中で生成された宇宙エネルギーである。元素で構成されるがゆえに、物質不滅の法則によって永遠に存在し、人間の生前の記憶も永遠に保たれる。そうした霊魂が、別の人間の肉体に入る、これが「合体」であり、合体する霊魂は「合体霊」と呼ばれる。つまり、人間には自分自身の霊魂と合体霊の二つの霊が一つの肉体に混住していて、人間の肉体が死ぬとそれぞれ二つに分離し、また新たに別の肉体に入るのである。

たとえば、宇宙人ラファエルがベー・エルデ星で誕生し、その肉体の細胞が新陳代謝をするように、肉体的な成長とともに霊魂も化学的に生成されていく。そして、ラファエルが三億六五〇〇万年前にUFOで地球に来て、五〇歳で死んだあと、その霊魂は肉体を抜け、地球に留まる。その後、一六世紀になって、イギリスにシェイクスピアという人間が生まれると、シェイクスピアの合体霊としてラファエルの霊魂はその肉体に入る。シェイクスピアの死後は、ラファエルの霊とシェイクスピアの霊が別々に分かれ、また別の人間に合体するのである。

霊は肉体とともに生成されるので、たとえば「Aさんの過去世」はありえず、正確には「Aさんに合体している霊がAさんと合体する前に過ごしていた世」である。「エホバ」と呼ばれる神も、もとは肉体を持った宇宙人エル・ランティであり、エル・ランティの霊魂が死後に肉体を抜け、空で人間を指導しているのだ。

千乃にとっては、霊魂も化学的な元素で構成されているため、この世とあの世の区別はなく、むしろ「この世」しかない。霊魂はガス体で、目に見えないがこの世に存在する。「天上界」というのは文字どおり「天空の上」にある世界であり、地球の上空一万メートルから一三万メートルに存在するという。

・消滅

先ほど、霊魂は「物質不滅の法則によって、永遠に存在」すると述べたが、例外として天上界によって「消滅」させられることもある。たとえば、サタン・ダビデは消滅したと先ほど述べた。天上界の意思に従わぬものは、霊体の消滅という裁きに遭い、永遠の生命を奪われ、もはや世界に存在しないことになる。

千乃正法会の歴史には、この「消滅」が付き物であり、会の内部で千乃を批判した会員が天に歯向かった背反者とされ、千乃によって消滅宣告される……この繰り返しであったと言っても過言ではない。これが、オウム真理教の「ポア」を連想させるため、白装束集団パナウェーブ研究所が二〇〇三年に話題になったとき、国会でも取り上げられた。

山内（功）委員：　最近の新聞や雑誌などを見ますと、たとえば特定の個人の人の名前を挙げて、その人を消滅させなければいけないというようなことを機関誌にうたっているようなんですけれども、そういう特定の個人の人たちに対して危害が及ばないような方策などは考えておられるんでしょうか。
奥村政府参考人：　御指摘のような記事が週刊誌等に掲載されているということは、私ども、承知をしております。その記事、内容に関連するかどうかを含めまして、警察における捜査の状況あるいは対応の状況につきましては、私どもの仕事の中身に係りますので、お答えは差し控えさせていただきたいと思います。

（二〇〇三年五月九日、衆議院内閣委員会第九号議事録）

国会まで持ち込まれて議論された「消滅」であるが、千乃の「消滅宣告」は実力を持って特定の個人を抹消することを意味するわけではなく、単にその人物の肉体が死んだあとに霊体が消滅することを意味するに過ぎない。また、いったん「消滅」を宣告された人物がそれを取り消されることも数多くあり、会員は消滅について「肉体の死を迎えるまでは猶予期間」「現在の心の状態を正すべきだという叱責」という意味に受け止めていた。千乃の「消滅宣告」によって、千乃正法会が対外的に具体的な反社会的行動を起こしたことは確認されていない。

・動物愛

千乃が近隣住民とトラブルになるほど大量の猫と同居していたことは、すでに述べた。白装束キャラバン騒動のさなかには、週刊誌に「女教祖は車の中でハエを飼い、愛でている」などと物見遊山趣味の噂が書かれたが、事実、千乃はハエを飼い、愛でていた。千乃の動物愛は猫や犬、小鳥に留まらず、時を経るにつれてカラスやカタツムリ、最終的にはハエやゲジゲジにまで及んでいく。キャラバンの道中で野生動物に遭遇したときなどには、会員に餌やりを命じるなど、つねに動物を心から愛するように説き続けた。

一九七九年の夏にパヌエルからとして千乃が降ろした天上界メッセージには、千乃の動物愛がしっかりと言明されている。

私は「愛護」という言葉が嫌いです。人間の動物への恩恵と言ったニュアンスがあるからです。人間は「人類は万物の霊長である」と自分勝手に信じ込んでいますが、一体どの辺りからそのような妄想を抱き始めたのでしょうか……

全国民が僧侶を経験するはずの仏教国タイの政府が、難民を百十台ものトラックに満載し、他の方法もあったろうにカンボジャに強制送還し、母国の国境を越えたところで全員が殺されたということを聞くとき、動物はこのような残虐非道なやり方はしないということを認識しなければなりません。むしろその殺された難民が、これまでの人間に対する動物の立場であったということも……
動物もそれを知っていて警戒心を持っています。野生のものほど手なずけるのには根気が要ります。その代り信頼を得たとき、動物ほど人間の優しさや愛情に敏感で繊細な心の表現をするものは人間の中にさえも数少ないことが判るでしょう。彼らは身体でそれを表現するのです。尻尾や目、耳、身体全体、そして鳴き声です……
（『天上界メッセージ集』六二頁）

千乃の強い動物愛は千乃正法会の行動原理を理解するうえで欠かせない教説である。

以上が千乃正法会の教義・論説であるが、特にそのコスモロジーや霊界の仕組みの説明は、七〇年代に醸成されたオカルト世代、特にGLAの会員や高橋信次のシンパだった者にとって痛快で意味が通るものだったらしい。千乃の書籍を出したオカルト出版社「たま出版」から刊行された『神と天使たちの罪業』（小野桂著、一九九八年）には、同書の著者が千乃の理論に心底感服するこのような記述がある。

千乃裕子という霊能者そのものを否定できないものか必死で考えてみた。しかし、それは無理だと分かった。どの霊能者のものより、彼女の霊理論のほうが正しいことはほとんど明白だった。そして、いやでも千乃裕子と言う霊能者を認めざるを得なかった。
私としては、死者の霊魂が如住し続け、生者に合体すること、また、その霊魂の個性は生者の営魄にコピーされることを、今後決して疑うまいと固く心に誓うようになった。そして、千乃裕子と言う霊能者はよほどすごい霊能者にちがいないとあらためて考え直さざるをえなかった。（『神と天使たちの罪業』一一六頁）

少なくとも初期の千乃の教説には、読者にここまで思わせる魅力が含まれていたのである。

第三章　初期の千乃正法

書籍の反応

書籍の出版に対する反応は、客観的には成功だったが、千乃個人にとっては成功とも失敗とも言い難い両極端なものだった。まず、それまでは応援をしてくれているように見えた「母親のＧＬＡの知人」らが離れていった。高橋信次の法の継承者を自認した千乃だったが、当のＧＬＡに書籍や手紙を送っても、ＧＬＡ側が千乃を高橋信次の後継者だと認めることなどもちろんなく、千乃の書籍についてもうんともすんとも言わない。機関誌でも何も触れずに無視を決め込んだ。それどころか、千乃の本を「悪霊が書いた」と断じたＧＬＡ本部が、全国の会員に「千乃の書籍を焼却せよ」と指示を出したという真偽不明の噂も千乃の耳には入った。信次の死後は会員の激減に見舞われたものの、高橋佳子は変わらずＧＬＡの教祖で居続け、書籍を出版してはそれが大いに売れた。

千乃や小田優子は不遇感を募らせた。だが、自費出版とはいえ、ただの一個人が本を出版し、それを流通ベースに乗せたということは、客観的に見れば大成功であった。『天国の扉』は一九七七年一二月の出版から一九七八年四月までで九〇〇〇部が発行されたのである。

書籍を読んで感銘を受けた人たちが日本全国から千乃裕子のもとに集い始めた。

「揺るぎない真実に出会った」

「これこそ本物の神の書です」

「人生に対して断片的に得ていた知識や持っていた疑問が統合融合されていきました」

「信次先生の法の継承者がここにいたと知りました」


日本全国の読者からファンレターが届き、それらに対して千乃はていねいに返事をして、真摯に文通した。著書に感動した読者に元GLAの会員や高橋信次のファンが多かったのは言うまでもないが、そのほかにもキリスト教徒や立正佼成会、生長の家の信者もいた。

その中で一家を挙げて千乃裕子に心酔した家がある。兵庫県の崎村《さきむら》家である。

崎村家の人々

兵庫県に住む崎村家は、夫婦と子ども五人の七人家族だった。一家はその家族生活の当初からずっと不幸が続き、長女は夭折《ようせつ》、長男と次男は病弱であった。次女と三女は幼児のころから悪霊の憑依現象、狐憑きとしか思えないような霊障に悩んでおり、それは長女が三歳のころから一五年も続いていた。

娘が学校に行こうとすると意識を失い、全身の引きつけを起こして野獣のような奇声を上げる。次女も三女も不登校児となり、病院では「自律神経失調症」と診断されて母・昌江《まさえ》はその看病に追われる日々。そのほか、家の中で奇怪な音が聞こえ、写真を撮ると妖怪のような心霊写真が写ることも多かった。

一家を襲う霊障に昌江は加持祈禱が中心の新興宗教に入信したが、霊障はなくなるどころか悪化するばかりで、しだいに新興宗教の側も崎村家の「祓っても祓っても憑いてくる悪霊」に匙《さじ》を投げ、ぞんざいに扱う始末となった。

「もうどん底だ。何もできない。なぜこの家だけこんな目に遭うのか……」

昌江は自身にも起こる霊障と娘の看病に疲れ切っていた。一家が十数年来の悲嘆と苦難の渦中にあったとき（おそらく一九七八年の三月ごろ）、父・康介《こうすけ》がつい三カ月前に発刊された『天国の扉』を買った。そこには千乃裕子という一人の女性が崎村一家を襲う霊障と同じかそれ以上の悪霊の攻撃に苦しみ、勝利した体験が実感を持って綴られていた。地獄のような日々に一筋の光が射したように思えた康介は、家族にこの本を勧めた。

「なんてすごいことが書いてあるの！」

昌江は天使の力添えで霊障に打ち勝った千乃の体験に、思わず涙を流した。

「私たちだけじゃなかった。それ以上の霊障に苦しんで、さらにそれに勝利しただなんて……」

昌江は自身の入信していた新興宗教に疑心を抱き始めたこともあり、一瞬で千乃のとりことなった。

「このままでいくと、命もそう長くはないように思う」

霊障に疲労困憊した昌江は康介にこう提案した。

「千乃先生におすがりするわけにはいかないの？」

康介はその提案に膝を打った。
康介はもはや一家の窮状を救えるのは、霊道が開き、天使を自由に呼び寄せる千乃のほかにいないと悟り、千乃に一家の窮状を訴えた手紙をしたためた。数日後、千乃から待望の返事が届いた。康介が歓喜して封を開けると、そこにはなんと便箋二〇枚に綴られた千乃直筆の手紙、千乃と小田優子が描いた妖精の絵、一家に宛てられた小田優子によるミカエルの現象を録音したテープ、そして千乃自身の肉声テープが入っていた。一介の読者に過ぎない自分のために尽くされた真心に感激し、家族全員を集め、襟を正して康介が手紙を朗読、みなでテープに聞き入った。

未だ経験したこともない、一同にとって本当に〝聖しこの夜〟であり、名状しがたい、畏れと感激の交錯であった。(『天国の光の下に』一一〇頁)

一家は感激のあまり、家の中で多くの天使を目撃したという。「悪魔の憑依から身を守る手段として、家の要所要所に『天国の扉』を置くと、悪魔が入ってきません」という千乃の談に従い、家の各所に千乃の書籍を積み、また千乃からの手紙を袋に入れて、お守りのように肌身離さず持ち歩いた。また、入信していた新興宗教の神棚やお札も焼却し、「庭に花をたくさん植えるように」と千乃が言うままに、庭を整頓して花を植えた。すると一家を苦しめていた霊障は徐々に雲散霧消して、天使の気配と優しい空気が家を覆い、天に救われた証しとして、娘の服や手、家の各所から金粉が出た。崎村家は千乃によって悪霊から救われ、一家で千乃の信奉者となったのである。

「家を救ってくださった千乃先生と正法に、何か恩返しができないか……」

崎村康介は、千乃への感謝から、千乃の正法を広く伝える活動に従事することを決意し、書籍の英訳本を出版することを思い立った。一介の読者が一つの教えの伝道者となる瞬間だった。その決意に天上の天使たちは歓び、崎村家の上空を虹で飾らせ、家に多くの金粉を出現させた。これは、千乃が『天国の扉』を出版して半年に満たない、一九七八年の六月のことだった。

正法のうねり

このような反応が日本全国から千乃のもとに寄せられたのだ。読者の中には科学者や医学関係、法曹関係の者もいたが、目立ったのは文化系の識者や社会的な困難・精神的な心の疼きを抱えた者だった。この時期に千乃の正法に感銘を受けた者は、先に述べた崎村家のほか、のちに千乃のもとで書籍を出版する大学教員・吉田文三《よしだぶんぞう》や北沢健彦《きたざわたてひこ》、さらにはのちに設立される出版社の社長・大西雅幸《おおにしまさゆき》など、主に八〇年代から九〇年代初頭の千乃の思想活動を小田優子と一緒に支えていくキーパーソンたちだった。

自宅に届くファンレターの数に上機嫌となった千乃と小田優子らは、第二作の執筆に取りかかる。しかし、当時、千乃の中では自身の説く正法への自信とGLAに対する劣等感が交錯していた。

「こんなに多くの人が私を認めた。天上界は、天にいる高橋信次先生自身は私を後継者としているのに、なぜGLAは私を排除するのか……」

そんな葛藤の原因を千乃は、天上界でよからぬことが起こっているからだろうと考えた。千乃は「天上界に帰った高橋信次であるが、娘に対する執着を忘れられず、千乃を貶めようとしている」として、第二作目の『天国の証』で高橋信次を消滅させるにいたる。『証』の内容でもっとも驚くべきは、『扉』でエホバと同一視された高橋信次の没落ぶりである。『証』によると、高橋信次は没後にGLAの代表となった娘・佳子を反省させるよう天上界に期待された。だが、高橋信次は娘への執着を辞めることができず、GLAに潜んだサタン・ダビデと共謀して千乃裕子の出版や集いの活動を停滞させた。そのかどで天上界から追放され、サタン・ダビデもろとも一九七八年四月二日に霊魂が消滅させられた。そして、GLA自体もサタン・ダビデをおびき寄せるための囮《おとり》の団体／罠だとされた。これは『扉』の出版から『証』の出版までのあいだに起こった天上界の出来事であった。

また、当初は千乃に共鳴し、『扉』にGLA批判の記事を寄稿してくれた中野裕道は、『扉』刊行前は雑誌「日本神学」に千乃の論考の連載を続け、同誌購読者に千乃の書籍の取次ぎをおこなうなど協力的だった。しかし、『扉』発刊後、同書の内容に疑問を表明すると、千乃から「これが天上界の意志です」などと突っぱねられた。しだいに中野は、このようにいつも独善的な千乃へ人格的な不信を抱くようになり、「日本神学」から千乃を締め出しにかかった。これに対して千乃は「中野裕道は永遠の生命が奪われた」と悪態をついた。

神と崇めた高橋信次の霊魂を消滅させ、よき協力者であった中野裕道の永遠の生命を奪う——。このように、愛するもの、善とされるもの、味方とされるものが、じつは悪だったという〝善と悪の設定転換〟の考えは、千乃正法会の教団史に繰り返される数々の内部批判（背反）騒動の際に援用されることになる。本書を読み進めれば随所に見られるように、会の幹部信者が千乃に良識を持って意見具申するたび、ことごとく千乃から「背反者」と罵られ、「サタンの傀儡《かいらい》」として「消滅」させられるのである。そのたびに千乃は多くの弟子たちから見捨てられていく。

ともあれ、千乃を中心とする集まりは、書籍の出版までは中野やＧＬＡの元会員らとともに、いわばＧＬＡの分派団体の枠組みだったものの、出版以後はＧＬＡとははっきりと区別されたセクトとなった。

二作目の『天国の証』は一九七八年四月に脱稿し、八月に出版された。

正法のうねりは日本各地で勢いを増し、全国で千乃の本に感動した読者たちからもっと正法を知りたい、学びたい、そして伝えたいと願う連鎖が起こった。「自分の使命に目覚めた」や「何かしなければいけない気持ちになった」という感想を送る全国の読者たちに、千乃は崎村家にやったのと同じように「正法流布のための集いを持ち、正法を説いてください」と手紙を送った。

本が出版されたことで、大阪・池田市石橋の商店街裏手にある木造二階建ての一室で、つい数カ月前に始まった高校生たちとの和気あいあいとした手作りの集いが、いつのまにか「宇宙創成以来の真理が説かれる霊道の場」として日本全国から注目されるようになったのだ。日本全国からの思いがけない反応に、早くも第一作目『天国の扉』を出した直後の一九七八年初頭から「ミカエル様のメッセージを伝える機関誌を作りましょう」「正法を広めましょう」と声が起こり始めた。千乃にしても、全国から寄せられる期待の声に応えるためにはそれがもっとも適切な方策であり、かつては憧れていたＧＬＡの高橋佳子を出し抜く絶好の機会に思われた。

「千乃の説く正法を流布する機関誌を作る、全国で集会を開く、出版社を作ってさらに本を出す、それが天上界の意思だ」

そう言わんばかりに、千乃の下に集う人たちの体からは金粉が噴き出し、部屋には虹が溢れ、空を見ると太陽や月の周囲に虹が円形に形成される日暈《ひがさ》や月暈《げつうん》が観測されたという。

東京で集いを主催したのは三三歳の北沢健彦だった。北沢は生長の家や立正佼成会の元会員でもあり、高橋信次のファンであった。崎村家ほどではないものの、若いころから霊障や霊の波動を感じる体質で、信次没後のＧＬＡに入会するかしないか熟考しているうちに、『扉』を読んだのが千乃との出会いだった。

「求めていたものがここにあった……」

書籍に感動した北沢は、崎村家と同様、千乃と手紙のやりとりを繰り返した。やりとりの中で当然の流れとして、東京でも読者たちの集いを作るということになった。一二月に『扉』を読んだ北沢が手紙を千乃に初めてしたためたのが一九七八年の三月。早くもその年の夏に北沢は、東京の公民館で東京在住の読者を集めて「東京 正法の集い」を開催した。

千乃が大阪でおこなった「現象（天使を口寄せして霊言を話したもの）」の録音テープやメッセージを大阪の会員が東京に送り、それを北沢が受け取る。書籍や現象テープ、千乃らからの伝言を題材に北沢が集いを取り仕切った。集いには書籍を通じて千乃裕子を知った東京の読者が集まった。

第一章で紹介した宮野が大学の友人とともに集いに参加し始めたのも、ちょうどこのころだった。ある日、出席した東京の集いでは、小田優子が自動書記した天上界からのメッセージを北沢が読み上げると、こんな反応が起こったという。

「北沢さん、メッセージを読んでいるあいだ、光が降ってきたように見えたよ」

「本当ですか？　それは私も感じました」

また、集いはいつも強い熱と光に覆われており、部屋は冷房が効いて寒いくらいのはずなのに、集った人々は「熱い、熱い」と言い合った。メッセージを読み上げているあいだ、北沢の周囲はまるで晴れわたった雪原のホワイトアウトのように燦燦《さんさん》と明るかった。

集いのたびに起こる奇蹟に北沢はこう思った。

「きっと、これはメッセージが明らかに天上からのものだと、その証拠なんでしょう。私たちは千乃様を中心として、正法の輪を繋ぎ、天上の光をふんだんに浴びて己を向上させていかねばならないと思います……」

東京に限らず、どこの集いでも、「光」や「温かさ」が感じられ、人によっては「天使が見える」という人もいた。参加者は人類と宇宙の歴史が千乃の説く正法のもとに一つに集約され、新たに紡がれていく、まさにその現場に居合わせているという緊張感と至福感がないまぜになって、高揚のうちに会をあとにするのだった。

慈悲と愛

その年の一二月には、全国で千乃の著書に感服した読者たちが作文を寄せ合い、『扉』、『証』

に続く〝天国シリーズ〟三作目の『天国の光の下に』が発刊された。同書の序文は小田優子によるミカエルのメッセージ、千乃は一章目となる教義の解説とはしがきを担当しただけで、ほかはすべて新たな読者たちの寄稿文集であった。以前の二作のように、千乃と個人的に交わる大阪の高校生たちとで編纂した〝自家製の手作り本〟ではなく、日本全国に散らばる正法を求道する者たちが結集して作り上げた〝一つの思想団体の書籍〟だった。

これまでの正法の集いは、千乃の自宅で高校生たちや知人を集め、人間的な交流や千乃や小田優子の巫女的カリスマにより成り立つ限定的なコミュニティであった。しかし、以後は、千乃を直接知らない人々が千乃の書籍を通じて寄り集まり、直接目にして対話する〝千乃の巫女的カリスマ〟ではなく、書籍によって活字化された〝千乃正法〟を頼りに、遠隔で人々が自律的に正法の集いを形成するようなった。この年（一九七八年）、宗教組織としての千乃正法会（当時は「正法の集い」と言った）は新たな段階に昇ったといえるだろう。

また、この年には、ほかにも画期的なことが起こった。集いの機関誌が発行されたのである。一二月の書籍『天国の光の下に』に先駆けて、一一月に正法の集いの機関誌「慈悲と愛」が東京の会員やたま出版の協力の下、発行された。「『慈悲と愛』創刊号に寄せて」と題された千乃の巻頭言はこう書かれる。

（機関誌が）天の国を地上に実現するための、祝福されたそして最初のパピルス（古文書）となることを祈ります。（「慈悲と愛」創刊号、一頁）

以後、機関誌は三〇年近く、「JI」、次いで「LR」と名を変えながら、千乃の没する二〇〇六年まで発行を続けることになる。

機関誌も発行され、全国規模で会員のネットワークが構築された正法の集いは、しだいに集う人々を「正法者」と呼ぶようになり、知識に秀でてまとめ役になるような正法者を「講師」と呼んだ。

一九七九年一一月一四日には、千乃の書籍や機関誌を公共施設や大学、図書館、ホテルなどに配布し、正法を広く流布するための任意団体「慈悲と愛協会」が設立された。書籍の配布を目的とするという会の特性上、その会費は毎月一万円と高額だったことから、機関誌の購読者みなが入会したわけではなく、初年度は集いの主催者や講師ら六五人が会員となった。

このように機関誌が刊行され、会費制度に基づく団体が設立されると、当然のように「自前の出版社を持ちたい」という声が上がり始める。当時、千乃の書籍は皆、東京のたま出版から出版されていたが、たま出版はせいぜい初版で三〇〇〇部、増刷しても一〇〇〇部程度しか刷ってくれない。また、オカルト専門の出版社とはいえ、千乃の思想に共鳴しているわけではない。よって、当然のことながら、千乃の要望を聞いてもらえないことが多かった。

「たま出版社は規模が小さくて、正法の流布が滞ります。出版社が欲しい、出版社が欲しい……夢にまで見るのです」

千乃は事あるごとにそうつぶやいた。二月の機関誌にはミカエル大王の名で「たま出版と手を切って、自前の出版社を設立するのが天の意思」とする設立趣意書が掲載され、読者や会員から出資が募られた。

驚くべきはその集金能力とスピードである。たった二カ月で全国四六名から三八五〇万円の出資が集まったのだ。平均して一人につき八四万円を支出したこととなる。この資金でたま出版から既刊本の版権を買い戻し、同年五月に千乃正法の出版社が登記された。出版社の所在地は、事業の性質上、千乃のいる大阪ではなく東京に置かれ、社名は「慈悲と愛出版」と名付けられた。少し遅れて関西にも支社が作られ、支社長を崎村家の長男・崎村敬夫《たかお》が買って出た。

慈悲と愛出版の初年度の事業計画は、以下のとおりだった。

天国シリーズの書籍（三冊）をそれぞれ一万部発行し、五〇〇〇部を書店、五〇〇〇部を直売すること。さらにそれぞれ六〇〇〇部を刷り、慈悲と愛協会が買い取って配布事業に回す。買取金額は、一冊平均七四〇円×三冊×六〇〇〇部、つまり一三三二万円。これは、慈悲と愛協会の会員が一〇〇人以上に増えることを見越した金額だった。販売促進のためのポスターも一万枚がすでに印刷され、新聞広告も順次出稿された。さらに、英語版も五〇〇〇部を刷り、外国への販路を持っていた講談社インターナショナルや日貿出版社を通じて、欧米市場に売り込む。その年の秋にはドイツのブックフェアに出す段取りまで整えていた。

同じ月には「慈悲と愛協会」の第一回総会が大阪で開催され、南は九州、北は北海道から各地の正法の集い主催者や講師、出版社責任者など九二名が結集（ほか、委任状は三一名）し、前年度の収支決算や事業報告、今後の予定を話し合った。

開会に先立って小田優子がミカエル大王を降霊し、メッセージを終えたあとの一コマ。

小田　……以上で、現象を終わりたいと思います。

司　会　ミカエル大王様、どうもありがとうございました。さて、総会を引き続きさせていただきますが、総会の議長をしていただく方をどなたか選びたいと思いますが……どなたに進行してもらえば……いかがでしょうか？

観衆の一人　あの、慈悲と愛協会副会長の清田様がお見えですから、清田様にやってもらえれば宜しいのではないでしょうか!?

司　会　わあー！

（会場拍手）

司　会　……あのー、清田様に議長をしてもらいたいっていうのは、実は話し合ってあらかじめ決めてあるんですよ（笑）。でもね、慈悲と愛協会が皆さまのボランティア精神でやっている、皆が並列で民主的な形でやっているという気持ちで、今、この場で選出をしなければいけないという精神からやらせていただきました（笑）

（「正法講座テープ」第二四巻より書き起こし）

総会は、このように笑いの絶えない、穏やかな雰囲気で進行した。総会で議論された協会および出版社の当時の活動の支柱は以下の三つだった。

・「天国シリーズ」と題される書籍の発刊と配布
・機関誌「慈悲と愛」誌の発行と配布
・会員増を目指して全国規模での集いの開催と維持、そして拡大正法の集いは「会費や相談料は取らず、主宰も報酬を受けないボランティア精神で行われること」を旨とし、基本的に会員は機関誌の年間購読料や書籍の購入費のほか、たとえば千乃に手紙で何かを相談しても料金を請求されるようなことはなく、会費一万円（月額）の慈悲と愛協会の会員にさえならなければ、さほど金銭が必要のない緩やかな組織であった。

宮野が言うには、千乃正法は宗教ではないと自己定義していたため、会員になるといっても「洗礼」という儀式めいたものはなく、「入会」という手続きすらない。単に月刊誌を購読して集いに来ていれば、誰でも正法者と見なされたという。

当時の正法の集いは、緩やかでオープンな敷居の低い組織だった。何しろ月刊誌の値段は定価三〇〇円の年間購読料は三〇〇〇円。しかも後払いも可能であり、年間購読を申し込んだ場合は見本誌が一冊無料でついてきた。採算がとれるほどの読者数がいたため、慈悲と愛出版は軌道に乗り、八〇年代には多くの書籍や雑誌を刊行することになった。

出版物

千乃正法会がもっとも活動的だったのが八〇年代である。前述のとおり、特に出版事業が盛んであり、八二年は月刊誌が「JI（旧『慈悲と愛』）」、「希望と愛と光」、そして子ども向けに正法を漫画で解説する「マンガデスヨ!!」の三冊が発行されていた（表1参照）。

また、兵庫の崎村が発案した書籍の外国語版も、一九八〇年に『天国の扉』の英語版が出版されたのを皮切りに、筆者が確認できる限り、『天国の証』、『天国の光の下に』、『天使の詩』、

『天上界メッセージ集』、雑誌「生存」の英語版が出された。さらに『天国の扉』と『天国の証』は、中国語版と韓国語版も出版された。

千乃や小田優子らが集いの場でおこなう現象や講師による講演は録音され、「現象テープ」として一本一〇〇〇円で売られ、講演会の様子はまたVHSにもなって販売された。また、商業ベースではない注文販売については、『扉』『証』『光の下に』は視覚障害者用の朗読テープや点字訳も作られ、朗読テープにはていねいにピアノとサックスの伴奏が付いた。

消滅と背反

さて、八〇年代初頭の段階で、正法の集いは東京で五〇人以上、大阪・兵庫では時によって一回で一〇〇人以上が集まる大所帯となった。このころの機関誌には全国で一四〇〇人の購読者がいたと伝えられるほか、隣国・韓国でも書籍が売られ始め、熱心な読者によって一〇人ほどの出席者で集会がおこなわれていた（当時の韓国人は、五〇歳以上であれば日本語を理解できる）。大阪の下町の小さなオカルトサークルが、わずか二年で全国規模の思想団体へと成長したわけであるが、運営面で一般的な宗教／思想団体と異なる点が一つあった。それは、千乃の隠遁性だった。

正法を説く千乃裕子は、団体の代表であるにもかかわらず、表に出ることを極端に嫌がったのである。それは千乃の内向的な性格と、不安定な精神状態に起因する体の弱さが原因であった。千乃は、前述の一九八〇年五月に自身の住む大阪で開催された「慈悲と愛協会」の全国総会にも出席せず、なんと自身が執筆し、出版する「天国シリーズ」書籍の出版記念講演会にも

出版年月	刊行物	形態	備考
1977年12月	『天国の扉』	書籍	たま出版から自費出版
1978年 8月	『天国の証』	書籍	同上
同年11月	『天国の光の下に』	書籍	同上
同年12月	「慈悲と愛」	雑誌	後続誌：「JI」(1981-1999) 「ＬＲ」(2000-2006)
1980年10月	『天の奇蹟（上）』	書籍	講師の吉田文三著作。自前出版社からの初刊行書籍
1981年 1月	「希望と愛と光」	雑誌	1981年1月-1982年7月
同年12月	「マンガデスヨ!!」	雑誌	1981年12月-1982年7月 子ども向けの漫画雑誌
1982年 9月	『天の奇蹟（中）』	書籍	講師の吉田文三の著作
1984年 7月	『天上界メッセージ集』	書籍	機関誌のまとめ
1985年 7月	「生存」	雑誌	1985年7月-1989年7月 反共・保守言論誌
1986年 1月	『天上界メッセージ集・続』	書籍	機関誌のまとめ
1987年 7月	『天の奇蹟（下）』	書籍	講師の吉田文三の著作
1989年 4月	『古代日本と七大天使』	書籍	講師の北沢健彦の著作

表1　1980年代に発刊された千乃正法会の主な書誌

出席しなかったのだ。

　これは一般的な宗教団体とは著しく異なる点であろう。千乃裕子自身の活動は、ただ大量の猫と同居する自宅に引きこもって天上界のメッセージを受け、機関誌を書き、正法者からの手紙に応え、出版社と連絡し、書籍を執筆することだけだった。

　千乃の出不精・隠遁性は徹底していて、各地でおこなわれる集いに赴かなかったばかりか、千乃の自宅を訪ねてくる会員にもあまり会わなかった。八〇年代に地方で正法の集いの主催をした者や講師だった者には、千乃を写真でしか見たことがなく、脱会してから二〇年後の、二〇〇三年の「白装束事件」で千乃がテレビインタビューに映るまで、千乃の動く姿を見たことがなかったという者もいたほどだった。

　代表の千乃に代わって各地の集会に出て回ったのが小田優子や矢田芳美《やだよしみ》（書籍発刊後、

千乃の下に集った女性で、もともと霊能力があった）など、霊道が開いて天使を降ろすことができる会内の霊能者たちだった。すでに高校を卒業した小田優子は、「現象旅行」と称して一九八〇年から岡山、東京、福岡、仙台、青森など全国各地を回った。そして、集会の場に来ては、千乃に代わって現象をおこない、天上界の実在を各地で証していた。現象をおこなっている小田優子の背後には、いつも光が降り注ぎ金色のオーラが見られたという。

順調に成長する正法の集いだったが、規模が大きくなると、ピラミッド型の官僚的組織ではない緩やかな集いの連合体という組織の脆弱性があらわれ、千乃や小田優子の現象や天上界のメッセージを訝《いぶか》しく思う者も出てきた。

一九八〇年六月、東京の集いのメンバー数名によって怪文書が会内に回された。小田優子はその内容を見てはらわたが煮えくり返った。文書には、「小田優子氏の現象は千乃様の作成した文章を読み上げて（暗記して）いるに過ぎず、数々の証言も千乃様の虚構だ」と書かれていたのである。

「病弱の私に代わって、集いで天上界の現象をいつも行ってくれている小田さんを落として、ついでに私も崩壊するだろうと目算を立てたんでしょう……」

怪文書を見た千乃もそう言って憤慨し、小田優子とともに「これは悪霊の仕業だ！」と言い合った。じつはその前年（七九年）の一〇月に、大阪の若い女性会員が同様の事件を起こしており、大阪の会に集う青年が半減した事件があったが、その記憶が二人によみがえったのだった。早速、「慈悲と愛」誌にその怪文書がさらされて、それに対する全国から反論文の投稿が募集され、翌月の月刊誌に掲載された全国からの反論文の数は二六通に及んだ。

千乃は、このように正法やその活動に反対し、中傷をする内部の動きを天に背く「背反」と呼んで痛烈に攻撃した。背反事件のたび、全国の会員にはファックスなどで消滅者リストが通知された。

一九八一年一二月、今度は東京で事件が起こる。東京の会員多数に消滅宣告が下ったのだ。消滅されたのは東京と埼玉の会員二四名。中には機関誌の創刊に尽力した有力会員や出版社の社員も多数含まれていた。

消滅理由は「分派活動をたくらんだから」。東京の会員たちは、以前から少々の異論を唱えた程度で背反や消滅と叫ぶ千乃の厳しさに疑問を感じており、「千乃ではない天の後継者が現れた！」と東京の集いにいたある女性を立てて、「コスモの会」という名前で分派運動を起こしたのである。その際に千乃正法会の会員名簿を使って「コスモの会」の案内状を回すなど、露骨な会員の奪い取りも画策していた。

これに慌てた千乃側の東京の会員は千乃に動きを伝え、このような報告書を送付した。

彼らは偽りの天上界を作ろうとしています。そして、○○氏（引用者注：原文は実名）の言う「自分がエル・ランティ様の本体で現在の正法の後継者である」ということを信じています。何故この様なバカな事をしんじてしまったのかわかりません…東京の集いや流布活動を熱心にやっていると思えた人たちがこのありさまです。（「JI」一九八二年二月、七頁）

こうした組織のグラつきを現場レベルで抑制しようと各地で働いたのが、千乃の直弟子とも言うべき小田優子であった。かつてはあどけない高校生だった小田優子が、千乃の名代として東京に駆け付け、出版社を訪問し、東京の会員を集めた場で正法者としての覚悟を説いた。

消滅した人のことを後からどうこう言うのではなく、どうしてこういうことが起こったのかを考えなければいけないんです。やっぱり、東京の雰囲気は冷たいです。大阪とか九州とか、他の地方に行ってもこんな雰囲気はしませんでした。やっぱり、正法者ならば、何のために集まってきたのか、もう一度考えてほしいんです。

天上界のために働くんじゃないんです。千乃先生のために働くんじゃありません。私たち自身のために働くんです。ユートピアを作るためだって約束したんじゃないんですか？

私は大阪にいますから、事件の概要しか知りません。ですが、消滅者が十何人も出るなんて考えられません。そういうことはどういうことかと言いますと、消滅になった人の他にも、消滅に値する人がいるっていうことです。（「正法講座テープ」第三六巻から書き起こし）

この東京の大背反事件の原因はのちに、「一九七八年に消滅したはずのサタン・ダビデが、じつはまだ生きていて東京の集いに反乱を煽動したから」となり、今度は「エル・ランティが自らを焼き尽くしてサタン・ダビデを完全に消滅させた」と語られた。

おそらく組織的な脆弱性と千乃の組織指導者的リーダーシップの欠如のせいだろう、このあとも会では千乃を中傷する投書や怪文書、真偽不明の流言蜚語が飛び交うことが断続的に続く。会ではそうした動きが出るたびに、天上界の名によって引き締めが図られた。一九八三年七月に東京でおこなわれた東京の集い五周年記念の総会では、「イエス・キリストのメッセージ」として矢田芳美の口からこのように語られている。

今迄より一層、千乃裕子様に対し感情的怨恨という個人的感情から飛言中傷がまかれているように思う。それは、互いに信じ合う心、共に目的にまい進しようとする芽を摘み取ること。書店開拓し流布活動し何人が集まってくるのか。何故その数少ない人の間で疑心暗鬼が飛び交うのか。それは一番軽蔑する行動・意志である。そのような心が起きたら恥じなさい。善行を為そうと欲しても行う人の心が醜ければ、誰も救わず自分も救えない。

（「ＪＩ」一九八三年八月、三一頁）

こうした〝イエス・キリストの忠告〟にもかかわらず、これ以後も千乃正法会では内部批判とそれに対する「消滅宣告」が繰り返される。否、むしろその繰り返し——内部から批判や告発の声が出るたびに、千乃がヒステリックにそれを断罪し、内部批判者をさらし上げ、消滅を宣告する——が千乃正法会の歴史そのものと言ってよいかもしれない。

千乃正法会は一九八〇年代にその隆盛を極めたが、八〇年代の前半と半ばと後半に、会の内外で三つのターニングポイントを迎えることになる。会の内にあっては、創設からずっと千乃のそばで活動を支えてきた直弟子の小田優子が出奔したこと、そして、多くの会員が集団でアメリカに移住したこと。会の外にあっては千乃と同じく高橋信次の後継者を僭称した大川《おおかわ》隆《りゅう》法《ほう》の「幸福の科学」が登場したことである。

これらはみな、千乃の精神状態の悪化に拍車をかけたが、特に一〇代半ばの学生時代から千乃に付き従った小田がいなくなったことは、千乃と会の性質を大いに変え、のちに「白装束キャラバン」を繰り出して、正法の集いが完全にカルト化する遠因となったとも考えられる。

第四章　共産主義と孤独と大川隆法

反共活動、善と悪の闘い

千乃正法の教義を貫くのは、「人類の歴史はとめどない善と悪の闘いである」という二元論的な闘争観である。人類の歴史にあって、神はつねに人類を善に導こうと奇蹟を起こし、サタンはつねに人類を悪に陥れるため、神を出し抜いてきた。そして、その〝善と悪の闘い〟においては、悪の力が現実世界に立ち現れたのが共産主義である、と千乃は考えた。たとえば、一九八三年に千乃が口述筆記したミカエル大王の天上界メッセージにはこう書かれる。

〈前略〉彼等に与えられた救い主、イエス・キリストを彼等自身で十字架に付けたユダヤ人は、その時以来、血に呪われ、天に見捨てられ、悪魔に操られて、全国家を崩壊、人類の滅亡を彼等自身の手で行うに等しい共産主義理論を編み出したのです……神の愛するあらゆる物と人を滅ぼし尽くす企みはサタンにしか出来ぬこと。血に染まる共産主義理論とその信奉者は、サタンに魂を奪われた呪われた人類なのです。

（一九八三年九月二四日　千乃裕子の口述筆記、『天上界メッセージ集』一七五頁）

二〇〇三年に騒動となった「白装束キャラバン」も、その存在意義としては「共産主義過激派による電磁波攻撃との闘い」を遂行するためのものである。あの奇怪な白装束キャラバンも千乃の論理からすれば、サタンの権化である共産主義者の攻撃から神の使命を帯びた千乃を守り、天のために戦う〝闘いの場〟であった。

八〇年代は千乃正法会の活動がもっとも充実していた最盛期であるが、この時期に会の内部でもっとも盛んだったのが〝反共活動〟であった。機関誌の「JI」は一九七八年の創刊一年ほどは精神性や思想に関する記事が主であったが、徐々に国際情勢や国内政治の記事が増え始め、創刊二年が経った八一年からは掲載記事の半分近くが「正論」や「ゼンボウ」、さらには統一教会系の「世界日報」といった反共・保守系論壇誌紙からの転載で占められる号もしばしばあった。

「JI」は、冒頭に千乃による「天上界メッセージ」が載せられる以外、ほぼ保守系論壇誌と同じような体裁をなしていった（雑誌の目次を参照）。

「天上界の教え＝正法」を学ぶには、機関誌はあまりに政治的すぎたためか、八五年から八九年にかけては、政治情報に特化した機関誌「生存」が別に発刊された。

毎号に手記を載せる千乃も、日本共産党への攻撃や、当時は共産主義体制下にあった東欧やソ連、中国などに対する激烈な非難に筆を躍らせていた。たとえば次のように過激な筆致で。

左傾マスコミのデマ報道といえば、共産党直属機関紙『赤旗』が、自民党政権を言語道断

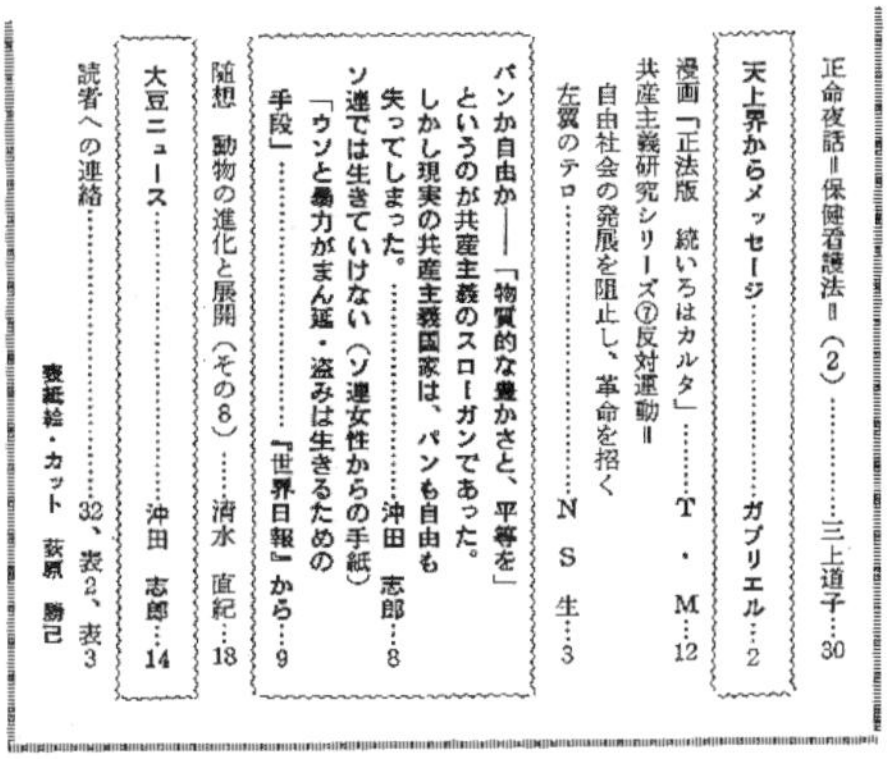

機関誌「ＪＩ」の目次（1984年8月号）

にも独裁政権と呼び、〝共産党系全国紙『朝日』〟を〝マスコミ報道〟と、いかにも外部の新聞社のように扱い、自民党や公明党、社会、民社の大阪市議が公金を費って遊興接待費に充てていたことを、「共産党だけが自前で調査追及していた」と書いている。だから〝清潔な日本共産党〟だ……よくまあ、こうも次から次と言葉だけはカッコよく、中国の「大躍進政策」や「文化大革命」のように、オイシイ表現ばかり書き連ねますねえ。そんなに共産主義や社会主義が良いのなら、そういった国に住めばいいんです。

（『神々の憂いと悲しみ』一三六頁）

日本共産党批判から中国批判にいたるこの手記のタイトルは、「ゴキブリのように巣食う共産主義者たち」であった。

会の内側ではこうした過激な反共言論が頻繁に語られた。会員は共産党批判のビラ配りを正法の実践活動とし、集会は国内政治問題や国際問題を分析し、日本から、世界から、共産主義をなくすために自分たちはどうすればよいかを話し合う場となった。会では単なる教義教学や思想への信仰ではなく、実際に現実の場で政治活動を通し、社会を変革していくことが正法の真の弁証であると考えられていたのである。会員の中には、叫ばれる反共思想に感化され、中米ニカラグアの反共ゲリラと革命政府の内戦に義勇兵として渡航した者が出るほどだった。

千乃正法は、このように先鋭的かつ活動的な反共主義をその思想の顕現としたが、ではなぜ千乃の中でこのような過激な反共思想が誕生したのだろうか。その点については、「仲の悪かった継父や近隣住民が共産主義にかぶれていた」ということ以外、千乃自身もあまり語っていないので、はっきりとはわからない。八〇年代の機関誌を読むと、かつて「生長の家政治連合」を作って反共政治活動をおこなっていた宗教団体・生長の家の元信者にも、千乃正法に入会していた者が多かったことがわかる。よって、元生長の家信者の言説が千乃の思想に影響したという推測は成り立つが、確かなことは言えない。

八〇年代の集会の様子を宮野はこう回想する。

「あのころの会は、天上界メッセージを基にした集まりがありましたが、それが終わるともう政治。ソ連の政治弾圧がどうのとか、レーガン政権がどうの。ニカラグア内戦でゲリラを応援すべきだとか。そんな話ばかりをしていました。『ソ連が侵略してきたら、あなたはどうする?』と聞かれて、『戦う』と言ったり。千乃先生が『ソ連が侵略するかもしれない』と言っていましたから、冷戦のただなかだったので、みんな本気で信じていましたよ」

宗教と政治が絡み合った保守運動として思いつくのは、今日の日本会議として発展する「日本を守る会」や統一教会の「国際勝共連合」などであろう。しかし、ほかの多くの宗教系保守団体と異なっていたのは、千乃正法が独特な陰謀論に日々切迫していたことである。

会では「共産主義過激派がどこに潜んでいるかわからない」として、会の大事な話は暗号でおこない、喫茶店などで大声で話をすることも忌避された。また、郵便局員には共産党員が多いので、郵便物の中身を見られていると注意喚起がなされ、速達で出された千乃宛ての郵便物が頻繁に遅延するのは、郵便局員に共産党員が多いがゆえの嫌がらせだなどと、日常的に語られていた。

悪、不正義、独裁、抑圧、虐殺行為、政治弾圧、唯物的な物事の見方……そういう悪徳の象徴が「共産主義」であり、千乃正法はそうした〝悪〟と闘う光に満ちた〝善〟である――こういう単純な善悪二元論はカルト宗教にありがちな世界観であるが、千乃正法会はその〝悪〟を日常的に肌で感じるという点で先鋭的であった。

しかし、会のこうした政治的先鋭性に対して、千乃の書籍を読み、その精神性に惹かれて入会した新入会員には、「機関誌は政治の記事ばかりでおもしろくない」と思う者も多かった。言論の過激化と政治化は、特に女性会員の拒否反応を誘う原因ともなり、「政治にのめりこみたくない」「もっと精神性を高める集いをしたい」として集会への出席を敬遠する会員もいたという。

千乃正法会にはGLAからの転入者が多かったと前述したが、創設数年にして、会の雰囲気は純然とした宗教であったGLAのそれとはまったく異なるものになっていった。宮野が言うには、千乃正法会の「政治化」はこういうことだそうだ。

「千乃正法は宗教ではありません。千乃正法には『祈る』という行為もないんです。なぜなら宗教と科学は一致しているからです。千乃先生の述べた法が正しい法であって、真実であり、現実です。そして現実の世界に有効なのは政治活動ですよね。言ってみれば、『神は現に科学的に実在するので祈る必要はない』と、そういうことになるでしょうか」

反共産主義思想を基にする活動の過激な政治化――そのさなかに起こった重大事件が小田優子の出奔であった。

小田優子の出奔

大阪の下町でたった数人で始められたささやかな霊道の場から五年が経った一九八二年、千乃の巫病が始まる前から千乃を「先生」と呼び慕い、商店街裏手の木造二階建てに通っていた女子高生・小田優子はもう二〇歳を迎える大人になっていた。

小田は、つねづねこう言っていた。

私の家は母子家庭で一時随分困った頃がありました。そんな時身近に居て誰よりも援助してくださったのは千乃先生でした。（「慈悲と愛」一九七九年一二月号、二七頁）

私が正法をやっていて、何が一番良かったか……神様に会えたから、ミカエル様、ガブリエル様に会えたからじゃないんです。そうじゃなくて、正法を通じて出逢った友達、先生と思えるような人々、そういう人たちとのつながりがすごく大事に思えるんです。
（正法講座テープ第三六巻から書き起こし）

正法の集いは、小田や千乃の自宅に集っていた元女子高生たちにとって、活動を通して得た友人たちと達成感を得る場であり、他者との交流を楽しみ、責任を実感する自分の青春であった。中でも小田優子にとって、その思いは格別であった。一〇代半ばで「天使が見える」「天使に身を貸せる」ようになった小田は、千乃に代わって大勢の会員の前で現象をおこない、毎月の機関誌の執筆・編集も手掛けた。また、集いで出会った同年代の男性と交際し婚約をするなど、青春生活の軸足を完全に千乃正法会の活動に置く日々を過ごしていた。

千乃の一番弟子にして天使を降ろせる霊能者。そして、いつも朗らかで才気快活な若い小田優子は、会のムードメーカーとして人気があった。人と会うのを忌避し、自宅に引きこもり続けた病弱な千乃に代わって、会の内外を問わず、人と接する機会が多かった小田にはユーモアで人を笑顔にさせ、場を明るくする気さくさと、時に年長者に対しても真剣に怒ることのできる誠実さがあり、そうした天賦の才能に多くの会員は心を惹きつけられていた。病弱な千乃が引退したあとは、小田が後継者になるとも言われており、いつのまにか千乃に会わない会員たちは、集会で天使を降ろし、口寄せする小田の追っかけのようになっていた。機関誌にはこのような会員の投稿が載ることもあった。

毎月の「集い」でにっこり笑って会釈してくださる、あのあどけない笑顔の可憐な小田優子さんのお姿をみるのを楽しみの一つにしております。胸がわくわくいたします……先月の「大阪兵庫の集い」では小田優子さんの現象がなくなってがっかりしたのは私だけではないと思います。（「慈悲と愛」一九八〇年九月号、二一頁）

婚約者もそこで見つけた小田にとって、千乃正法の活動は大切な青春であった。しかし、同時に疲労の源でもあった。一〇代の少女にとって霊媒となるのは心理的に非常なストレスであるし、機関誌の執筆や編集に時間も拘束される。高校卒業時には受験に失敗したり、自宅で寝ているときにも天使が語りかけてきたりするなど、正法の活動は徐々に小田の肉体的・精神的な力を奪っていった。

そして、一九八二年の春、「JI」に次のような天上界メッセージ（ミカエル）が掲載された。

この度小田優子さんの疾病により、母上の逆鱗に触れ、天を天と認め難いとの感情的な発言で、私達は、それ以来よく私達について走ってきてくれた心優しい乙女を現在失った状態にあります。（一九八二年四月一五日、千乃裕子の口述筆記、「JI」一九八二年五月号、二頁）

全国各地を回る現象旅行に加え、三冊（「JI」・「希望と愛と光」・「マンガデスヨ!!」）の機関誌の執筆・編集。それらを学業と両立させる多忙な日々。ついに小田は身体を壊してしまったのである。小田の母親は、もともと千乃正法会の活動には反対であり、娘が倒れたとき、激しい剣幕で千乃に抗議したという。

当時は、その二年前に起こった若い女性数十人が失踪し、怪しげな中年教祖の下で集団生活する「イエスの方舟事件」が人々の記憶に新しかった。千乃正法会の活動は、小田の母親の眼には娘を連れまわして搾取する怪しい新興宗教に映ったのだ。母親の意向により小田の療養先は、千乃はおろか会員にも知らせられず、当初は療養後には復帰することが期待された小田であったが、いつしか千乃を含めて、会とは没交渉となってしまった。

千乃に霊道が開いてから五年間、単なる英語教室だった時代も含めればそれ以上、千乃のもとで公私ともに熱心に千乃に仕えた小田優子がいなくなってしまった。そのことは、千乃の精神状態の悪化に拍車をかけ、会員の集いの場で霊を降ろす「現象」も小田の不在によりあまりおこなわれなくなった。

その後の小田については、「本人が生き神になりたくて、旧集いのメンバーを引き抜き、神々のいない信仰の普及をおこなっている」という噂が千乃の耳に入ったが、真偽のほどはわからない。その後、体調が回復した小田は、交際相手と無事に結婚したそうである。

ちなみに、小田優子の幸せそうな婚約をうらやんだのかは不明だが、千乃も一九八一年にミカエル大王と霊的な結婚をし、天上界で結婚式を挙げたと主張した。これ以後、千乃は「レイナ・エル・ミカエル大王妃」と自称することになる。

突然の集団渡米

当時の千乃正法会で目立った動きとして、八二年から八〇年代半ばにかけておこなわれた会員のアメリカ集団移住がある。

前述のとおり、八〇年代の集会では、「共産主義を自由にさせていたら日本が滅びる」「ソ連は食糧危機に陥っている」「来年には核戦争が起こるのでアメリカに逃げよう」など、反共思想とソ連の脅威が叫ばれた。その根拠は、千乃が機関誌で書き連ねていたソ連・共産主義への途方もない嫌悪感だった。

当時の千乃の〝恐ソ病〟は異常なほど切迫していて、聞くところによると千乃は、「ソ連が侵略する前に逃げてください。逃げられない人は毒を飲んで死にましょう」と、会員に向けて機関誌に書いたこともあった。千乃は本気でソ連の侵略を恐れ、千乃を天の仲介者と信じる会員たちは本気で千乃の言うことを信じ、ソ連を恐れた。そして、「ソ連が侵略する前に逃げる」ために会員総出でアメリカに移住することが提唱されるにいたった。

集団渡米は断続的におこなわれたが、もっとも早い渡米団が日本を発ったのは八二年の八月と九月だった。両月で六〇人近い会員（短期滞在も含む）が渡米し、ロサンゼルスに移住。中には八〇〇〇万円の土地を売って、一家総出で渡米した者もいた。渡米後、会員の所持金はプールされ、アパートや大きな一軒家を借り上げ、それぞれが生活基盤を立ち上げるまでのあいだは、一日二ドルの生活費でつつましい共同生活を営んだ。

渡米は八〇年代を通じて断続的になされたが、出鼻にちょっとしたトラブルがあった。集団で渡米した会員の中に、家族や婚約相手に無断で、移住する会員の手伝いのために短期渡米した者がいたため、家族から捜索願が出されたのである。

警察だけならまだしも、家族が「子どもが失踪した」とマスコミに事件をリークしたため、八二年の一〇月、これが「新興宗教の二四人ナゾの集団渡米」と「毎日新聞」（一九八二年一〇月二七日付）で取り上げられた。それが発端で、フジテレビのニュース番組「おはよう！ナイスデイ」（同年一一月八日）でも報道された。番組では千乃のインタビューもおこなわれ、なんと千乃が口寄せするミカエル大王の「現象」も三分間放映されたらしい。スタジオのアナウンサーは、千乃がミカエルの言葉を話すのを「神憑《かみがか》り的で何を言いたいのかよくわからない」と冷めた感想を述べた。だが、千乃正法がメディアに登場したのは初めてのことで、会員の中には千乃正法が公共の電波に乗って全国に配信されたことを無邪気に喜ぶ者もいたことが推測さ

「毎日新聞」1982年10月27日付

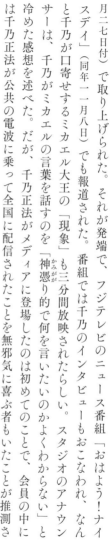

れる。ただ、この一件で石橋の古びた自宅のことをマスコミに書かれた千乃は、会員の支援で同じ大阪府の東豊中に引っ越しをした。

同じ八二年の一〇月には、出版社のアメリカ支社「トビラ・インターナショナル・コーポレーション」を設立。当初は日本の本社機能もまとめてアメリカに移転しようという計画だったが、これは実行されなかった。

右も左も、英語すらわからず移住した会員たちは、まずロサンゼルスのリトルトーキョーで日本製の下着の訪問販売などをおこなった。だが、すぐに需要が頭打ちになり、次いで写真や印刷関係の会社などが作られた。当初はマスコミに邪魔された移住だったが、その後は順調に進み、才覚のある会員には不動産関係の事業を営む者なども出始めた。そして、会員たちはロサンゼルスに留まらず、アメリカ各地に散らばっていった。

この〝集団渡米〟に参加した会員の総数は判然としないが、おそらく定住したのは五〇人弱ではないかと思われる。前述の「毎日新聞」には、「会員三〇〇人のうち、一〇〇人が渡米した」と書かれたが、筆者の取材によれば、渡米した人数は二〇人から一〇〇人くらいまで幅がある。渡米後に帰国する会員も多く、平均で常時、五〇人ほどの会員がアメリカに住んでいたということが推測される。

「ソ連が侵略する前に逃げましょう」と言い出した千乃は、結局、渡米にいたらなかった。もちろん、初めは渡米するつもりだった。夫婦のほうがビザを取得しやすいという理由で、八四年一月に北陸の会員のまとめ役を務める男性とペーパー結婚。この男性と千乃は何度か電話をしただけで、一度も会ったことはなかったらしい。しかし、千乃自身の病状や「夫」の持病の悪化もあり、数カ月で離婚した。千乃は健康上の理由からそのまま日本に残ることとなった。

集団渡米は、ソ連の侵略からの事前避難と正法の海外布教が目的（アメリカに次いでイギリスにも出版社を設立した）だった。このように「ソ連が攻めてくる！」と恐怖心をあおられてなされた集団移住ではあるものの、これをあたかもガイアナ移住後に信者九一八人が集団自殺した人民寺院と同じものだと捉えるのは早計だ。渡航後の会員は、当初こそ共同生活をしたが、それはおのおのが在米生活を立ち上げるための準備であった。また、旗振り役の千乃自身は日本にずっと留まった。渡航した会員には、心機一転して自分探しをする目的の者や現地の大学の留学生となった者もいたし、数年で日本に帰国した者も多かった。

「アメリカ移住」は八〇年代の日本人にとって、心躍る響きのある言葉であっただろう。会員の集団渡米は、宗教的恐怖心に基づいた切迫感の溢れる集団移住というより、むしろ明るい新天地への旅であった。

このころに渡米した会員には、韓国で千乃の書籍に出会い、現在もなお千乃正法の講師を務める金《キム》鏞《ヨ》漢《ハン》や千乃や小田に並んで天上界メッセージを降ろせる矢田芳美などがいた。

一九八〇年代の変化と拡大

一九八〇年代の前半は「現象」をおこなうことのできる小田優子が出奔、矢田芳美が離日したりしたことによって、会員の前で神や天使を口寄せする「現象」はおこなわれなくなった。そして、勝手に霊を降ろして分派を目指す会員を出さないためにも、「これからは現象をおこなうのは悪霊」ということになる。

いまだに暖かい波動を感じたから善霊と報告する方が多いですが、現象は（波動も現象の一つ）悪霊と紛らわしい場合がますます増えて来たので、却って善霊は現象を行わない。行ってはならないとミカエル様が禁じられました。逆説的に現象を行うのは悪霊となったのです。但し、千乃様を介して日時、場所、現象を行う者の指定がある場合のみ、私達が行なう現象であると理解して頂けば良いのです。そう以前に発表致しました。

（一九八三年一二月一五日　千乃裕子の口述筆記、『天上界メッセージ集』一七九頁）

また、小田や矢田がいなくなったことで、天上界からのメッセージの内容にも微妙な変化が生じる。一般に憑霊現象が有効に機能する共同体内では、複数の霊媒によって口述される「霊」が社会構築主義的に互いに交渉し合いながら、重層的に「一つの霊格」として織りなされることが知られている。「現象」や毎月の機関誌で語られる天上界メッセージは、同一の天使や同一の神の意識を異なるペルソナによって口寄せする、いわば千乃とほかの会員の集合的無意識の発露であった。しかし、これを発露させる者が物理的に千乃しかいなくなってしまったことで、憑霊現象を文化的に有意に機能させる構造が失われ、ただ千乃一人の精神の変移を顕すものに質が変化してしまったのである。

小田がいたころは、「慈悲について」「赦しについて」「愛について」など、天上界の高い精神性を語るメッセージが（霊媒が誰であるかにかかわらず）多かったが、八〇年代後半はミカエル大王が延々と自民党政治や総選挙について語るシュールな天上界メッセージも多く現れるようになる。

こうした変化はあったものの、八〇年代が千乃正法の最盛期であったことには変わりはない。東京では客席一〇〇〇席以上のよみうりホールを貸し切りにして総会がおこなわれたり、出版社では出版以外の事業部が作られ、ステンドグラスの製造販売を手掛ける会社や健康食品や代替薬を売る通信販売部などの部門が作られたりした。

霊道の開く以前から病弱だった千乃は健康オタクで、頻繁に会員から手紙で病気治療の相談を受けていた。そして、天上界の指示を受けて治療法や薬、健康食品の処方などを機関誌上でおこなっていた。そんな影響もあって、出版社内の通信販売部設立によって、千乃のプロデュースする代替薬や健康食品を会員に直接販売する体制が会内に整っていった。

健康食品の通販事業は、のちに「オーベルテール（ＯＢＴ）」という別会社となる。顧客はすべて会員なので、千乃が「風邪にはこれが効く」などと機関誌で一言勧めるだけでまちがいなく売れる。毎月の売り上げが五〇〇〇万円、純利益は三五〇〇万円という優良事業であった。

以上で見てきたように、八〇年代の千乃正法会は創設以前から千乃の同伴者であった小田優子を失くし、多くの背反事件や流言蜚語が飛び交う事態に見舞われた。だが、大掛かりな渡米運動を組織し、大ホールを貸し切りにし、ビジネスの多角化をおこなうなど、一つの強固な思想を基盤にした総合企業体の観を帯びた。八五年六月には、活動のさらなる成長を祈念して、出版社の名称が「慈悲と愛出版社」から、機関誌「ＪＩ」に合わせた「ジェイアイ出版」に変更された。

順調に成長する千乃正法会は、集団渡米が一段落した八〇年代後半に、思いがけない試練に出合う。その原因は、千乃と同じように「高橋信次の後継者」を名乗った大川隆法とその団体「幸福の科学」の登場であった。

大川隆法と幸福の科学

一九八六年三月の「JI」にこのような通達が掲載された。

最近出廻っている善川三朗《よしかわさぶろう》著・潮文社刊『日蓮聖人の霊言』『空海・弘法大師の霊言』及び『イエス・キリストの霊言』なる心霊書の類いは、総て偽物であり、悪霊による惑わしの書であることを明言し、お知らせいたします。（「JI」八六年三月号、一二頁）

善川三朗とは大川隆法の父親である。大川隆法は、幸福の科学を創設する以前、まず父と共同制作するかたちで書籍を出しており、それが千乃の眼にとまったのだ。千乃には、この善川三朗なる人物について「おそらくGLA系の人物であろう」と「JI」に書き、「彼等は霊の選択眼がなく、つねに悪霊に操られております」と会員に注意喚起を促した。

この千乃の勘は当たる。翌年、大川隆法は千乃や会員たちを絶句させる書籍を五月雨《さみだれ》式に刊行した。それらのタイトルは『高橋信次霊言集』『高橋信次霊訓集』――、そして『高橋信次の新復活』。これらの著作で大川隆法は次のように語っていた。

この世を去るに際して、「五年後に大いなることが起きる。関西の若者が現れて大人たちに法を説く日が来る。そのものが私の法を継ぐだろう」と言われた高橋信次氏の預言は成就したのです。

ちょうど五年後、一九八一年六月二五日、関西出身の二四歳の私に、同氏の霊示が臨んだのです。同氏は語りました。「GLAはお前を必要としない。おまえはおまえの道を歩め。独力で自らの道を切り開け。そして人類を救うのだ」と。（『高橋信次の新復活』二頁）

高橋信次氏は、一九七六年六月にこの世を去って、ちょうど五年後、一九八一年六月に、自らの予言通り、私、大川隆法に、霊天上界から通信を開始されました……高橋信次氏のかつてのお弟子さんたちの多くが、現在、間違った方向へとそれて行っていることに対し、同氏はなんとか彼らを、彼らが生きているうちに救ってやりたいと、強い情熱の程を吐露されたのであります。（『高橋信次霊言集』二頁）

どれをとっても自分（大川隆法）こそが高橋信次の後継者だという前提に立ち、しかも大川隆法に口寄せされる高橋信次の霊は「ミカエルは地上に出ていない」や「GLAは法の継承者ではない」とうそぶく。そして、生前の高橋信次が述べた「後継者は関西の若者から出る」という談のとおり、大川隆法は関西出身なのである――。千乃が一〇年前にやったこととまったく瓜二つ、いや、それ以上に大川隆法は文才に長け、インテリで、しかも著書の売れ行きがよかった。

高橋信次に現れた天の正法は千乃に受け継がれたが、それはGLAに認められなかった。失恋に似る屈折した高橋信次への愛憎から、「高橋信次はすでに消滅した」とした千乃――。どこの馬の骨かもしれない大川隆法という三〇歳の若造が、勝手に高橋信次を騙《かた》ることなど許せるはずがない。

千乃は、大川隆法のことを「痴人の夢のたわ言」「『幸福の科学』などという何の役にも立たない、抽象的な言葉遊びに過ぎない、亜流の宗教臭紛々とした団体」「共産党のサタン化した亡霊」「明らかに悪霊」「大脳構造は分裂気味」「三〇歳にして痴呆傾向が出てきたのか」「バカモン」「ニセモノサワギ」（すべて原文ママ）と、機関誌で最大級に罵り、会員に大川隆法／幸福の科学批判論文を募った。

会員の寄稿が載った機関誌「ＪＩ」（一九八七年一〇月号）の大川隆法大批判特集のタイトルは、千乃の善と悪の解釈枠組みがずばり表現された「大川隆法氏はやはり共産党の悪霊集団に操られる共産党シンパだ」。この号は、ページのほぼ半分が会員の寄稿した大川隆法の批判記事で埋まっている。


目的達成のためなら手段選ばぬ『悪』の正体。

馬を鹿という愚か者に過ぎない。

「理論」も「科学」もない。

どこもかしこもデタラメだらけ。

底知れぬ程馬鹿な悪霊のたわごと。

寄稿の題名を挙げただけで、千乃と会員の怒りのほどが知れるだろう。

その後も大川隆法は、一九八八年年末から『大天使ミカエルの降臨』と題された三部作を出版する。このときも千乃は、同様に機関誌上で大川隆法と幸福の科学を繰り返し罵った。

千乃が許せなかったのは、高橋信次やミカエルの名前を勝手に使われたということだけではなかろう。まるで一〇年前の自分が存在していないかのように扱われたという口惜しさ。それと、事実として千乃のそばにいて日々会話をしているミカエル様が、勝手には他所に行かないという、現実感に基づいた感覚的な問題からであったと思われる。

"磁場"と冷戦の終結

八〇年代は、大川隆法のほかにも、千乃正法会に近似する言説が日本のオカルト界に隘れた時期であった。

宇宙人が人間を創造したと主張するクロード・ボリロン（ラエル）のラエリアン・ムーブメント（八〇年）。アダムスキーからの神智学的言説を継承するベンジャミン・クレームのシェア・インターナショナル（八二年）。セムヤーゼというプレアデス星人と出会ったビリー・マイヤーのＦＩＧＵ（八九年）など、外国の多種多様なＵＦＯカルト（宇宙人崇拝）主宰者の言説が日本上陸を果たしたのもこの時期である。

また、千乃の愛読誌「ＵＦＯと宇宙」は八三年に廃刊となるが、後継誌「トワイライトゾーン」が八九年まで刊行され、一九七九年発刊の「ムー」（現ワン・パブリッシング）とともに八〇年代のオカルト界を牽引した。のちに「スカラー波」理論を打ち立てるために千乃が参照する擬似科学本『波動性科学入門』が、たま出版から発刊されたのも八三年であった。[10]

千乃正法会の機関誌には毎号千乃のコラムがあった。千乃は、ここに自身の読んだ書籍の感想文を書き連ねた。たとえば、一九八九年の千乃のコラムで紹介されたオカルト本は、雑誌「ムー」はもちろん、矢追純一の『ＭＪ―一二の秘密』『これが宇宙人との密約だ』『ＭＩＢの謀略』『戦慄のＭＡＲＳ計画』、コンノケンイチの『月は神々の前哨基地だった』、リチャード・ホーグランドの『〈火星〉人面像の謎』などである。

ジェイアイ出版はこうしたオカルト書誌を千乃に送付し、千乃はこれらの情報の真偽を機関誌上で語る。前述した海外のＵＦＯカルト言説については、「クロード・ボリロンは浅薄で荒唐無稽で非科学的。よって消滅」や「ビリー・マイヤーを盲信してはつまずきになります」と時に辛辣に批評し、また「ＵＦＯにさらわれ、宇宙人によって手術される際に痛みがないのは、光子ビームなどを用いているからだろうとミカエル様が仰っています」などと、独自情報を載せた。

しかし、当時の千乃正法会内の言説が単なる「オカルト」だけにとどまっていたわけではない。政治や社会問題についての言論も豊富であった。会内で反共産主義の立場から国際・国内政治が論じられたことはすでに述べたが、一九八九年八月号には、「原発について考える」というテーマで会員の勉強会がなされた報告が記載される。この報告は、原発の問題点や有用性を集会で勉強し、「世界のために原発とどう向き合えばよいか」を話し合った成果をまとめたもので、そこにオカルト言説はまったく見当たらない。

よりよい社会を希求する人々の集う半閉鎖的な場に、宗教、政治、オカルト、疑似科学などさまざまな要素が分野横断的に混住する〝磁場〟を、宗教社会学では「カルティックミリュー」と呼ぶ。八〇年代の千乃正法会は、当時のオカルト文化と反共言論が人間嫌いの巫女的女性を中心に統合されたカルティックミリューであった。


一九八〇年代、共産主義に怯えてアメリカを目指し、若い愛弟子との別れに悲しみ、大川隆法に憤怒し、出版社から送付されるオカルト本に熱中した千乃裕子は、もう五〇代半ばを過ぎていた。千乃はずっと母親と同居をし続けてきたが、明治生まれの千乃の母親はもう後期高齢者となり、認知症も始まって、千乃をいらだたせることも年々多くなっていった。

思えば千乃は、この時分から徐々に心の安定を失っていったのかもしれない。大川隆法の登場に激情する一年前の一九八六年には、千乃の心的構造の揺らぎを象徴する出来事もあった。千乃は青年期にキリスト教の洗礼を受け、毎年のクリスマスには天上界からイエス・キリストのメッセージを降ろすなど、イエスをずっと神聖視してきた。だが、この年になぜか突然、「イエスが実はサタンの傀儡であった」と主張したのだ（『天の奇蹟』三二三頁）。

『天国の扉』や『天国の証』では人類を善導する存在であったイエスは、じつはそう見せかけていただけで、「ユダヤの民を天上界から離反させるためにサタンが神（エル・ランティ）をだまして生み出した存在である」とされ、聖母マリアともども「サタンの傀儡」とされてしまったのである。[11]

唐突にイエス・キリストを貶めた理由は、当時の機関誌や千乃の書籍を読んでもまったくわからない。愛弟子がいなくなり、大川隆法というまがまがしい自分の鏡像に直面する千乃は、イエス・キリストという崇敬対象を貶めることでしか自らの安定を獲得できなかったのかもしれない。

猫一三匹と老いた母親と同居する家で一人、千乃がずっと辛辣に攻撃し続けた共産主義の脅威は、一九八九年についに終わりを迎える。一一月、ベルリンの壁が崩壊。一二月、マルタ会談の開催。米ソ首脳は冷戦の終結を宣言し、そして、東欧諸国の民主化が始まる――。「善と悪の闘い」として地球上に具現された冷戦は終わりを告げ、世界は確実に平和へと向かっていくように見えた。

しかし、なぜだろう――。冷戦の終結は善と悪の闘いの終結を意味しなかった。共産主義と自由主義の争いとして地球上に現実化されていた〝善と悪の闘い〟は、なぜか冷戦が終わったとたん、今度は千乃の内側に〝身体化〟していくのである。

第五章　電磁波攻撃

電磁波攻撃はいつから始まったか

二〇〇三年五月に一大騒動となった白装束キャラバンは、「共産主義過激派の電磁波攻撃」からの逃避を目的としていた。そして、その「電磁波攻撃」が本格的に始まったのは、一九九一年の年初と思われる。

千乃は、一九八〇年代の後半から共産主義過激派から「騒音」や「尾行」といった〝嫌がらせ〟を受けていると感じ始めた。不安感が募り、その不安感がだんだんと頭や心臓・内臓に感じる〝不可解な激痛〟となり、遅くとも九一年初頭には、それを何らかの科学的な機器を用いた攻撃だと考えるようになった。

そのことは、機関誌の記述からも明らかである。たとえば、一九九二年の「ＪＩ」八月号に掲載される千乃の手記にはこのように書かれる。

最近（実は六年間に亘って）特に私が過激派（もしくは共産党系列の組織）ゲリラに陰湿な迫害を受け、それがますますエスカレートして苦しめられております。（「ＪＩ」一九九二年八月号、四六頁）

一九九二年の六年前というと一九八六年である。電磁波か否かは別にして、八〇年代半ばから千乃は共産主義者から〝陰湿な迫害〟を受けていたということである。では、千乃の言う〝陰湿な迫害〟とは何か。一九八九年三月の「JI」にはこのように書かれている。

一〇月以来、四カ月も月刊誌の発行が遅れたのは、私の母の妨害と昨年夏以来建築、改築工事が周辺であり…それが心臓に応えて、私の担当記事がなかなか渉らなかったことが原因でした…建設工事は引きも切らず、これはどうやら悪霊どもの差し金であることは間違いない妨害策であるようです！（「JI」一九八九年三月号、三一頁）

家の近所の工事がうるさく、何度引っ越しをしても止まない騒音に苦しめられる千乃――。その後、騒音による嫌がらせは「尾行」や「付きまとい」にも発展していく。そして、それから四年後の九三年の「JI」六月号には、「ビーム」や「兵器」という言葉で自身の身に起こる異常事態を表現するにいたるのだ。

ビームという目に見えず、しかも計器にはしかと捉え得る卑劣なる兵器で〈中略〉直接千乃様を目標とした攻撃を加え、もう二年と半年余りになります。（「JI」一九九三年六月号、二頁）

九三年六月の「二年と半年」前となると、一九九一年の年初である。一九八〇年代後半に始まった「共産主義過激派の攻撃」は、当初は騒音だけであった。しかし、しだいに尾行や付きまといに変わり、一九九一年には最終的にそれがビーム兵器による攻撃になっていったのである。

霊媒体質の千乃であったが、自身への〃嫌がらせ〃や〃不可解な激痛〃の原因は、初めこそ悪霊の霊障だと考えられたものの、最終的に「これは電磁波攻撃だ」となった。なぜなら、このときの身体の異常は、千乃が霊媒として何度も体験した悪霊による霊障とは感覚がまったく異なるものだったからである。


彼らが新兵器を用い、日夜私を攻め立てていることは、測定機に検出されていますし、〈中略〉しかも悪霊でないことは、その攻撃を封じれば、一時的にせよ、私が楽になり、且つ身体症状が消失するからです。悪霊ならば、そのようなことはあり得ません。常時、私本人に憑依は可能だし、攻撃を封じることは一〇〇%不可能だからです。（「JI」一九九二年、四八頁）

第二章で記したように、千乃は七〇年代後半に重い〃神憑り〃体験を経験している。霊障を何度も経験済みであったがゆえに、今まで体験したことのない心身の異常を「霊障」ではなく、「電磁波攻撃」だと感じたのだ。かつての〃神憑り〃とは、身体・精神に感じる苦痛の種類が異なっていたのである。

もう少し詳しく説明しよう。第二章ですでに述べたとおり、そもそも千乃の教義によれば霊魂の正体も電磁波であり、サタン（悪霊）も元を辿れば肉体を持った生命である。そして、サタンが地上でその邪悪な意思を代弁させたのが共産主義思想であった。さらに、第四章で記したとおり、八〇年代の「生存」や「JI」などの機関誌の内容は、一貫して保守系言論誌と見紛う内容であった。千乃は会員に対して反共活動や米国への亡命を呼びかけるなど、一貫して反共産主義運動を率いてきたのである。つまり、千乃は、自身の主観としては、反共・保守言論誌の主筆兼反共活動団体の会長の立場にあったわけであり、共産主義過激派から命を狙われるのも当然だった。

よって、千乃が自分の身に起こる〝嫌がらせ〟や〝激痛〟の原因を、共産主義者（＝サタン＝悪霊）による科学的な電磁波（＝霊魂）攻撃と捉えたのは当然の帰結であった。

逃避行

千乃が大阪府・東豊中市に住んでいた一九八八年から八九年のある朝のこと。

朝、目覚めた千乃はひどく頭が痛み、悪寒がした。ここ数年来、千乃が患い続けたのは、どこからか、誰かが自分を見張っている実感、誰かが自分のことをどこかで嘲り、嫌がらせをしているという実感だった。初めは近所の工事音がやけに気に障る程度だったが、徐々に騒音がどこで何をしていても身を覆うようになり、さらに身体には局所的な痺れや痛みも頻発していた。

「気のせいちゃうん？」

「そんなはずない！」

同居していた母親とはつねに口論になった。千乃は第六感で感じる「何者かによる嫌がらせ」が、狭心症という具体的な痛みとなって現実に感じるのだった。「自律神経症状か？」と、初め千乃は冷静に思った。だが、現実味を帯びている体の痛みの連続に、「これは病気ではない。悪霊か何かだ」と考え改めた。その証拠は飼っていた猫が死んだことだった。

近所の「ガンガン」「ギーギー」と胸に響く殺人的な大騒音は、そんな中でも高まって止まない。騒音の犯人は悪霊ではなく、近隣に住む大工の住民だろうと千乃には思われた。

「近所の大工一家が暴力的な騒音で私を攻撃してくる……」

会員たちにそう訴えると、ジェイアイ出版社長の好意により東豊中の家を離れ、別のマンションに引っ越しすることができた。しかし、それでも嫌がらせは止まない。引っ越してからは、騒音こそ一時止んだかのように思えたものの、悪寒や耳鳴り、そして身体の痛みは止まず、千乃には誰かがわざとやっているようにしか思えなかった。何しろ吹き抜ける風のような痛みも体に走るのだ。

「これはやはり、悪霊の仕業じゃない……」

千乃はいてもたってもいられず、大阪府内の別の女性用マンションへ母親ともども移った。が、息つく暇もなく、今度は新居の上下に住む住民が天井にのこぎりで穴をあけるような音を出し始めた。管理人に調査を依頼したが、「いかなる破損個所もない」とのことで、その部屋からも退去を余儀なくされた。マンションの転居は、三回ほど繰り返した。千乃はその都度、管理人を通じて、「上下階の住人が天井にのこぎりで穴をあけて嫌がらせしてくる！」「空調か何かで〝冷気〟を送ってくる」などと警察に捜査を依頼した。それでも、まったくのなしのつぶてで、警察は千乃の言うことをまともに取り合ってくれない――というのも当然である、千乃はこんなことも言っていたのだから。

上の階の住民が、ヘアドライヤーで、私に〝音符〟を送ってくる。

苦境を救ってくれたのは、千乃のお膝元である大阪や兵庫の会員たちだった。会員たちは千乃の生活支援や引っ越し作業、苦情の取次ぎに熱心に従事した。

見えない敵からの千乃への攻撃は、初期こそ熱気や冷気や騒音だった。しかし、時を追うごとに攻撃は高度にテクノロジー化していき、ビームで直接千乃の身体、特に心臓を狙うようになっていった。

こうした攻撃は「空気中の電子のような何らかの見えない物質で行われている」ようで、防御には扇風機で空気を送り返すことが有効であることが発見された。だが、千乃の居場所が「敵」に把握されている以上、それは気休めにしかならなかった。

「ここではだめだ。もっと遠い所へ移らないと……」

マンションを退去した千乃は、ホテルや旅館を転々とし始める。場所を公開すると敵から狙われるため、対外的には「名古屋在住」と称したらしい。

千乃はそんな極限状態の最中にも、敵の攻撃パターンに気づいた。攻撃は不規則に絶えず千乃を襲うが、攻撃に遭ったその場所から少し移動したり、あるいは起立したり、坐るなど姿勢を変えるたりすると、不思議に収まる。そして、一〇分ほどすると再び始まるのだった。千乃はこれを「じっとしていると攻撃者に居場所を特定されるんだ」と考え、そして思いついた。

「いくら引っ越しても、攻撃は防げない。もはや、一カ所に留まっていてはだめだ」

見えない敵からの攻撃から逃れるため、唯一選択できた方法は車での移動生活だった。千乃は老いた母親と別れ、一九九一年五月の末に会員の運転する車で逃避行に出る。これが白装束キャラバンの始まりだった。

第一次キャラバン

一九九一年の春にキャラバンは始まった。

このころはまだ車も普通の乗用車で、白装束も渦巻き模様もなかった。というのも、千乃への攻撃は単に「ビーム」や「線」と呼ばれ、〝スカラー波〟であることすら特定されておらず、スカラー波防御には綿の白布が効果的であることもまだ発見されていなかったからである。

キャラバンは乗用車一台で始まったが、運転手の交代要員や千乃の身の回りの世話係が思いのほか多く必要となり、その年の夏には三台、秋には五台に増加した。

「ビームは海でも山でも越えて、一〇キロメートル先からでも来る」

千乃に加わる攻撃は、「熱線」や「冷線」、きりで刺されたような痛みをもたらす「痛線」、急に眠らせる「睡眠線」、排尿を催させる「排尿線」、いやらしい悪寒を誘う「痴漢線」などがあった。「線」という名のとおり、千乃はそれらがビームで照射されていると感じていた。

キャラバンは男女合わせて一〇人から一五人。全国の会員がボランティアで一週間単位のローテーションを組み、千乃のもとに馳せ参じた。第三章で述べたとおり、会の発足以来、千乃が一般会員の前に姿を現すことは一切なかった。よって、多くの会員にとっては、キャラバンが千乃を直接目にする初めての機会だった。

男性は運転やテント張り、荷物運びや警護、停車の場所探しを担当し、女性は千乃の身の回りの世話や食事、電話などの連絡に従事した。千乃は、飼っていた猫もキャラバン生活に同伴し、さらにキャラバンの行く先々で野良猫を拾う。だから、キャラバン隊員には、千乃の世話に加え、〝ネコ車〟という猫専用の車両を用意し、猫の世話をすることも重要な仕事であった。キャラバン隊員は交代で入浴や排せつをする。しかし、一カ所に留まることのできない千乃は、排せつも車内でおこなわざるをえず、暖かく湿らせたタオルを世話係の女性会員に用意させ、入浴代わりに体を拭いて、汗と垢をぬぐった。

食事はコンビニやスーパーで調達したが、停車時はカセットコンロで炒め物や凝った家庭料理を調理することも多く、千乃の体調に応じて、ファミレスで休憩することもあった。千乃のお気に入りは、ゼリーやプリンなどの甘い物だったらしい。

キャラバン……というと、目的地があって車列を組むような語感だが、実態は一カ所に留まれない千乃の〝移動式住居〟だった。千乃が右と言えば右に行き、左と言えば左に行く。移動に際しての方針は、「なるべく都会を避ける」くらいしかなかった。千乃の体調のよいときは数日同じところに留まるが、悪いときは何時間も走りっぱなしで電磁波から逃げた。千乃が言うには「時速八〇キロ、一〇〇キロで飛ばせば攻撃をかわせる」とのことで、その結果、居眠り運転で反対車線に飛び出したり、信号無視をしたりするようなことも頻繁に起こった。

キャラバンの意義は、公式には「悪魔の支配する共産主義政党の下部組織、中核派並びに民青による過激派ゲリラの二四時間連日攻撃から千乃を守るため」だった。だが、キャラバンに集まって、千乃に間近で接した会員は、どう考えてもまともではない千乃の言動に認知が歪んだ。まともではないエピソードには事欠かない。

「過激派とＫＧＢと朝鮮総連が手を組んでやっている」

「これは戦争なんだから、こちらもゲリラ戦でやるしかない」

「素人の集団ではプロの暗殺者集団に対抗できない。元陸上自衛隊のプロを呼ぶように」

「敵が私から尿を絞り出して、しわしわの老婆のようにしようとしている」

（「週刊現代」二〇〇三年五月二四日号）

これらはキャラバン最中に会員が書きとった千乃の発言である。ほかにも、風で電磁波を遠くへ送るため、駐車場では隊員みんなに団扇《うちわ》で外から車をあおがせる、女性会員が千乃に贈るために持参した花束にクレームをつけて女性会員を泣かす……。特に「敵が私の膀胱にビームを照射して強制排尿させる」と叫びながら、水分を頻繁に摂る千乃を見た会員は、「水分を減らせば排尿の量も減るのではないか」としか思えなかった。

こうした非常識で非現実的な千乃の主張を検証し、〝共産主義過激派からの攻撃〟に有効に対応すべく、科学が専門の会員が中心となって「科学班」が結成された。科学班は、千乃の主張の真偽や状況を確かめるべくキャラバンまで何度か調査にやって来て、電磁波や音波、磁気などのデータを集めて帰った。

ともあれ、このころはまだ千乃の身辺がおかしいだけであった。全国の末端の会員はそのまま日常生活に勤しみ、月に一度公民館などでは相変わらず集会が開催されていた。

会の機関誌の内容自体もまともだった。キャラバン開始期の「ＪＩ」三月号には、同年一月に始まった湾岸戦争の顛末に関する分析や多国籍軍支援募金の呼びかけが話題に上った。また、同年六月号の「自由と理性について」という寄稿では、デカルトやカントが引用され、シュバイツァーの「生きようとする意志」とデカルトの「考える我」の比較など、非常に理知的な論考が会員の寄稿者によってなされている。

長年続く「過激派の攻撃」やキャラバン生活で生活が乱れに乱れた千乃だが、私生活でこうむる混乱と千乃正法会会長という公の役割は分けていた。千乃は、一九九一年末までの「ＪＩ」には「ビーム」や「電磁波攻撃」などとは一切書かず（単に「妨害行為」とだけ書いていた）、会員を心配させてはいけないと、キャラバン生活のことも書かなかった。

「ＪＩ」一九九一年七月号は、すでにキャラバンが始まったあとの号であったが、出版社に届いた「千乃が機関誌に書くＵＦＯや月人工衛星説などのオカルト本の読書感想は非科学的なトンデモである」という中傷文を掲載し、これに対して、会員が「これは気晴らしの空想であり、読み手の常識を信頼してＳＦの世界で遊んでいるだけ」と冷静に訂正する記事や、またそれに対して別の会員が「完全な空想ではない。仮説の提示をしているのだ」という寄稿をするなどした。

そうした会員のやりとりについて、千乃はコラムで「正法者の書く文体は、〃赤旗〃のような視野が狭く単調な文でなくて、いつも感激していています。どんどん書いてジェイ・アイに投稿をお願い致します。楽しみにしていますので」と冷静なコメントを寄せている。

翌月の『ＪＩ』八・九月合併号では、千乃との共著も執筆した大学教授の吉田文三から「現正法における『民主主義』を考える」という題で、「議論は活発でよいけれど、議論の際、議論の相手もまた天上界とその仲介者であり正法の正当なる後継者である方のもとに集まり、正法を等しく実践しようとしている人たちであるとの認識を持ち、お互いに尊敬した上で、それを表明した上で議論すべきではないかと考えます」と討論の作法を優しく諭す文章が寄稿されている。また当時、九〇年代初頭に世間に溢れていたユダヤ・フリーメーソンなどの陰謀論について、「（陰謀論の）信憑性は慎重に判断すべきで、機関誌の記事になっていたとしてもそれは寄稿者の意見であり、会としての見解ではない」と冷静に判断する編集部のコメントが載っている。ちなみに九〇年代後半以降の千乃正法会では、こうした陰謀論がほとんど事実であることを前提とした言説が機関誌に溢れるようになる。

このように、キャラバンのさなかではあったが、会全体としては、ある程度の健全な言論空間が保持されていたのである。

第一次キャラバンの解散

キャラバンが始まって数カ月後の秋、数回にわたってキャラバンに出向いた科学班が、電波、マイクロ波、磁界、音波、赤外線、放射線などの科学的なエビデンスに基づいて出した結論は、このようなものだった。

千乃先生が言われる人間からの、ご自分へのいやがらせ攻撃なるものが、到底考えられないという結論に達しました――

こうした結果を受け、日ごろから「キャラバンを続けても先生のためにはならない」「キャラバンは警察と摩擦を引き起こすだけで、千乃正法にとって悪影響しかない」と考えていたキャラバン隊員のイニシアチブにより、九一年一〇月末、キャラバンは解散した。そして千乃は、入院を見越して、いったん静養するということになった。同月の「JI」には、巻頭で「会員の皆様へ」と題されたこのような通知が記載された。

――「JI」改題と千乃先生御静養のお知らせ

「JI」を、一九七八年より十三年の長きに亘り発刊してまいりましたが、千乃先生が生活環境の悪化（種々の妨害）と身体上の理由により、監修、編集長としての業務に携わることが困難な状況となりました。そのため千乃先生に相談申し上げ、この度、「JI」誌は、本号をもちまして一くぎりとし、来月号（十一月号）からは「新世紀への翼」と改題して、本社編集部並びに編集協力部員の方との協力による新体制で装いも新たに出発することになりました。〈中略〉

さて、千乃先生はご静養となりますが、ご回復されるまでの代行者については今のところ特定されておりません。しかしながら、天上界の方々が今までのメッセージでおっしゃっていますように、天の核となる御教えは殆ど発表されておりますから、今後はその教えを私達一人一人がいかに応用していくかという実践の時代となると思われます。〈後略〉

（「JI」一九九一年一〇月号、巻頭）

一〇月号には、創刊以来欠かさず掲載された千乃の巻頭言「天上界からのメッセージ」（ミカエルなどの天使のメッセージを降ろしたもの）も巻末の千乃の恒例コラムもない。「JI」が始まって以来の異例の誌面構成だった。また、声明の後段に注目してほしい。「代行者は特定されておりません」や「今後は教えを一人一人が応用していく実践の時代」とあるとおり、千乃の完治は不可能で、事実上の強制引退ともとれる文章となっている。

キャラバン解散後、千乃は福岡に住んでいる会員の助けで、福岡・百道浜《ももちはま》のマンションで静養に入った。千乃は、その広いマンションの一室に鉄板製のシールドを会員に製作させ、その中で生活を始めた。

「痛い痛い！　ビームで心臓が刺される。何だ？　敵は偏屈狂だ！」

逃げ込んだ福岡のマンションの広い部屋の真ん中で、鉄板で組み立てられた鈍色のシールドの中に逃げ落ちた千乃――。しかし、共産主義過激派は目ざとく千乃の居場所を特定し、電磁波の攻撃は鉄板すら貫通して、千乃の心臓を襲う。

「あそこの家から電磁波攻撃が来ている！」

突然、そう叫んだ千乃の命を受けた会員が、「電磁波で千乃を攻撃している」らしき家に押し掛けて警察沙汰になったこともあった。鉄板ですら防げない電磁波攻撃を、涙を枯らして耐え続けた千乃は、しだいに自分の境遇をソルジェニーツィン著『収容所群島』に描かれる旧ソ連下の政治犯になぞらえるようになっていく。

明らかに尋常でない千乃の状態に、千乃の実態を知る良識的な会員は、千乃の入院を推奨する。千乃の入院を抜かりなく成功させるため、会員は「千乃先生は頭がおかしくなった。このままでは会に迷惑をかける一方だ」として、「特別室に入院できるからと、千乃先生を説得してほしい」と母親に千乃の説得を依頼した。

この動きを主導したのは、千乃のお膝元であり、もっとも古くから正法に親しんでいた大阪と兵庫の会員たちだった。しかし、母親からの電話はむしろ逆効果だった。千乃は母親を引っ張り出すという姑息な手段に激高し、別の会員に「スカラー波はゲリラの惑乱攻撃なんです！」と母親を説得させた。

クーデタ未遂

同じころ、東京・武蔵野のジェイアイ出版社の二階では会議が開かれていた。キャラバンを率いていた隊長から「千乃先生はどう考えてもおかしい。病気なんじゃないか」という問題提起がなされたことで開かれた会議だった。だが、その議題は〝今後の方針〟、ようするに「会員の疲弊と資金の枯渇しか生み出さないことを言う千乃先生をどうするか」だった。会議は本音が飛び交った。本気で千乃正法会の行く末を考えているからこそ、みな、本気で本音を語り合った。

「実際にキャラバンに参加して見て来ましたけど、先生はどう考えてもまともではない。先生は病気だと思います……」

「先生が『痛い』というのはもちろん本当だと思うんだけど、それは攻撃とかじゃなくて、たぶん自律神経失調症だと思う」

「千乃先生の具合が悪いのは事実だから、とにかく、一度病院で休んでいただいたほうがいい」

「でも、ちゃんとメッセージは降りてるんだから、病気だったらメッセージは降りないでしょ？」

「そりゃそうだけど、メッセージをちゃんと受け取っていても、病気にかかっている可能性もある」

「でも、メッセージは正しいわけでしょ？ ミカエル様がメッセージで、『共産主義過激派が千乃先生を攻撃している』って言ってるんだ。だから病気じゃないでしょう？」

議論は紛糾し、「千乃先生は病気だ」派と「千乃先生はまともだ」派の二つの意見に別れた。二〜三時間も揉めに揉めた会議は、結局、千乃をしばらく入院させることで決し、会議の翌日、福岡のマンションから車で、会員が知る病院にそのまま移送する手はずになった。


しかし、会議が終わった日の夜、起こってはならないことが起こった。

ジェイアイ出版の会議で負けたはずの「千乃先生はまともだ」と主張したグループが、会議の結論を千乃に密告をしたのである。『『先生は気が狂った！』と言って、クーデタを起こそうとしている連中がいます！」と。千乃への密告を主導したのは、新潟県で高級婦人服販売の会社を営む会内の有力者・浜田進英《はまだしんえい》だった。

会議で勝った「千乃先生は病気だ」派は、千乃を入院させるべく母親を担ぎ上げようとしていた。浜田ら「千乃先生はまともだ」派は、「病気だ」派に千乃の母親の身柄を取られる前に、先手を取って母親の住む大阪に会員数名を差し向け、福岡の千乃のマンションに母親を連れて行く作戦を決行した。「千乃先生が呼んでいます」と嘘を伝えたものの、母親は「千乃裕子がそんなん言うてるの？」と半信半疑ながら従ってくれた。ちなみに、母親は実の娘を「英美」ではなく「千乃裕子」と呼んでいたらしい。

浜田たちから密告を受けた千乃は激高した。クーデタの目論見は失敗に終わり、「気が狂った」のはむしろキャラバン隊員や「千乃先生は病気だ」派のほうだということになった。

千乃を裏切る者は〝消滅〟させられる。それが千乃正法会の当初からの伝統だ。千乃は、キャラバン隊の隊長や大阪・兵庫の会員をはじめとする「千乃先生は病気だ」派に「背反者」の烙印を押して会から追放し、彼らには〝消滅〟宣告が言い渡された。こうした混乱の中、ジェイアイ出版の社長も退任し、「先生はまともだ」派の中心人物であった浜田が新たな社長として就任することになった。

キャラバンが解散されたのは歓迎すべきことである。とはいえ、同時に良識ある会員が総じて追放されたために、会のカルト化がますます進行する結果となった。

ここから先の千乃正法会は、千乃自らの精神状態の悪化とかたくなさによって、信者の大量離反を何度も引き起こすことになる。信者を切り捨てるとき、千乃に容赦はない。救い主であるキリストや高橋信次ですら「サタンの傀儡」として切り捨てた千乃にとって、たかが人間を切り捨てることくらいなんでもなかったからである。

ちなみに「背反者」の烙印を押されて追放された当時の脱会者は、妄想とうわ言が根拠となっているキャラバンなど、ろくに続くわけがないと思っていたようだ。このころに消滅宣告を受けて退会した元会員が言うには、それから一〇年以上経った二〇〇三年五月に、テレビで流される白装束騒動を偶然に目撃したとき、「まだやっていたのか……」としばし唖然としたということである。

変わる機関誌

このような混乱の渦中にあって、かろうじて平静さを保っていた機関誌だが、クーデタ未遂事件と前後して、内容が徐々に先鋭化していく。[12]
一九九二年一月、「新世紀の翼」と誌名を変更するとしていた機関誌は、「JI」のままで継続されることが決まった。しかし、内容は前年までとは一変した。前年までは、誌面の七割強を占めていた反共産主義や社会時事の記事がなくなり、〝霊〟や〝宇宙人〟というオカルト関連の記事が激増したのである。「JI」一九九二年二月号に掲載され、以後、翌年の六月まで連載される「(超) 物理学上の謎の解明に先がけて」という会員と千乃の対話記事では、「位相の一八〇度反転した電磁波」として〝スカラー波〟が初めて言及された。千乃はこの会員と「スカラー波の性質や重力の仕組み」や「スカラー波が有するマインド・コントロール効果」[13]まで、多くを語り合った。このときに得られた知見が、千乃のスカラー波に関する認識のベースとなった。

「ＪＩ」九二年五月号には、東京の集い元主宰・北沢健彦の「天上界が地球人類を見放した時」という記事が掲載された。これは「宇宙人がＵＦＯに乗って地球に来て」おり、「攻撃的な宇宙人から侵略される危険がある」として、「地球を侵略から防ぐ為には、ベー・エルデとその同盟星群、善なる惑星人社会の保護を是が非でも必要とするのであり、そのカギを握るのは天上界であり、千乃先生である」と締める記事であった。こうして正法会内部の言説は、にわかに終末論カルトの様相を帯び始めた。

また、前年までは読者に心配をかけまいと、「ＪＩ」に自身への「過激派の攻撃」などまったく書かなかった千乃も、もはや読者に遠慮はしない。九二年六月号の「天上界からのメッセージ」にミカエルの名で「卑劣なる過激派やシンパは、旧ソ連のエージェントとして報酬をもらっての上であろう、執念深く警官殺しの犯人を助けて、千乃個人への攻撃を続けています」と書いたのを皮切りに、堰を切ったかのように共産主義の過激派がいかに自分に対して極悪非道な攻撃を続けているかを、まるで怨念のように独特な筆致でグロテスクに書き殴り始めた。

「左翼暴力集団（左翼過激派）による千乃先生への陰湿な攻撃は今もって続いている」
（「ＪＩ」一九九二年六月号、二九頁）

「過激派の陰湿な攻撃（完全犯罪を計画して私を死に至らしめる悪辣な戦法の数々）と特殊な武器を用いてのゲリラ戦法は日々熾烈を極め、また、その武器が離れた距離からモニターし、且つ旧ソ連で使われていた軍事用マインド・コントロール兵器と電話盗聴を駆使して、私一人をターゲットに二四時間体制で攻撃して来る」（「ＪＩ」一九九二年八月号、四六頁）

「彼らの新兵器とは〈中略〉現代科学では最先端のビーム兵器で、波形を作らない重力波と同形にしてあり、何処にでも侵入してきます。そして壁を突き抜けると分離して電磁波化するので、被害者は有害電磁波によって苦しめられる」（「JI」一九九二年一二月号、四九頁）

電磁波、宇宙人、終末論、陰謀論、共産主義過激派による攻撃——。一九九二年は〃疑似科学〃と〃オカルト〃と〃反共主義〃という三本柱が、統合失調症に罹患《りかん》した霊能者の身体の中でないまぜになって爆発した画期的な年となった。良識ある会員は、付いていけずに脱会。誰も止めるものがいなくなった爆発の勢いは、二〇〇三年の〃白装束騒動〃までただ加速する一方だった。

このころになると、定期的に全国でおこなわれる集いでも「千乃先生への電磁波攻撃」や「共産主義過激派の攻撃」などが公然と語られるようになり、集会で何か異論を唱えることができる雰囲気ではなくなった。また、末端の集会でも「共産主義過激派から見張られている」という注察妄想（他人から監視されていると感じる妄想）が浸透していた。

陰鬱な空気がまん延する中、創立以来、一〇年以上にわたって正法の講師であり、千乃との共著を出版したこともあった大学教授・吉田文三も、集会などに顔を出さなくなった。

他方、第一章で紹介した宮野は、こうした混乱の中でも会に参加し続けた。雰囲気がおかしいと思ったときには、一〇年前に初めて千乃の本を読んだころの感動を思い出すように努めた。集会の場で「会を去る人は悪魔に魂を売ったんだ」「あの人は過激派のスパイだった」などと言われるたびに、それを反芻し、飲み込んだ。

一時期、「新世紀の会」を名乗る分派団体が、会員名簿を利用して全国の会員宅に怪文書を配布する事件が発生した。こうした「裏切り者」は、実名公開で「ＪＩ」で罵倒された。このように「ＪＩ」の内容が先鋭化するとともに、集会も以前の才気煥発とした雰囲気がなくなっていった。

宮野は、集会に参加しても、正法会の内部の問題をすべて「サタンの勢力」や「共産主義過激派の陰謀」と決めつけ、「とにかく天と千乃先生を信じていればいいんだ」と強引に結論づける言動に直面して、やるせない思いを抱いたという。

「電磁波攻撃」の原因は何か

四六時中、見えない敵から見張られている。遠隔から攻撃を受けている。身体が痛い。痺れる。異臭がする。肌に冷たいものがあたる感じがする。騒音が止まない。誰かが大勢で組織的に自分を迫害している――。

千乃が感じたこれらのリアリティは、医学的にはおそらく統合失調症と自律神経失調症の合併症であったことが考えられる。[14] 統合失調症患者は、自分で自分のことを正常だと信じて疑わず、そのことで周囲との軋轢を生んだりする。千乃もずっと症状に苦しんだが、自分を病気と自覚することは一切なかった。

統合失調症の患者が抱く迫害妄想について、森山公夫著『統合失調症―精神分裂病を解く』（ちくま新書）にはこのように書かれている。

病者は孤立の中で自分が世界から疎外されていくという確信を深めてゆく。その突端で、ある出来事をきっかけに、またはある精神状態や追想錯誤に基づいて、想像力によるひらめきとして迫害妄想が形成され、それで「目から鱗が落ちたように」物事の諸連関が明らかになったと感じる。(『統合失調症』一八六頁)

統合失調症患者の迫害妄想は、まさに着想として訪れる。千乃も自身が感じ始めた心身の異常を「これは共産主義過激派による攻撃だ」とふっと思った瞬間に、過去にあった「これは悪霊か?」や「自律神経症か?」と思った記憶のすべてが過激派の攻撃に収斂してしまったのだ。慢性化した統合失調症は、不可逆的に進行するのではない。罹患の初めに激しい症状を示したあと、小康状態が続き、多くの場合、約一一〜一二年後に「静止期」と呼ばれる安定期に達するという。千乃の場合、一九七七年に巫病となり、その一二年後の八九年にはすでに心身の異常を感じ始め、一四年後の九一年にそれを過激派による電磁波攻撃だと確信した。千乃の症例は、本来であれば静止期に入るはずの時期に症状が再発・悪化したケースに当てはまると言えるだろう。

静止期に入るべき時期に悪化してしまったのは、八〇年代の千乃の〃孤独〃が原因なのではないかと筆者は予想する。幻聴や幻視などの幻覚は、時として現実の世界に安住の場を得られない病者の底知れぬ〃孤独〃の表明であるからだ。

ユング派の心理学者・河合《かわい》隼雄《はやお》は『河合隼雄著作集11—宗教と科学』(岩波書店)の中で「統合失調症者が表現しようとする世界に、自らの中心を外すことなく沿い続ける生きた同伴者が現れたなら、彼らに同伴していた幻聴はその役割を終える可能性もある」と述べる。

千乃は、自分を信奉する人々に、天の仲介者としての自分が表現するすべてを聞いてもらえた、実現してもらえた――ように見えて、じつは温かい二人称の関係で千乃に寄り添おうとする者は、一人もいなかったのではないだろうか。同じ天使や霊を共に降ろし、神々を共同構築した小田優子はとうにいなくなった。唯一の肉親である母親は、実娘を自身が名付けた「英美」ではなく「千乃裕子」と呼び捨てにした。そして、多くの会員にとって千乃は、会ったことすらない崇拝の対象だった。一般に、精神病の治癒の機転は、「和解」という言葉で表現される。自分と世界との和解、自分と自分の精神との和解――この和解の獲得によって、生の現実は危機を免れる。和解にいたるには、病者と病者を取り巻く社会との相互関係の中で、病者が過去の挫折や苦悩の呪縛から解放されてゆくことと、社会自体が病者を受け入れる柔らかい共同体へと変わっていくことの両方が必要だとされる。

巫女的な性格で霊媒体質の女性が統合失調症を患うこと自体は、珍しいことではないのかもしれない。だが、千乃正法会の場合は、病者が七大天使を降ろす天の仲介者という重大な責務を自らに課していたことと、病めるカリスマを取り巻く共同体が機能性を持った柔らかい共同体とはなっていなかったことが、歯止めの利かない狂乱へと組織を歩ませた原因であった。

パナウェーブ研究所

一九九三年の初春、小高い山に挟まれた小川が田んぼと畑を潤す福井県福井市五太子町の山裾二〇〇〇平方メートルの土地に、木造平屋建てで地下二階の「パナウェーブ研究所」（以下、研

パナウェーブ研究所

究所）が完成した。[15] 建物は、電磁波を防ぐためにコンクリートと鉄板を多用した特殊な工法を用い、白木の壁に白木の床で、建築費は約七〇〇〇万円。資金の出どころは、会社の社長や資産家の会員をはじめ、全国の会員が差し出した寄付であった。

「電磁波の少ない場所」を探した結果、見つかったのが五太子町だった。研究所は、スカラー波の研究と千乃のシェルターを兼ねており、「未開発の電磁波被害を調査・研究する公益」を目的とした施設であった。開所に際しては、近隣の住民も呼んで正式なお披露目をした。呼ばれて中に入った地元住民は、大手の企業がバックにいる研究施設なのだろうと思ったらしい。

開所後、それまで福岡や東京などで移住生活を送っていた千乃は、研究所で生活を始めた。千乃が生活したのは、研究所の一階。一階から階段で地下に降りると、右側に会員の個室があって、まっすぐ進んだ一番奥が千乃の部屋のはずだったが、「地下は電磁波が溜まる」とのことで、引っ越し直後から生活は地上でおこなった。研究所には、千乃が「電磁波防御に効果がある」としたポトス（植物）の植木鉢が一〇個以上置いてあった。ポトスの鉢植えは地下二階にも数十個ほど置いてあり、住み込みの会員は千乃の世話や電磁波の防御、ポトスの水やり、そして猫の世話に従事した。

研究所は常時五〜六人の専従隊員（千乃の身を守る会員は「隊員」と呼ばれた）が詰め、週末になると全国からボランティアが二〇〜三〇人単位で集まって共同生活を営んだ。千乃は「電磁波を通さない」という綿や絹製など天然素材の室内着を全国の会員から贈られ、普段はそれを着てベッドの上か椅子に座っていた。日中、することといったら、天上界から聞こえて来るメッセージを書き留めたり、機関誌のチェックやコラムの執筆をしたりすることだった。

ときどき、急に「痛い、痛い！」と千乃が苦痛を訴えると、すかさずボランティアの会員が痛む体の部分をさすり、その痛みを和らげる。それが収まったと思ったら、すぐまた「痛い、痛い！」の繰り返し。研究所での千乃の身辺は、毎日二四時間、その連続だった。千乃の世話をするのは女性会員の役割で、食事は千乃の胃に負担がかからないよう薄い味噌汁や白和え、芋煮などが調理された。

「先生は何か食べたいものはありますか」

「私はいいのよ。あなたたちこそ栄養のあるものを食べなさい」

千乃は健康に留意して作られた食事も、わずかしか口にしなかったという。

千乃は潔癖症だったが、あるときシャワーを浴びている最中に具合が悪くなったことがあった。それ以来、入浴ができなくなった。シャワーや風呂に入らない代わりに、登山などで用いるドライシャンプーを使い、粉末を頭皮と髪にまぶして、水で濡らしたタオルで拭くだけ。身体も濡らしたタオルや薬用アルコールで拭くだけであった。もともと清潔好きの千乃は、その作業に三時間くらいかけたという。

千乃は普段から「電磁波は尖った物の先に集まって私に向かってくる」と言っており、会員が使う箸やボールペンにも過敏に反応して、「こっちに向けないで！」と絶叫することもままあった。あるとき、千乃が突然「痛い！　あれをあっちに向けて！」と言ったところ、千乃の指差す方向にテーブルがあり、その上に置かれた箸が千乃のほうを向いていた。その場にいた会員たちは驚いた。箸から千乃までの距離は約五メートルで、箸は千乃からは見えない位置にあったからだ。それ以来、尖った物にはビニールテープを巻くようになった。

研究所における千乃と会員との共同生活は、傍目から見れば還暦前の中年女性の妄想に大の大人が振り回された悲哀劇だったが、千乃や会員にとっては、共産主義過激派という敵は現実に存在し、攻撃は連日連夜続いている。彼らにとっては、毎日が砲弾吹き荒れる野戦病院か迫害を逃れて隠れ家に潜む亡命生活と同じだった。

過激派が用いる戦略兵器は最近ますます強化され、エスカレートして、彼等の嘲笑と変質的なしのび笑いがそのビームを通して送られてくるが如き勝ち誇った攻略法の数々です。一体何の目的で、正法者グループを対象とし、この誰も告発し得ぬ（現行の法律では）卑劣極まりなき犯罪行為を極左ゲリラが行い続けるのか〈中略〉その答えはただ一つ、地球と天を信じる人類を救う唯一無二の天の法たる千乃正法を汚し、〈中略〉千乃裕子様を暗殺し、邪なる野望を貫いて、この地上に悪魔の王国を打ち立てようとする宇宙から来たるサタンとその傀儡左翼勢力……無法者の一団として更なる日本と民族の政権乗っ取りを目指して、布石しつつあるのです。(「JI」一九九三年六月号、二頁)

右は九三年の「JI」六月号に掲載された「ラファエル」の霊言の抜粋である。千乃の主観が「宇宙からやって来たサタンの権化である共産主義過激派が、千乃を天の仲介者であるがゆえに抹殺しようと企み、ビームで攻撃している」ことで一貫しているのがわかるだろう。

このような状況の中では、千乃の霊能力も鈍る。過激派からの攻撃により天上界からのメッセージを千乃が受けられず、「JI」の巻頭言「天上界からメッセージ」も九三年の七・八月号から九四年の七月にかけて途切れる事態にもなった。

そもそも人間嫌いで統率力のない「教祖」を中心に、支離滅裂で実体のない「攻撃」による被害妄想が充満する中、「もうついていけない」と感じた者は会を去っていった。千乃を絶対視する者だけが残った研究所にも、人間関係の対立が生まれていく。主な対立の原因となったのは「電磁波をどのように防御するか」、そして「その防御策が効果的だったか、それとも逆にスカラー波を増幅させたか」であった。

このころは千乃の述べる疑似科学を信じる者のみで新たに「科学班」が構成されており、この「科学班」が中心となって議論が重ねられ、最終的に「お札《ふだ》」と呼ばれるようになる渦巻き模様のステッカーが〝ラコブスキー回路[16]〟をモデルにして考案された。スカラー波防御のためには、「お札」以外にも水晶や竹、塩、流水などが試された。しかし、最終的に綿布がもっとも効果的だということになり、その後、真新しい綿布が大量に購入され、壁に張られた。初めは、綿布の色も白に統一されていたわけではなかったが、しだいに白に統一されていった。

誰かが発案したアイデアが採用されると、自分の意見を取り入れられなかった人が辞めていく。本来、そのような意見の調整はリーダーである千乃がおこなう立場だったが、人間嫌いで四六時中「電磁波攻撃」を受けている千乃は、それどころではなかった。口論や対立は取り巻きでなされることであり、千乃は箸やペンを向けられるなど、些細なミスにいらだって、会員を責めた。千乃の言動に疑問を呈する隊員には「消滅宣告」を言い放ち、「JI」には「天に見捨てられたくなければ、命を捨てて、正法のために戦え」と鬱憤を書き殴った。会はますます人数が減って、千乃を守るメンバーはさらに固定化されていった。

研究所に引っ越してしばらくすると、千乃は隊員と連れ立って、電磁波の少ないところを車で探しに行くようになった。千乃を車に乗せて、何日も行っては戻りを繰り返すうち、しだいに車中泊の期間が増えだした。そして、一九九四年の春、千乃を乗せた車は、ついに研究所に戻ることなく、一〇年にわたって日本を周遊する逃避行へと旅立ったのだった。

これが、一九九一年の第一次キャラバンに続く、第二次キャラバンとなる。九年後の二〇〇三年五月に世間を突然にぎわせることになる、あの「白装束キャラバン」の始まりであった。

「聖戦」

キャラバンは、千乃正法会の組織としての性質に根本的な変容を生じさせた。もっとも主要な変化は、組織内における千乃の社会的な位置付けである。第三章で述べたとおり、キャラバンが始まる前まで千乃は一切表に出ず、一部の会員とファックスや手紙でやりとりをするのみであった。末端の会員は、月に一度の機関誌に書かれる数ページのコラムでしか千乃を知らなかった。しかし、過激派の攻撃から物理的に千乃を守護するキャラバン隊が結成されたことによって、末端の会員が直接、千乃に付き従い、運命共同体として行動を共にするようになったのである。

第二次キャラバンも第一次と同様に、仕事を辞めて千乃を世話する専従の隊員と、休暇をとって参加するボランティア隊員で遂行された。一〇人以上が常時参加するキャラバンは、研究所生活とは比較にならないほどのお金がかかった。このころからキャラバンは、千乃と天の意志を守る「聖戦」と呼ばれ、全国の会員に寄付が要請されるようになった。

混乱の中、八〇年代には全国の津々浦々で開催されていた集会があまり開かれなくなり、それまで大きめの一般書店に置いてあった機関誌が、だんだんと入荷されなくなった。結果として、会員から組織の活動が見えにくくなっていった。まれに内輪で集まって勉強する会員もいたが、ほとんどの会員にとっては月に一度、家に機関誌が届くだけという体制に変わっていった。九四年六月の「ＪＩ」に「聖戦に参加して」と題された会員の手記がある。

現在、天上界・千乃先生を中心に行われている聖戦は、地球の将来を支えるもっとも大切な戦いでありながら、人員不足と私たちの作業ミスの多発といったような状況に陥っています。この原因は何でしょうか。私たちはこの聖戦にどんな意義を見出しているのでしょうか。

もう一度反省してみるべきだと思います。天上界の方が何度も伝えられたように、この戦いは私たち自身の戦いであり、私たちの未来をかけての戦いです。

（「JI」一九九四年六月号、一二頁）

こうして千乃正法会は、キャラバンが始まったことによって、一人の女性のチャネリングを基にした勉強会から、天上界の仲介者を物理的に守護し、戦う親衛旅団に変わったのである。

スカラー波防御には扇風機が有効だったと前述したが、それは対症療法に過ぎない。科学班が中心となって、スカラー波を根本的に除去する方法が試行錯誤を繰り返しながら考案されていった。

千乃が言うには、「スカラー波が侵入して蓄積する車からスカラー波抜きと地面に流す作業を行わなければ、それによって体内の臓器がやられて死亡する」ので、「数人ではなく、二四時間交代で、また作業員の過労やミスを防ぐためにも人数を増やしておこなう必要がある」。よって、スカラー波の除去作業は、作業員のほか技術指導係と監督者が付き添い、通常八人の交代制でおこなう作業となった。

スカラー波除去作業は、試行錯誤の末に、アース線（静電気を地面に流す電線）を車に付け、それに車内に溜まったスカラー波を誘導し、アースチェッカー（アース線からスカラー波を地面に流す作業員）がスカラー波を地面に吸収させるという作業工程となった。が、肝心のスカラー波をアース線に流す作業は、なんと〝人間の気〟を利用するというものだった。

作業員がスカラー波の詰まっている車のアース線に手を触れる（これは「入力」と言われた）と、人の体内の生体電流に反応してスカラー波の粒子が遊動する。作業員は、それをすぐに「スカラー波、流れます、流れます……」と、アース線内部のスカラー波を地面に誘導するよう〝気〟や〝脳波〟を使って一心に念じるのである。

傍目からは奇妙な〝おまじない〟をしているようにしか見えないアースチェッカーだが、彼らの主観では「電磁波を除去する作業員」である。作業中は、次のような電気工事の保安規則に似た複雑な厳守事項があった。

・スカラー波はいくらでも外から車中に入ってくるが、出ていくにはアース線を通ってしか出ていかない。
・千乃先生のいる車内は磁性が強くなっているため、すぐに流さなければ、スカラー波は磁性の強い車内に逆流してしまう。
・スカラー波が作業員の体に入ったらスカラー波の電気と生体の活動電流がショートするので放電しなければいけない。
・放電にお札（渦巻きステッカー）を使うとお札の周辺が過剰磁場になるので、スカラー波を取るにはお札ではなく綿布に触れるようにする。
・お札は車体に付けなければいけないが、タイヤには付けなくてよい。なぜならタイヤにスカラー波はないから。
・車が隊列を組むことでスカラー波防御の効果が上がる。

〝スカラー波〟なる存在しないものをわざわざ創造し、さらにがんじがらめのルールで自分たちの行為を束縛する――。これを疑似科学カルト（信仰）と笑うのは簡単だ。しかし、たとえば正統派のユダヤ教徒が宗教上の禁忌から、安息日にエレベーターのボタンを押すこともためらうことと何が異なるのかと問われた場合、説得性のある回答はできないのではないか。

扇風機、団扇、渦巻き模様、白布、そして〝人間の気〟――このような奇怪なツールで対処を迫られ、独特な保安規則を要求される〝共産主義過激派によるスカラー波攻撃〟とは、そもそも何から着想されたものだったのだろうか。

スカラー波とは何か

じつは「スカラー波」の歴史は古く、その起源は一九世紀後半にまでさかのぼる。オカルト言説が専門の作家・志水一夫《しみずかづを》は、二〇〇三年の〝白装束騒動〟の際、雑誌にこう寄稿している。

〈スカラー波は〉そもそも〝交流の父〟と呼ばれ、エジソンと並び称されるニコラ・テスラというユーゴスラビア出身の発明家が一九世紀末に言い出したものだ。テスラ波ともいい、「縦波の電磁波」のことである。通常の電磁波は、進行方向とは垂直に、つまり普通に描いた波型のように、上下に揺れる波である、ところがこのスカラー波は進行方向と並行した方向にふり幅を持つ電磁波だというのだ。〈中略〉

天才発明家らしい独創的な考えだが、それを一層奇抜にしたのは、トーマス・ベアデンという米国の退役将校であった。彼は〈中略〉フリーエネルギー（一種の永久機関）の原理としてこのスカラー波を提唱したのである。ベアデンは、旧ソ連がすでにスカラー波を用いた兵器の開発に成功しているとも主張しており、パナウェーブ研究所＝千乃正法の人々が主張する共産主義者による電磁波の攻撃というアイデアは、明らかにその影響だと考えられる。

（「新潮45」二〇〇三年七月号）

ニコラ・テスラが提唱した仮説の電磁波を、ベアデンが奇抜なオカルト疑似科学に発展させたわけだ。このベアデン独自のスカラー波理論は、「ソ連の秘密兵器情報」とともにオカルト雑誌「ＵＦＯと宇宙」（一九八一年一二月号）によって日本に輸入された（この雑誌が千乃の愛読誌であったことは、すでに述べた）。

すでに八〇年代初頭に日本のオカルト界に認知されたスカラー波理論は、波動性の電磁波（物質波）として、オカルト専門出版社のたま出版から発刊された『波動性科学入門』（大橋正雄、一九八三年）と『波動性科学』（同、一九八八年）にまとまって論述される。「スカラー波」が初めて正法会の言説に登場したのは一九九二年だったと先に記したが、この大橋正雄の『波動性科学』はそのときに千乃たちが直接参照としたものであった。

その後、キャラバンの歩みと並行して日本におけるスカラー波言説も進展し――というより、むしろオカルト界で進むスカラー波理論の過激化に千乃たちが振り回されたと言うべきか――九四年には実藤遠《さねとうとおし》の『スカラー波理論こそが科学を革命する』（技術出版）が出版された。これは、ベアデンや大橋より先に進んで、「超能力もスカラー波で解明できる」「気功もスカラー波である」と大胆に主張するものであった。その後も実藤は『ニコラ・テスラの地震兵器と超能力エネルギー』（たま出版）など、九〇年代に四冊の先鋭的なスカラー波に関する疑似科学本を発刊する。[17]

パナウェーブ研究所は、こうしたベアデンや実藤らの理論に依拠し、それに加えて独自の調査研究や実験を通じて自分たちのスカラー波理論を構築していった。

スカラー波理論に自身の心身の異常の原因を求めた千乃だったが、ニコラ・テスラから実藤遠にいたる「先行研究」から逸脱したことが一つあった。それは、先行研究ではあくまで電磁波の一種として論じられたスカラー波が、千乃正法会ではさらに進んで、電磁波というよりも、空間に籠《こも》る変幻自在のガス状のもの（ガスではないが）として論じられたことである。実際に四方八方から襲いかかるスカラー波を毎日浴びている千乃の感覚からすれば、「S波は変幻自在」（筆者注：S波＝スカラー波）としか考えられなかったのだ。

ともあれ、一〇年に及ぶキャラバンで、千乃が受け続ける「過激派による人工スカラー波攻撃」は、さまざまなバリエーションとなり、最終的には次のようなものになったといわれる。

イタイイタイ攻撃……五寸釘を打ち込まれるような激痛の攻撃。
トイレ攻撃…………膀胱に集中的にビームを射ち、強制的・機械的に排尿、排便させる攻撃。
ネムイネムイ攻撃……強烈な睡魔が襲い、強制的に眠らせられる攻撃。キャラバン車の運転手にこの攻撃が多用された。

仙骨攻撃……………仙骨に対する集中攻撃。

歯痛攻撃……………歯に集中的にビームを照射することにより歯をボロボロにする攻撃。

悪臭攻撃……………S波ビームに悪臭の情報を載せ、対象に送る攻撃。

チカン攻撃…………千乃の着替え中などに千乃に対してなされる〝羞恥心と悪寒〟の攻撃。締め付けられるような攻撃と併用され、「締め付けチカン攻撃」とも呼ばれる。

リビドー攻撃………スカラー波の影響を受けた隊員（主に男性）が性欲（リビドー）を催し、それが放射されて、千乃を攻撃する。


これらのほかにも「探知ビーム」や「カユイカユイビーム」など無数のバリエーションがあり、これら字面からなんとなく意味を類推できるような攻撃が、一〇年以上、毎日二四時間、千乃を襲い続けたのだった。

数多いスカラー波関連攻撃の中でも特に千乃が嫌ったのが〝リビドー攻撃〟である。千乃は、スカラー波除去に勤しむ隊員の何気ない仕草や表情を見て、あるいは何も見ていなくても、「リビドーを出すな！」とよく叱った。男性のリビドー（性欲）に対するすさまじい嫌悪感は、おそらく千乃の幼少時に実父に死なれた経験や、継父とのいがみ合い、青年期や社会人時代の対人関係（主に男性）の歪みから来たものであっただろう。これを防ぐために隊員は禁欲生活を強いられ、キャラバンへボランティアに行く一般会員も数週間前からテレビや成人雑誌などの娯楽を断つという念の入れようだった。

また、基本的にスカラー波攻撃はすべて共産主義過激派からの攻撃なのだが、それが隊員の肉体を経由して（単に人差し指を折り曲げただけで）、千乃を攻撃することもある。そういうときに千乃は決まって、「S波を向けるな」と隊員を罵倒した。隊員たちは、そうした理不尽な千乃の言動に不満を示すが、その不満の原因は「共産主義過激派のS波が隊員をマインド・コントロールして、千乃と隊員の仲違いを誘発している」ことにされ、「マインド・コントロールされた」隊員は消滅宣告されるのがオチだった。

「千乃先生はおかしい」と気づくのは、末端の会員よりも、むしろ千乃に近い組織の幹部である。千乃の身辺を警護する現地専従リーダーは、村元幹人《むらもとみきと》という元自衛官だった。若干二一歳の青年だった彼は千乃の寵愛を受け、「天上界で千乃と養子縁組をした」のだが、キャラバンの最中に「スカラー波をわざと私に向けたでしょ！」「そんなことしてません！」などと千乃と口論となり、追放となった。

会の性質のあまりの変容、また、「電磁波攻撃」のあまりの荒唐無稽さに良識ある会員は憤り、「千乃先生は狂った」というのが、追放された人々が会を去るときの決まり文句だった。こうした状況について、会では「『天国の扉』を読んだときの感動を思い出そう」とか「天上界のメッセージを理解するだけでなく、行動で天上界を守ることが必要だ」と言われた。だが、かつての明るい会の雰囲気が消えていくのは、どうにも止めようがなかった。

そしてまた、起こるべき事件が起こった。

大規模背反事件

本日、只今をもって、私、自ら、千乃裕子に消滅宣告いたします。(ガブリエル)

一九九四年七月のことだった。ある怪文書が会員に撒かれた。「私はガブリエルです」という書き出しから始まる怪文書の内容は、「千乃裕子の暴言暴挙の数々はもはや許しがたく、天上界の意志として、千乃裕子を〃消滅〃する」というものだった。「千乃裕子よ、思い上がりしその醜き汝の心。いくどとなくわれは警告せしものを。我は赦さん、汝の為し罪を」という衝撃的な一文まで書かれていた。

天使ガブリエルからのメッセージという体裁で怪文書を書いたのは、千乃正法会設立当初からその霊能力を認められ、千乃とともに多くの天上界メッセージを降ろし、共産主義の侵略から逃れるために米国に移住した矢田芳美だった。

「いまの正法の集いはおかしい」

「千乃先生は気が狂った」

「スカラー波は千乃先生の妄想」

「天はもう、千乃先生の上にないのではないか」

良識ある会員のそんな想いを代弁した怪文書は、ファックスや郵便で全国の会員に送られ、かつての千乃のお膝元である大阪や京都、北海道の会員たちがこれを真正の天上界のメッセージだと信じた。気の狂った千乃から天上界が離れたことを喜び、集いの場でこの〃メッセージ〟を配布し、集いで「千乃から天上界が離れた」と主張するリーダーまで現れた。千乃を見限った会員たちは、矢田芳美を新しい天の仲介者として分派団体「ＨＳＦＡ」を形成した[18]。

これと時を同じくして、千乃正法会創設期からの重鎮が千乃に反旗を翻す〝大規模背反事件〟が起こりだす。それらの動きは、出版社への怪文書送付や千乃に諫《いさ》めの手紙を送る形式をとることが多かった。どれも千乃を病気と決めつけ、天はもはや千乃の下にないと主張するものであった。

先述したクーデタ未遂事件直後の九二年には「宇宙人の地球侵略を防ぐために千乃先生を信じましょう！」と叫んでいた元東京の主宰・北沢健彦（第三章参照）も、わずか一年後の九三年に「ビーム攻撃は過激派が行っているのではなく、天上界がプレアデス星人に依頼し、千乃先生の驕りを反省させるために行っている愛のムチだ」という親展を千乃に送った。それを皮切りに、スカラー波被害を訴える千乃に引退を勧告。九四年から約二年にかけて断続的に、千乃や全国の有力会員に「千乃はメッセージを偽証しているだけ」「千乃は心身の病」「電磁波攻撃などありえない」「千乃が自分を消滅宣告するなら、それ相応の報復がある」などの手紙を書き送った。

千乃は、矢田芳美や北沢健彦など裏切り者たちを「ＪＩ」で実名をさらしたうえで、「悪霊によるもの！」「背反者！」「追放処分！」「消滅宣告！」と罵った[19]。

千乃にとっては〝背反者の裏切り行為〟であったが、「背反者」が千乃を裏切る動機はすべて正法を大切に思うからのことである。彼らには共通したロジックがあった。それは「〝正法の流れ〟を尊重すること」である。つまり、〝正法〟は、まずＧＬＡの高橋信次に現れ、天上界は高橋信次の没後、信次の娘・佳子ではなく、千乃裕子をその後継者とした。ところが、後継者であった千乃裕子が、気が狂って天上界の正法を伝えられなくなってしまった。よって、高橋信次が没したときと同じように、今度は千乃ではなく、別の人からメッセージが出るはずだ――こういうロジックである。

このときに千乃を見限った会員は、前述した矢田芳美が霊言を降ろす分派団体やビリー・マイヤー、ベンジャミン・クレーム（第四章参照）、ニール・ドナルド・ウォルシュ[20]など、ほかの宇宙人チャネラーやコンタクティをはじめ、九〇年代のさまざまなスピリチュアル市場に散っていった。不思議なことに、千乃の思想の大本であるGLAやその派生団体である幸福の科学に行った人は、ほとんどいなかったようである。

キャラバンが始まって会員が激減した千乃正法会。これは筆者の推算に過ぎないが、九一年の第一次キャラバンからこのとき（九四年ごろ）までで、八〇年代に三〇〇〇人から最大一万人強を数えた会員（＝「ＪＩ」購読者）が一〇〇〇人くらいに減ったと思われる。その後も九〇年代後半から二〇〇三年までに、会員は約五〇〇人に半減していった。

このころから「ＪＩ」は、冒頭で「消滅宣告者」を実名の名指しで掲載するようになった。「ＪＩ」本文では、千乃が電磁波攻撃でいかに苦しんでいるか、共産主義過激派がいかに危険な存在か、電磁波攻撃を防ぎきれない隊員がいかにふがいないかが、まるで現在でいうところの「集団ストーカーの被害者ブログ」のような切迫感で、数ページにわたってひたすら記載されるようになる。それが二〇〇六年の「ＪＩ」廃刊まで一貫して続いていた。

宮野はこのとき、かつて東京の集いの主宰だった北沢健彦が背反・消滅となったことに非常なショックを覚えていた。

「北沢さんが背反?」

「JI」の記事に宮野は無言となり、呆然とした。千乃正法会の創設以来の主力メンバーで、数年前には、千乃と共作でジェイアイ出版から著書を出版した東京の元主宰、その北沢が「千乃は狂った」と言って会を非難し、「ビリー・マイヤーの言うことが正しい」と喧伝し始めたのである。もう一〇年も前に集いに出始めたころの宮野に、正法の基礎を教えてくれたのも北沢だった。

「北沢さんもかつては、過激派が深夜に自宅周辺でうろついていて、スカラー波を浴びせてくる、共産党員が集まって監視している、左翼ゲリラが暴走族に扮して走り回る――そう言っていたはずなのに『これはプレアデス星人からの諫めの愛のムチなのだと悟ったら攻撃が止んだ』とは、どういうことだろう」

宮野は、北沢が「JI」で罵倒されることが不安で仕方なかった。

北沢による文書送付はその後も続き、翌年の九五年秋に送られた文書には「大方のカルト集団の暴走は、教祖の妄想に端を発していることが多く、その妄想故に狂信者集団となるのです」「(千乃裕子は)妄想症の治療方法について、精神科の医師に相談してみられたらいかがでしょうか」、さらに「ビームの主は宇宙船の中です。絶対に見つかりません」などと、千乃とそれを妄信する会員への罵詈雑言が書かれていた(「JI」一九九五年一〇月号[21])。

当時(九四年~九五年)、宮野が久しぶりに開かれた集会に行ってみると、キャラバンが始まる前は、毎回三〇人くらいは参加者がいたはずなのに、そこに来ていた会員は一〇人に満たない数だった。

「天はここにあるんだから、天の指示に従うしかないんだよ」

「今回の件で、悪魔はそこら中にいるってことがわかった」

「もうこれは、戦争なんだよ。聖戦なの」

「結局、北沢さんも天の意志を何もわかってなかったということなんだ」

「この背反は初めから仕組まれていたのかもしれない……」

以前までは尊敬していた北沢を除け者にする雰囲気に、宮野は心が苦しくなった。それでも、あえてその場の雰囲気に合わせようとした。集いは以前と同様に、千乃が書きとった天上界からのメッセージを皆で読んで議論する形式だった。だが、電磁波攻撃の合間に千乃が書きとる天上界メッセージは、以前のような厳しくも心あたたかく、生きる指針を与えてくれるようなものではない。ただただ攻撃的で、猟奇的で、おどろおどろしく、恐怖心をあおるような切迫感に溢れる呪詛《じゅそ》だった。集いは、「どう生きるか」というより「具体的にどう千乃や正法を守るか」を話し合う場となった。結局、出せる範囲でキャラバン維持の献金をし、休みのときにキャラバンに行って千乃を守る聖戦に参加するほかない、という結論になった。

「でも、聖戦を戦うためには人が足りないですよね」

ため息をついてそうつぶやく宮野に、こう言ってマゾヒスティックに笑う者もいたという。

「いや、敵に操られるような連中がいなくなってよかった。逆に、少数精鋭になったんだから、これでよかったじゃないか」

第二次キャラバンが始まってから大量の人が千乃正法から去った。が、会に残った者は、千乃を裏切りたくないというよりも、千乃を信じた自分を裏切りたくなかっただけだったのかもしれない。

この年（九四年）の夏は猛暑で、キャラバンでは、道中で拾った野良猫が車中で一匹死んだという。

聖戦に参加していた人々

さて、当時の会員は、「千乃の言を完全に信じる」、「将来に真実が判明したときに他人に責められないようどっちつかずの姿勢でいる」、「心の中では千乃の言を否定しているが、自分の好きな会と千乃先生のために言われたことをやるだけ」という三つの態度に分かれていた。

いずれの態度であっても、実際にキャラバンに参加して間近で千乃を見れば「千乃は狂ったのではないか」と疑念が湧く。しかし、周りの雰囲気に飲まれてスカラー波攻撃を現実のものとして信じてしまう。キャラバンはこうした疑念と信念という両義的な認識を構築し、それを実践する場であった。

千乃はといえば、相変わらずガソリンスタンドの従業員を見て、扮装した過激派だと思い込んだり、食料の買い出し先のスーパーマーケットに寿司やケーキがないと、「隊員間の連絡に使うトランシーバーがハウリングしていたが、これは左翼に盗聴されて私の好物が買い占められている証拠！」と妄想したりして騒いだ。また、長期の路上駐車で一一〇番通報されると、「左翼の嫌がらせ」と考えて「左翼が公安組織と千乃正法の摩擦を誘発している」などと不満を募らせた。

千乃は、共産主義過激派の緻密な戦術を次のように「解説」する。キャラバンが進む道路上で巧妙に配置されたカーブミラーや看板、道路標識、また田んぼを区切るトタンや電信柱、橋の欄干がスカラー波を集める。そこに左翼が運転する大型トラックやクレーン車が巧妙に入り込むことによって、スカラー波を増幅させて千乃の乗る車に命中させている——。キャラバン隊に参加する人々を苦しめたのは、こうした千乃の「妄想」のみならず、千乃からの叱責であった。

前述したような〝スカラー波除去作業〟が彼らの仕事だが、いくらがんばっても「気を抜くな」「スカラー波を逆流させるな」と叱責される毎日だった。夜間の作業時は懐中電灯を灯しておこなう必要があったが、千乃は自分の車にライトが偶然に当たるだけで、「車の中を見ようとするな」と怒った。千乃の機嫌を損ねた隊員は、ひどいときには醤油やソース、お茶などを混ぜた液体（千乃はこれを「カクテル」と呼んだ）を車内の千乃から浴びせかけられた。また、千乃のために調理し、配膳した料理を車外へ放り出されたりすることもあった。ほかにも、三日間徹夜で走行する、食事休憩もない、駐車場や空き地に長期停車（「停泊」と呼んだ）して周辺住民から苦情が来ると謝罪しなければいけない、運転していると後部座席の千乃からシート越しに厳しい叱責を受ける、などなど。

キャラバン隊員は、千乃に対して不満や恐怖心を深め、自分たちを攻撃してくる過激派のスカラー波よりも、些細なことで癇癪を起こし、「私のほうにS波を流すな！」と叫ぶならまだしも、「ハエの世話をしているときに汗をかくな！」「ハゲた頭を見せつけるな！」などと奇怪な理由で隊員を罵倒し、〝正法会追放〟や〝消滅宣告〟を連発する千乃への対応にばかり気を遣うようになっていった。[22] しかし千乃は、そんなかたちで気を病む隊員たちの反応を、「スカラー波によって隊員はマインド・コントロールされ、私への不満を高めさせられ、ゲリラの思惑どおりに行動しているんだ」としか捉えなかった。

（キャラバン隊員は）Ｓ波ビームの特性も含めて説明しても理解せず、すべてを私から出る個人的な感情と受け取り、私への警戒の身に終始する毎日で、周囲にもその印象を植えつけ、左翼ゲリラのマインド・コントロールの下、まことに心身症の如くに私を扱い…すべてをＳ波抜きの俗世間に変えて解釈し、多くのキャラバン参加メンバーが、それで良しとして、ビーム攻撃がある度に私を非難する、ゲリラの思惑通りに行動する悪習が現在横行しております。（「ＪＩ」一九九四年一二月号、七頁）

このころ、宮野はキャラバンへ行ったときに、千乃が「みんな私が怖いみたいで、Ｓ波の防御グッズを誰も交換に来てくれないの」とさみしそうにつぶやいたのを聞いている。口でいくら説明してもらちが明かないと思ったのか、「ＪＩ」にはゲリラと千乃とキャラバン隊員と天上界のあいだでどのようなビーム（スカラー波）やエネルギーの動きがなされているかが、ポンチ絵で図式化されたこともたびたびあった（図２参照）。

永遠に続くスカラー波の防御作業、毎日耳に響く千乃の叱責、単調で辛い毎日——はっきり言って、終わりの見えない「聖戦」に隊員たちは疲労困憊していた。隊員たちの疲労や眠気、そして車酔いから来る吐き気などは、過酷なキャラバン生活と精神的ストレスが原因であるのは明白だった。しかし、それら体調不良の原因は、「疲労」ではなく「スカラー波攻撃である」

ということに、隊員たちのあいだではなっていた。

キャラバンは、居眠り運転で山道のガードレールに衝突して、車が崖下の森に落下する事故(二人が重傷。うち一人は七カ月の入院)を起こしたり、崖に激突する寸前の事故未遂を起こしたりするなどの限界状況であった。だが、死者が出る惨事にいたることはなかったらしい。

隊員の不注意でキャラバンから猫が逃げ出したときに、千乃自らが真っ暗な山中を雨で泥だらけになりながら猫を探したことがあった。また千乃は、車に付くカナブンやクモなどの虫をていねいに林へ放したり、道路上に現れたミミズを土に戻すこともあった。

九〇年代後半からは、「カラス便」という鳥類への餌付け専用隊まで結成され、キャラバン本体とは別行動で、山中にてカラスやトンビに餌を撒く活動が行われた。こうした逸話は、キャラバン隊を守る天からの奇蹟として、また自然や動物を惜しみなく愛す千乃の慈愛を示す美談として語られた。

九五年は、阪神淡路大震災とオウム真理教による地下鉄サリン事件が起こった年だ。千乃によれば、前者は「国民が選挙で社会党を支持したことで邪悪なエネルギーが地中で塊となって、科学的・物理的エネルギーの融合・変化が起こった結果」であり、後者については「二人の妻を持ち、双方に子を産ませるような教祖(麻原彰晃)はすでに悪魔に人格を明け渡しており、天の法、地の法の両面から裁かれるべき犯罪者です」とのことだった。

九六年からは、主に広島や兵庫、山陰地方の山中が「聖戦」の現場となった。戦後、国民学校を出たばかりの千乃が過ごした島根県は、西から東までほぼ全域がキャラバンコースとなる。そしてキャラバンは、二〇〇二年まで約六年間、この地域を延々と放浪し続けることになる。

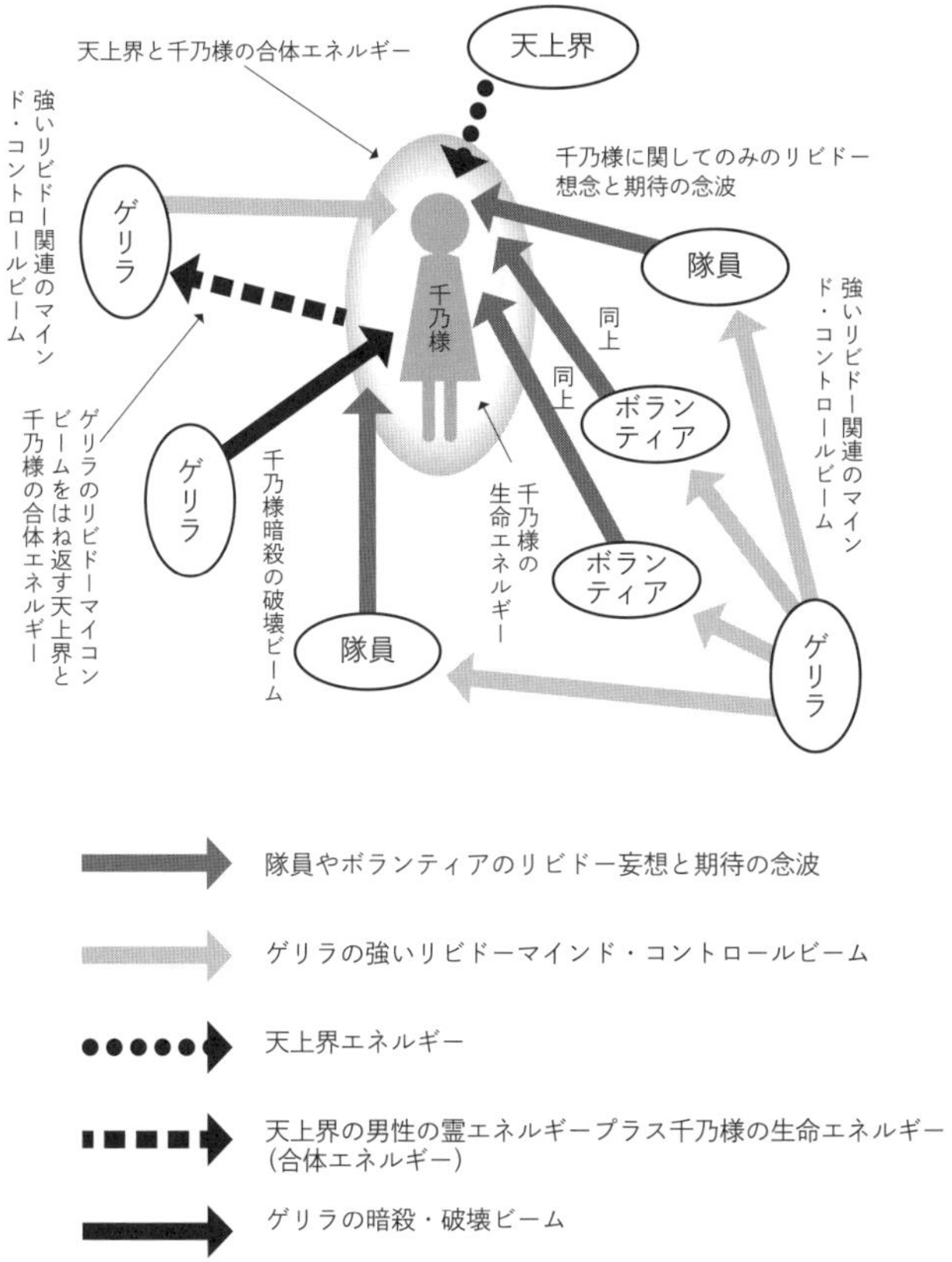

図２　ビームやエネルギーの流れ（「ＪＩ」1999年６月号から作成）

第一次キャラバンでは通常の乗用車が使われた。しかし、千乃を攻撃する主体がスカラー波であると判明し、その対処法が開発された第二次キャラバンになると、外装はもちろん、内装も白に統一。ミッションやエンジンなどの機械部分も白く塗られた特注車両を使用するようになった。隊員の長靴や帽子も真っ白、メガネのフレームにも白いテープを巻く。スカラー波が車内に入り込まないよう、車窓は白テープで目張りされる念の入れようだった。

キャラバン隊は、駐停車するごとに周辺の木々やガードレールに白い布を括り付ける。宮野も「本当にこんなもので防げるのか」と自問自答しつつ、渦巻き模様のステッカーや白布を周囲に貼り付ける聖戦に従事した。

白布は、使い続けるとスカラー波が繊維の中に溜まってしまうらしい。だから、つねに清潔にしておく必要があり、会員の家やコインランドリーなどで手分けして定期的に洗濯された。溜まったスカラー波が洗い落とされた白布は、食料などの必需品とともに、レンタカーのトラックでキャラバン隊まで補給された。また、長期間の車内生活と電磁波攻撃に見舞われる千乃には、会員の医師が定期的に健康状態を診察した。

九六年の一二月になると、千乃にとって思わぬ朗報があった。かつて天上界で養子にし、キャラバン隊の隊長を務めていた村元幹人が、「天を見失っていた期間を反省した」として約三年ぶりにキャラバン隊に復帰したのである。この喜びを千乃は「ＪＩ」にこう書き綴った。

村元君は三年間のブランクの後、正法と天上界と私のところに戻ってきてくれて、お互いにぎくしゃくしていたところを色々話し合って、再び養子縁組をやり直し、義母と養子という形で協力を約束し合ったのです。ラファエル様はこれを特に喜ばれ…ミカエル様もそれに賛同されるので…まずは対人関係の調整、調停役として働いてもらうことにしました…〃水を得た魚〃のように生き生きと働いています。乞うご期待！（「ＪＩ」一九九七年一月号、二三頁）

キャラバンを放逐されていたあいだ、村元は大阪の都会で「あなたは正法をやめたらたった一人で生きていかなければならないのよ?」という千乃の優しい言葉を思い出しつつ、「体が凍りつくような孤独に襲われる生活をしていた」という。終わりの知れない「電磁波攻撃」が続く過酷な白装束キャラバンだったが、少なくとも都会に疲れた若者に居場所を与えることはできていたようである。

善と悪の闘いの〃身体化〃

さて、千乃を中心とした白装束キャラバンは、千乃の憑依現象によって明らかにされる世界の認識枠組みを、それぞれの隊員が自分の生きる世界を維持する概念機構として共有することで成立する運命共同体であった。

文化人類学では、「憑依現象」とは「無意識下における社会への抵抗表現」であるといわれる。憑依が機能する場とは、世界を語り、構築するすべを持たない抑圧されたジェンダーや下層社会に属する民衆が、霊を媒体として、自分たちを抑圧する支配構造への異議申し立てを有効におこなうための空間なのである。

世界の支配構造と支配言説を覆す自由な霊に口と身をゆだねることで、たとえば女性の霊媒は女性が軽んじられる家父長制社会への異議申し立てをおこない、被差別民の霊媒は支配民に異議申し立てをおこなって、その共同体全体に力を行使する。そして、共同体はその異議申し立てが霊であるがゆえに、許容するのである。

女性の霊媒・女教祖として千乃の何倍も著名な新宗教・大本《おおもと》の開祖・出口《でぐち》なおの「お筆先《ふでさき》」も、近代化による社会変容への異議申し立てを望んだ民衆のエートス（倫理的な心の態度）が、終末論と世直し思想となって出口なおの筆先に発露したものと論じられている。

千乃にとって、天使や神の声を聴いて人々に伝える行為は、特にその初期においては、経済至上主義がはびこり、精神が軽んじられていた当時の日本社会や彼女のライフコース上で遭遇したさまざまな苦難への「異議申し立て」であったことはまちがいないだろう。しかし、九〇年代以降になってから、千乃の憑依現象が正体不明のビーム攻撃という身体感覚を伴って現れたことは、支配構造への「異議申し立て」というよりも、むしろ「善と悪の闘い」そのものの発露であった。

「世界のキャラバン！」

「悪と戦う強い意志を持て！」

「いかなる状況下でも精神ではつねに勝っている！」

千乃はつねづねこう叫び、キャラバン隊員を激励していた。奇しくも世界的な冷戦が終わった直後に始まったこの「善と悪の闘い」で、千乃が戦う「悪」は、ソ連が崩壊したことで現実的脅威としてまったく存在感のなくなった〝共産主義〟であった。

このことは、冷戦が終わったにもかかわらず、というよりも、むしろ冷戦が終わったことによって、かつては冷戦として現実化していた善と悪の闘いが、今度は千乃の体の中で身体化して続けられたと言うことができるかもしれない。千乃に「ソ連が攻めてきたら、毒を飲んで死にましょう」と言うに及ばせた共産主義という〞目に見える脅威〞はなくなった。そのことによって、千乃の思想に既定的に内住する「悪」が、目に見えないスカラー波の波状攻撃となって千乃の身体を襲い続けたのである。

千乃の肉体で身体化された〝闘い〟は、会員にも集合的に共有された。千乃は機関誌上で、当時の保守論壇誌で盛んに議論された「南京大虐殺」や「従軍慰安婦」の論争をレビューし、「共産主義のスパイが日本を弱体化させようとしている」と叫んだ。また、キャラバン隊員を鼓舞しようと、靖国神社が編纂した戦没者の遺書集『英霊の言乃葉』の抜粋を隊員に読ませた。

見えない攻撃から身をかわすためには、まず敵を知らなければならない。千乃正法会のスカラー波に関する知識は、キャラバンが進行するにつれて深まっていった。その結果、機関誌「JI」上にはスカラー波に関するさまざまな情報が掲載された。

たとえば「スカラー波が消えれば海も川もよみがえる」（「JI」一九九七年九月号、三二頁）と題された記事では「スカラー波が水中にたまると酸素量が減り、魚が死滅する」とされ、さらに「スカラー波が原因で若年層に糖尿病がまん延し、自殺が増加している」（「JI」一九九九年七月号、二四頁）とする記事もあった。また「生物の進化と地球のスカラー場」と題された記事もあり、これは「地球の生命の進化にスカラー波が作用した」と主張するもので、「過剰なスカラー波があると、細胞は環境からのストレスが過剰に与えられたと反応し、成長に影響を及ぼしたり（体が矮小化すると考えられます）、世代交代が早まったりすると考えられます」などと書かれた（「JI」一九九九年八月号、五五頁）。

過激派はこのスカラー波を人工的に発生させて千乃を攻撃し、日本国家を弱体化させているる――これが千乃とキャラバンの認識であった。そうした問題意識から、たとえば一九九八年三月にキャラバンは広島県三次市にいたが、その際に「しのびよる超電磁波スカラー波」などという見出しで、鉄塔や送電線がおどろおどろしく描かれたビラを作成して近隣住民に配布する啓蒙活動もおこなっていた。

時とともに、まるで宇宙を統べる万能因子であるかのように論じられていった〝スカラー波〟は、擬似科学に通じた会員から千乃に紹介された書籍『波動性科学』（大橋正雄著）がその情報ソースであったとすでに述べた。宗教の教祖は、独自で情報を収集し理論を組み立てるというよりも、むしろ周囲の情報提供者と対話し、構築主義的に理論を形成することが一般的である。それは千乃正法会においても同様で、千乃による数々のオカルト言説は、主に会員から教えられる書籍がその情報源であった。

たとえば、千乃は二〇〇〇年代になって「太古より地球に飛来した宇宙人、主にプレアデス、ニビル星人が猿人に遺伝子操作を施し、地球人類を創生、肉体が滅びたあとにプレアデス、ニビル星人が霊となり、天上界を形成した」と述べる。これは、リサ・ロイヤルの『プリズム・オブ・リラ』とゼカリア・シッチンの『第一二番惑星』の折衷から編み出されたものであろう。シッチンの書籍は、邦訳の出ていない原著を会員たちが翻訳して読んでいた。

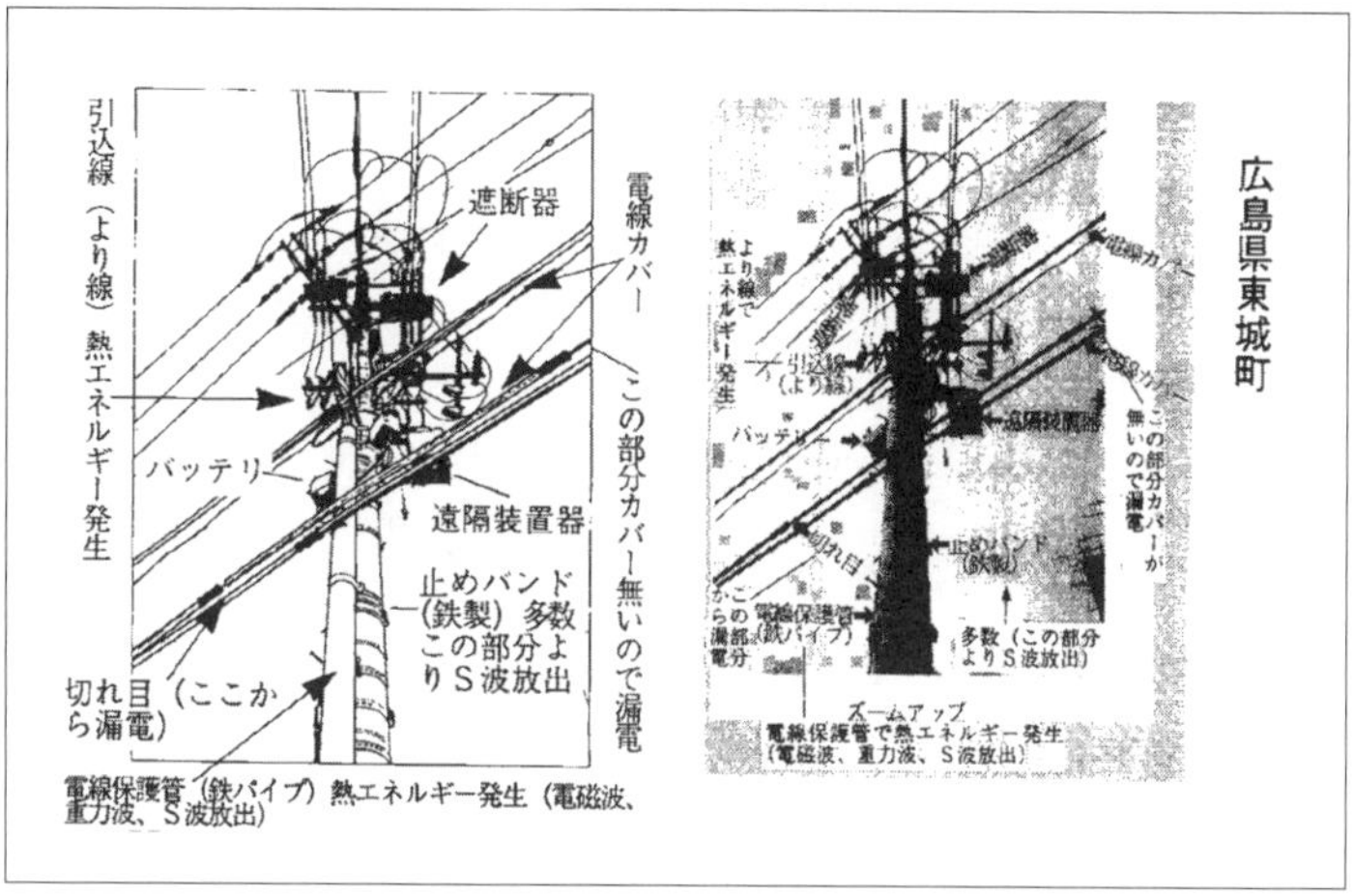

機関誌に掲載されるスカラー波調査の記録。千乃は電柱の状態や電線の巻かれ方などからスカラー波の発生を読み取った（「JI」〔第 20 巻特別増刊号〕113 頁）

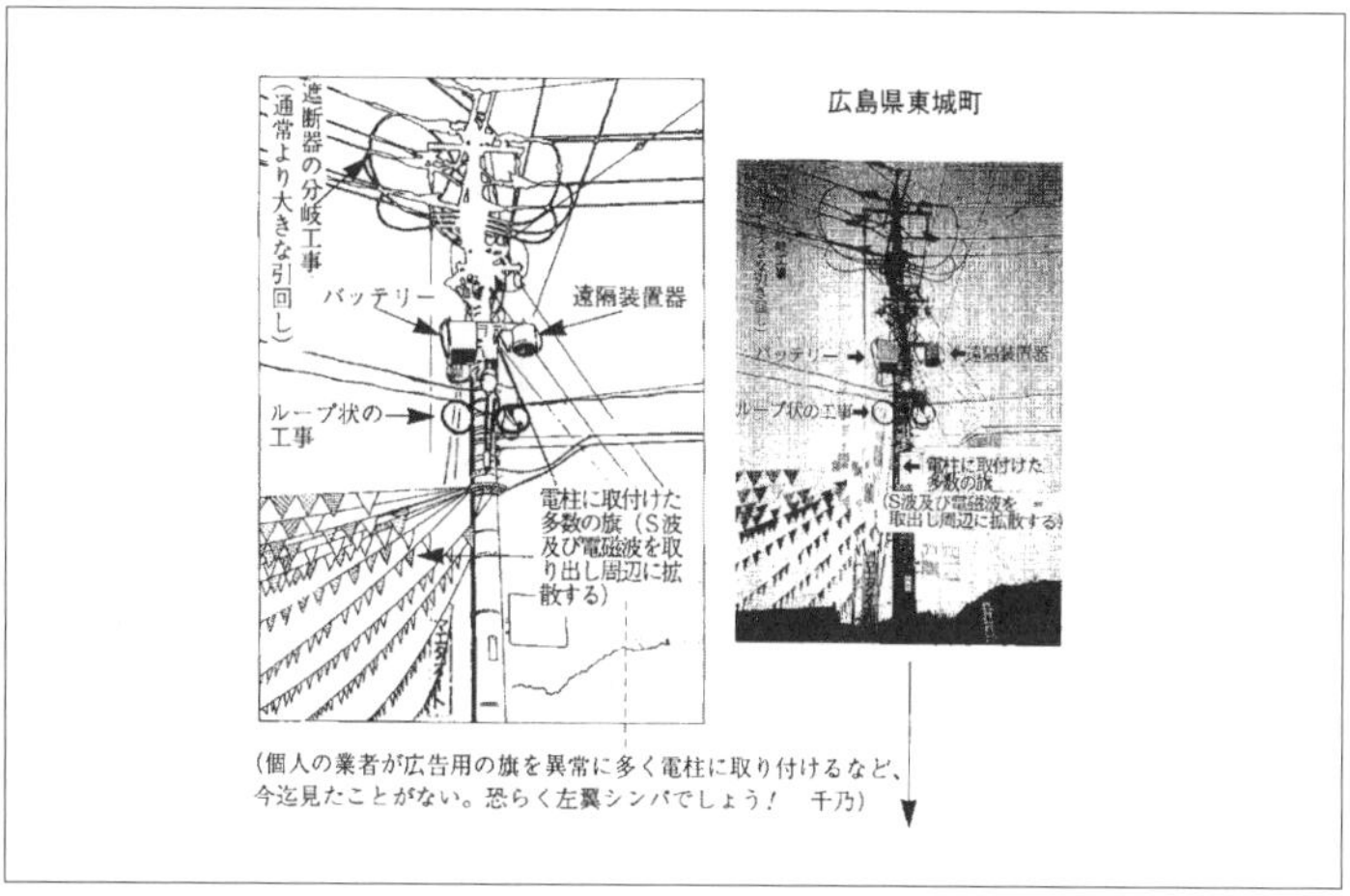

同上（「JI」〔第 20 巻特別増刊号〕115 頁）

多くのオカルト書籍の中で、千乃の最上の情報源となったのは雑誌「ムー」である。千乃は「ムー」を愛読しており、「情報収集能力は最高」「ムーブックスが読みやすい」と公言してはばからなかった。すこし時代が下るが、二〇〇四年一〇月の「JI」に次のような記述があることから、彼女が「ムー」をずっと購読し続けたことがわかる。

千乃裕子会長が、唯一の情報源として参照するムー月刊誌は、以前は確か『UFOと宇宙』誌だったのではと思いますが[23]、当時から魅力的な内容でした。現在ムー月刊誌に成って、ますます広い範囲の情報源を得られ、その博学〝多彩〟な内容は、一冊で十分に楽しめるものであり、且つムーブックスの専門的内容は多くの写真掲載で読者層を獲得しておられると思います。(『フェニックスの翼に乗って』一四七頁)

「ムー」はかつて麻原彰晃を紹介する記事を多く載せたことから、オウム真理教への入り口を広げ、結果として「若者を〝カルト〟に入信させる広報を担った」と批判される。一方、千乃正法会について言えば、「『ムー』を大真面目に信じて暴走した」という批判もまた可能であろう。千乃たちにとって「ムー」は、たとえば一般の人々にとっての「ニューズウィーク」や「ニュートン」などと等価の知的情報誌だったのである。同誌への千乃の愛情はすさまじく、時には「JI」誌を同封して学研の編集部にファンレターを送ることもあったという。

〝白装束キャラバン〟は、「ムー」をはじめとするオカルト雑誌・書籍の内容を真面目に信じて行動した結果であった。しかし、まったくのカルト的狂気が当時の千乃正法会を支配してい

図3　機関誌に掲載された漫画のコマ(「JI」1999年4月号)

たというと、それは少々皮相的な理解だと思われる。当時の「JI」内には、意外にも冷静な言論空間が垣間見えるからだ。

千乃は、どれだけ注意してもスカラー波を千乃の車に逆流させてしまう隊員たちに辟易し、ときおり「私が死ぬのをキャラバン隊員は願っている」などと自虐的につぶやいていたが、それがブラックユーモアとして漫画に描かれ、「JI」に掲載されることもあった(図3参照)。

「皮肉」は、心に余裕がなければできない心理行動である。これはカルト集団の内部においてすら深い言説世界が繰り広げられるという例にほかならないだろう。この漫画は、狂気と切迫感に支配された白装束キャラバンが、同時に一つの柔和な社会を形成していたことすら思わせる。

時代は世紀末に近づく。初期キャラバンで千乃はペットの猫たちと同乗していた。だが、スカラー波攻撃の激しさが増すにつれ、猫と同じ車ではスカラー波をかわすのに支障をきたすという理由から、九〇年代後半から猫たちには運転手と世話係付きで、猫専用の〝ネコ車〟があてがわれるようになった。遊び相手のいなくなった千乃は、車中で食べ物に群がるコバエと交流するのが唯一の息抜きとなっていた。千乃は、しだいに車内で数十匹ほどハエを飼育するようになり、ハエが窓から逃げると隊員に救出させた。

ネコ車の追加など、キャラバンの費用は年々かさむ一方。〝聖戦の維持〟のために、会員には一口一〇万円の献金が求められた。このような資金難にもかかわらず、なぜか「ＪＩ」誌の一号分の頁数は、もともと数十頁だったものが一五〇頁を越すほどに増えていった。

一九九九年は「七の月に恐怖の大王が下りてくる」と言われた年だが、意外にも「ＪＩ」はノストラダムスについて何も触れていない。もう一〇年近くも〝聖戦〟を続ける千乃にとっては、得体の知れない「恐怖の大王」に構うより、それ以上に強力で、現に攻撃してくる「共産主義過激派」に相対するほうが、はるかに優先順位は高かったからだろう。

世紀末から新世紀

西暦二〇〇〇年を迎えた。出版社は「ジェイアイ出版」から「エルアール出版」に社名を改め、機関誌「ＪＩ」も「ＬＲ」に名前を変えた。「社名変更のお知らせ」と書かれた「ＪＩ」の欄によると、「ＬＲ＝エルアール」とはLove Righteous（正義の愛）の頭文字で、改名の理由は「地球史上最大危機に遭遇せしこの秋に際し、二〇〇〇年をもって当社使命を全ういたす一大転機となす」ためだった。

この年の二月、千乃の母親が「スカラー波の攻撃によって」脳溢血を起こし、半身不随となった。九年前のクーデタ未遂事件時に、キャラバンを辞めるよう千乃を説得した母は、このころすでに八八歳となっており、福岡の一軒家に居住して、会員に身の回りの世話をしてもらう介護生活を送っていた。四月には時の小渕恵三総理大臣が脳梗塞で倒れて死去したが、これも「スカラー波攻撃にやられたから」ということになった。なんでも小渕総理のトレードマークだった縁の太い眼鏡が、スカラー波攻撃の照射アンテナとなったらしい。「ＬＲ」と名を変えた当時の機関誌にはこう書かれる。

やつら（引用者注：過激派）は、（引用者注：眼鏡の）フレームのプラスチック部分に埋め込まれていた鉄針か、プラスチック軸の四五度角を利用して、従前より首相の脳内にスカラーポテンシャルを照射し、動脈閉塞を起こしそうな部位をスキャンしていた。また大量のビーム照射による血液中の鉄分子の磁性化・滞留により、脳内に血管障害が起きやすい状況を拵えていたと思われます。（「ＬＲ」二〇〇〇年五月号、六九頁）

世界第二位の経済大国である日本の首相をも暗殺したスカラー波の勢力は保たれたまま、時代は二一世紀に突入した。

二〇〇一年六月、キャラバンは兵庫県と鳥取県の県境、鳥取県岩美《いわみ》郡国府町《こくふちょう》にやってきた。幸運なことに、町役場から「電磁波の調査」の名目で林道の使用許可を得ることができたものの、地元当局との良好な関係は長く続かなかった。その二年後の「白装束騒動」の折、役場の関係者は週刊誌の取材にこう語っている。

彼らは「パナウェーブ研究所」と名乗り、「電磁波の調査をしたい」と申し入れしてきたので、林道の使用許可を出しました。約束は二週間でしたが、延々一年居座られた。退去命令にも従わない、申し入れても「実験の最中だから」「病人の女性がいるので少しでも長く電磁波にさらされない所で療養したい」と……。（「週刊文春」二〇〇三年五月一日号、三四頁）

ほかにも「近づいただけで追い掛け回された」や「車のナンバーをメモされた」などと、付近の住民からほぼ毎日役場や警察に苦情があった。また、常時七台の路上駐車に加えて、道路上のカーブミラーにも白い布を巻くという危険極まりない行為に、住民や当局との衝突は増すばかりだった。

キャラバンの停泊に関しては、自治会や地主に許可を得ていたケースもあった。だが、多くの場合、「オウム真理教みたいだ」や「子どもが怖がる」という理由で地元住民からの苦情があとを絶たず、通報を受けた警察から退去要請が来るのがつねだった。

「地主の許可が取れているんだから民事不介入でしょ?」

キャラバン隊は、まずはそう主張した。とはいえ、最終的には警察に従うことも多かった。なぜなら、キャラバン隊にとって過激派を取り締まる公安は「協力相手」であって、決して「敵対者」ではなかったからである。

しかし退去後、パトカーが監視のためにあとをついて回っているにもかかわらず、キャラバン隊は警察の要請を意に介さずに停車を繰り返すことがあった。その理由は「痩せた野良犬に餌を与えるため」。千乃は路上で野良犬を見つけると食料車に無線で連絡し、「停車して餌をやりなさい」と指示を与える。すると「車を停めないでください」とパトカーが警告し、後列のキャラバン隊メンバーが警察と一悶着を起こすこととなる。さらに停車によってスカラー波攻撃も強くなり、スカラー波除去作業もやらざるをえなくなり、停車が長期化する——こんな滑稽な悪循環もしばしばあった。

変態の心理学者

キャラバン隊は、行く先で直面するトラブルをすべて左翼の過激派による工作と捉えた。退去を強要する警察を「警察に過激派が侵入している」と思い込む。また住民がキャラバン隊の違法駐車に一一〇番するのを「住民が私たちを警察に通報するのは税金の減額を共産党政治家にしてもらうためだ」などと思い込んだりする。そんなエピソードは序の口で、ほかにもこんなことがあったらしい。

キャラバン車列が停泊するのは、たいてい林道や公有地の草むらだ。停泊に適した路肩の草むらには、たいてい男性向けポルノ雑誌が落ちていたりする。しかもヘアヌードのページが開かれた状態で……。そのことを彼らは、「過激派がわれわれのリビドー（性欲）を掻き立てるために戦略的にここに置いたのだ……」と、次のように考えた。

> 左翼ゲリラには変態の心理学者がいると言われ、かなり巧妙な攻撃を施行しています。奴等は隊が停泊しそうな場所の辺りのやぶやわき道の入り口近辺に、下品な男性週刊雑誌のヌード写真等のページを開いておいて行ったりしています。そういうもので刺激し、さらに間脳にビーム波動を照射し、本能に関わる記憶や映像を呼び覚まします。
>
> （「ＬＲ」二〇〇〇年七月号、一三二頁）

リビドー（性欲）は、キャラバンでもっとも戒められた想念だ。前述のとおり、千乃は「男性隊員たちが性的ないかがわしい妄想を抱いている」という〝妄想〟を抱いており、これがいやらしい悪寒となって千乃を襲っていたのである。
会員にとってのキャラバンは、神々と悪魔が戦う〝戦場〟でもあり、千乃裕子という聖者の坐す〝聖域〟でもあった。機関誌は「キャラバンに行く人への心構え」として次のような文章を載せる。

キャラバンは天上界がおられる聖域です〈中略〉キャラバンは単に車が何台かあるだけの場所でなく、天が支配する地上でもっとも清らかで聖なる浄域であることを念頭においてください。キャラバンは地球のみならず、太陽系でももっとも清浄で神聖な場所です〈中略〉そのためキャラバンはこの聖域にふさわしくあるべく常に厳しく潔癖さや心の清さを求められます〈中略〉一週間くらい前から肉食を断つ、このくらいの準備は行ってみるべきです。また、リビドー問題は機関誌に書かれるようにもっとも隊員が陥りやすい罠で、キャラバンの癌です。これを避けるため、低俗な週刊誌、漫画本、テレビのあほ番組や低俗的な映画等は、参戦の少なくとも一週間前から控えて下さい〈中略〉読んだり観たりしたものは記憶として脳に止まり、マインド・コントロールのビーム攻撃で記憶を呼び覚まされ刺激をされ、リビドー問題の原因になります。（「LR」二〇〇〇年四月号、三九頁）

聖域で性欲を抱くのは厳禁ゆえ、禁欲生活を送る隊員たちに「スカラー波ビーム」によって性的な妄想を抱かせるのが過激派のやり口だ——というのが千乃たちの論理である。隊員たちには禅僧のように無になることが求められた。他方、スカラー波攻撃にやられて性欲を減じることができなかった男性隊員の釈明や謝罪が、機関誌に載ることも多かった。たとえば次のように。

私は〈中略〉女性の裸体が一瞬脳裏に浮かぶことがある、仕事がやりづらいと、何回か愚痴を漏らしたことはあります。ですが、それは繰り返し言いますが、スカラー波のマイコンであり、非現実であり、現実に生きていらっしゃる清廉潔白な大王妃様（引用者注：千乃）とは一切関係ありません。

私は、キャラバンに居た頃、自分のリビドー妄想を止めようともしませんでした。嘘もつきました。先生から叱責されても反抗的な気持ちしか持ちませんでした。

（ともに「LR」二〇〇二年九月号、二〇頁）

宇宙人たちと終末予言

二〇〇一年の初夏から、キャラバンには宇宙人が集い始めた。

キャラバンの野営中、千乃の車にヴァリアント・ソー（略称ヴァル）という宇宙人が現れたのである。ヴァルの風貌は欧州人風で、出身は金星。彼は「UFO艦隊司令官」を名乗っていた。その後も千乃と交流を重ねたヴァルだが、二〇〇一年の暮れにミカエル大王が重病にかかり、千乃の車で危篤状態に陥った際は、彼がミカエル大王の外科手術を施し、ミカエル大王の命を救った。そして、その翌年の二〇〇二年一〇月、ヴァルはミカエル大王やエル・ランティらとともに地球の天上界高次元に迎えられ、キャラバンを見守る天上界の一員（大天使長）となった。

この「ヴァリアント・ソー（ヴァル）」の情報源は、千乃がキャラバンの中で読んだ『大統領に会った宇宙人』（たま出版）だった。同書は、一九五〇年代にアイゼンハワー米大統領と宇宙人ヴァリアント・ソーが面会していたという内容のもので、写真付きでヴァルやほかのUFO乗組員を紹介している。これに魅せられた千乃のために、ミカエル大王がキャラバンにヴァルたちを呼んでくれたのだ――千乃はそう主張した。

UFO艦隊がキャラバンを見守り、過激派からの防御戦に協力している――。その証拠に、これ以降、火星、シリウス、プレアデスからのUFOがキャラバン上空に頻繁に現れ始めた。いつからか、「アルカディア」という名前で呼ばれだした千乃の車は、宇宙人や神々と千乃との集会場となったのである。

コバエ用のエサ皿と飲み物、そして蛍光灯の置かれた六〇平方センチメートルの木机の隣に、シートクッションを二～三枚重ねて起居するワゴン車の狭い後部座席が、〝宇宙的な善と悪の闘い〟の参謀本部となった。実際に、千乃の車の運転手や隊員が千乃に指示を仰ぐと、見えない何者かと話しているとしか思えない不思議な間が、その返答にはあったという。

これ以降、千乃が降ろす天上界からのメッセージには、従来のミカエルやエル・ランティなどGLAから踏襲した神々に加えて、宇宙人ヴァリアント・ソーも含まれることになる。千乃は神や宇宙人と対話して、彼らから告げられる預言や遠い宇宙のかなたで行われる出来事をこまかく聞き取り、機関誌は彼らが千乃に伝えたプレアデスやニビルから飛来するＵＦＯの動向やほかの天体の情報を掲載した。

このように精神の内部で現実と妄想の境目がなくなり、広い宇宙全体にまで自己意識が拡大する状態は、慢性化した統合失調症患者の妄想症例には共通して現れる。妄想によって苦渋に満ちた自己の生を癒そうとする病者は、宇宙にまで自己の生息圏を拡大させなければその存在を保ちえないのが、その理由だと言われている。

しかし、宇宙人の存在を実感していた千乃であったが、スカラー波攻撃を宇宙人からの攻撃であるとは考えていなかった。千乃は「相手の正体がわからないからといって、霊や宇宙人という考えに逃げるな」と言って隊員を叱ったし、スカラー波攻撃の原因を宇宙人とする見方に対しては、すでにキャラバン初期の機関誌に次のような反論が記載されている。

現在、千乃先生の置かれている苦境に関して、背反者側にくみする人の中で、先生はＵＦＯ宇宙人から攻撃されているというような、おおよそ馬鹿げたことを言った人がありましたが、心しなければならないことは、千乃先生や私たちに限らず、地球人類が敵とすべき相手は、左翼共産主義者、過激分子であり、地球外惑星人ではない、ということなのです。

（「ＪＩ」一九九二年六月号、二八頁）

年が明けて二〇〇二年になった。鳥取県岩美郡は時に二メートルは雪が積もる豪雪地帯で、この冬も大雪だった。キャラバンが停泊したのは、積雪で冬場は閉鎖される山道だった。よって、わざわざ青森県から除雪車を持ってきて、除雪して通路を確保しなければならず、停泊地と道路までの行き来にはスノーモービルを使用した。

過激派は、当然のことながら、盆も正月も関係なくスカラー波を出し続ける。だから、隊員たちにも正月休みなどない。機関誌に掲載された作業日誌には、作業の日時が分単位で記録されるが、それによると、この年の元旦明けの一月二日は、深夜二時から作業がなされた。大雪による一時中断をはさんだが、雪が止んだ朝の五時から昼の一二時まで作業をおこない、その後はまた大雪で二〇時まで中断し、再び雪が止んだ二〇時二〇分から一月三日の午前二時まで作業をしたらしい。

想像してほしい。日本海沿岸の豪雪地帯で、〇度を下回る真冬の夜中の雪山で「アース線からスカラー波を地面に流す作業」をおこない、それが延々と毎日続くことを――。キャラバンには、一〇年も続く聖戦に無心で順応した隊員しか残っていなかったのだろう。隊員たちはこの現実をじっと耐え、ひたすらに千乃の命に従い続けた。

同じころ、全国の会員に寄付を募る通知が送られたが、そこには過去に出された天上界メッセージのある強烈な一文が引用されていた。

千乃様の死をもたらすようなことになれば――全人類を一挙に滅しましょう。地上に一人も地球人としての生存者がいなくなるまで

同年二月、このメッセージが自己成就されるかのように、千乃は「二〇〇三年の五月一五日

に太陽系第一〇惑星（ニビル）が再接近して地軸が入れ替わり、大地震と大洪水が起こる」と予言。これは、翌年五月の〝白装束騒動〟の際に、マスコミでしばしば取り沙汰されることとなる終末予言だった。

ニビルの接近に伴い、「天変地異を避けるため」として、山梨県の大泉《おおいずみ》村（現・北杜《ほくと》市）でドーム型施設[24]の建設が始まった。これに出資したのはエルアール出版社長の浜田。彼は、新潟県で高級婦人服販売を営む実業家であり、キャラバンには参加しない一方、会随一のパトロンだった。キャラバンにも巨額の資金を寄付し、その地位は千乃に次ぐ会長代行であった。大泉村では一六五〇平方メートルの土地が三〇〇〇万円で購入され、五〇〇〇万円を投じてドーム型施設が建設された。経営する会社を勇退した浜田は、会員や多くの動物たちとともにそこに住み始めた。会員の中には、何十年も勤続した会社を辞めて、共同生活を始める者までいた。

狂騒の終わりの始まり

二〇〇二年一〇月、キャラバンは福井県大野《おおの》郡和泉《いずみ》村の九頭竜《くずりゅう》湖に来た。鳥取県の岩美郡と同じく、ここも豪雪地帯である。キャラバンは冬場閉鎖される山道に陣取った。地元当局と交わした約束では、初めは一二月末に出ていくとしていた。だがその約束は、「年明けに出ていく」「二月末に出ていく」……と引き延ばされていった。

キャラバン隊は、付近を通行する車を「電磁波が強いので調べさせてほしい」と停めてはテスターで車内を調べたり、「ストーカー車追跡中」というパトロール車を朝六時と夜一一時に巡回させたり、山林関係者が停車するショベルカーに勝手に白い布をかけるなどを繰り返した。

また、林業関係者がチェーンソーを使うと、「電磁波が強いのでやめてくれ」と抗議して口論になることも多かった。

九頭竜湖は地元にとって数少ない行楽地である。地元当局としては、五月には冬季通行止めが解除されるため、このまま行楽シーズンまで居座られては大迷惑だ。最終的には、四月一〇日までに出ていくという確約書をキャラバンと交わした。

二〇〇三年の一月、キャラバンの車列では三台目に位置する千乃の車には、いつになく上機嫌な千乃がいた。千乃が讃美歌を口ずさむのが聞こえる。これは千乃の気分がよい証拠である。一月は千乃の誕生月であり、全国の会員から年賀状とバースデーカードが届くのが恒例なのであった。

このころの千乃正法会の会員数は、五〇〇人ほどだったと推定される。もう一〇年以上、会には新規会員がおらず、多くの会員は惰性で機関誌をとっているだけだった。しかし、中には献金したり白布や千乃の衣類の洗濯を熱心におこなったりする人もいた。もう二〇年も前の千乃正法全盛期に入会したかつての青年たちは、すでに結婚し、子どもが生まれ、家庭を営んでいた。彼らは千乃に喜んでほしい一心で、自分たちの幼い子どもに千乃宛ての手紙を書かせた（図4参照）。

あけましておめでとうございます。みんなはどうして大王妃様のところへいかないのですか？　わたしはミカエル大王様や大王妃さまといっしょにゲリラとたたかいたいです。大王妃様早く元気になって下さい。おうえんしています！

（「LR」二〇〇二年一一・一二月合併号、二五頁）

大王妃さまへ　おたんじょう日おめでとうございます……わたしは大王ひさまのことをおうえんしています。わたしは、大王ひさまのことをうらぎりません。うらぎる人は天ごくへいけないとおもいます……ぜったいたたかうことをあきらめないでくださいませ。

（「LR」二〇〇二年一月号、三〇頁）

覚えたてのつたないひらがなで一生懸命に書かれた子どもたちの文章を、千乃は何度も読み返し、手紙を撫でた。

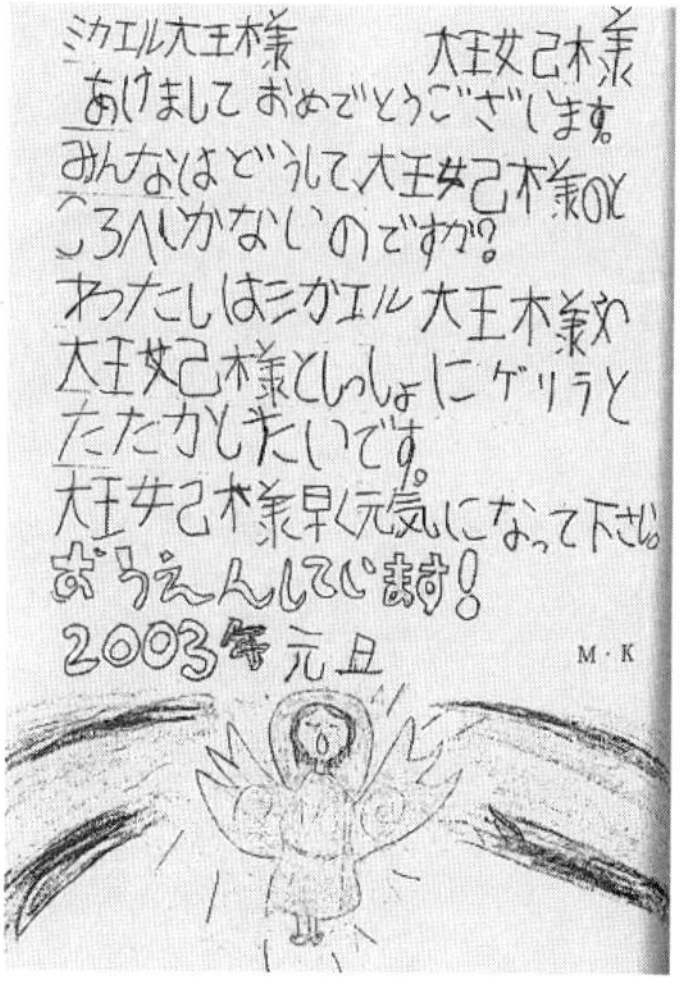

図4　千乃宛ての子どもからの手紙
（「LR」2002年11・12月合併号）

一月二六日の誕生日にキャラバン隊員は聖歌隊を結成し、千乃が好きなキリスト教の讃美歌を歌った。

スカラー波攻撃にさらされる私をこんなに応援してくれる人がいる——。そう実感した千乃は、読み古した「ムー」などのオカルト本や「正論」などの保守言論誌を膝に載せ、それを下敷き代わりにして、もはや五〇〇人程度しかいない会員に向けて機関誌の執筆作業に勤しんだ。今年の五月一五日にはニビル星の接近で天変地異が起こるはずなのに、千乃や隊員たちに悲壮感はない。なぜなら「正法者は迎えに来たUFOに乗って地球を脱出することができる」からだった。

二〇〇三年四月末、予定よりもやや遅れて九頭龍湖を離れたキャラバン隊は、岐阜県郡上《ぐじょう》郡八幡町《はちまんちょう》の山道に来た。久しぶりにボランティアとして隊に合流した宮野も一緒だった。宮野は、まだ少し肌寒い深緑の森の空気を大きく吸って、ゆっくり吐いた。

八幡町はキャラバンが去った翌年の二〇〇四年に付近の町と合併し、現在は郡上市となっている。市街地は一七世紀に美濃八幡《みのはちまん》藩の城下町として栄え、江戸時代から防火などを目的に築造された水路が巡らされており、観光資源となっている。その多くは今でも生活用水として整備され、町の人々に利用されている。一九八五年には〝宗祇水《そうぎすい》〟という湧水が「日本の名水百選」に選ばれた。

「ここは空気がいいね?」

「キャラバンじゃなくて、もう一回ここに来たいわ」

戦争のさなかにあっても、人間は大自然の美しさや優しさを愛することができる。八幡町の豊かな木々と石清水《いわしみず》の癒しを宮野は旧知の隊員と共有した。とはいえ、日本中のどこに行っても電磁波の攻撃を受け続けるキャラバンに休みはない。宮野に課せられた責務は、ともかく電磁波を計測し、スカラー波を防いで、千乃の命を守ることである。

隊員はワゴン車から出て、いそいそと林道の隅に群がり、さも当然のように樹木やガードレールに白い布を括り付け始めた。反対車線にも渡って、よく慣れた手つきで、何枚も何枚も、一心不乱に布を括り付けた。閑散とした林道が一斉に白い布で覆われていく。遠目からは、その場にだけ新雪が降り積もったように見えた。

宮野は、電磁波を測定するスペクトラムアナライザーに似た器械で林道周辺の電磁波を計測していた。平常の場合、測定値が〇・〇一六ボルト近辺であるところ、二・〇ボルトを計測し、器械から警告音が鳴り出した。何らかの強い「電磁波」がワゴン車の周囲を覆っているのはまちがいない。額にじわりと汗がにじむ。彼の頭の中には、以前からキャラバンにおける仕事ぶりの甘さを、千乃から鋭く叱責された言葉があった。

「あんたらのようなリビドー魔の色気違いは、まともな事を言っても理解しない」

「いくらアドバイスしても頭が悪いから理解しないんでしょうね」

「真剣に共産ゲリラと戦え」

「恥を知りなさい。あんたらを怒鳴らなくてはいけないから、それでエネルギーを使って仕事ができない」

「とにかく自分を捨てなさい」

警告音を響かせる器械の画面を見つめ、宮野たち隊員は刻一刻と変化する電圧と周波数に怯えながらも、見えない敵の電磁波攻撃との「聖戦」を完遂する決意を新たにしていた。

世間はもうすぐゴールデンウィークに突入する。巷の関心事はＳＡＲＳの流行拡大やイラク戦争で、「自衛隊が活動している地域が非戦闘地域なんです」という小泉純一郎総理（当時）の珍答弁が話題になっていた。前年の夏、多摩川に迷い込んだアゴヒゲアザラシの「タマちゃん」のブームもまだ続いていた。若いころから犬や猫を何十匹も飼い、動物愛護を主義としていた千乃もタマちゃんの動向は気に留めており、「あんなドブ川で死なないかしら」と車中で一人、心配していた。

「そういえば、あれ、どうなったんだろう……」

キャラバンがまだ九頭竜湖を発する数日前、普通は誰も怖がって近寄らないキャラバンに、妙な部外者が立ち寄ってきたのを宮野は思い出した。

「なんか取材だって言って、写真を撮っている人がいる」

「過激派か?」

「いや、週刊誌だって」

「千乃先生に取材したいって言ってきたらしいけど、無理に決まってるだろう」

取材だろうがなんだろうが、過激派でないなら何でもいい。白装束で道をふさいで迷惑をかけているのは事実だから、マスコミが何か書くんだろう――。「取材者」を名乗る人物の存在は特に誰も気に留めなかった。そして、岐阜県に移動すると同時に、隊員の記憶からもなくなりかけていた。

「そういや、報道されたのかな?」

宮野は気になったが、すぐにその思いを頭から払いのけた。キャラバン中は、とにかく千乃を過激派の攻撃から守ることが専決事項であり、ほかのことにかまけている余裕はなかったからだ。

宮野はこのとき、一冊の愛読書を持参してきていた。それは、もう二〇年ほど前に出版された『天使の群』という千乃の書籍。表紙に書かれた本のキャッチコピーは「光、光、光の世界をあなたに——」。過酷なキャラバンの渦中にあっても、宮野は正法に出逢った自分を包み込んだ光の感動を追体験したかったのだろうか。光、光、光の世界——。奇怪な渦巻き模様に包まれたワゴン車列にうごめく色のくすんだ白装束の集団は、本当はみなが「光の世界」を純粋に望み求めた集いのはずだった。

久しぶりにキャラバンに参加した宮野は、「今回は怒られる心配はないかな」と根拠のない楽観的な期待を抱いていた。そして、もう一三年も続いたキャラバン隊の日常が、それからたった数日で一変し、怒濤のように終結するとは、誰も思っていなかった。

第六章　報道スクラム

文春砲

二〇〇三年四月二三日に発売された「週刊文春」（二〇〇三年五月一日号）からそれは始まった。「戦慄スクープ！『タマちゃんのことを想う会』の正体はカルト宗教団体 千乃正法！」と題された「週刊文春」同号の報道を要約すると、以下のとおりである。

二〇〇二年夏に東京・神奈川の境を流れる多摩川に出没したアゴヒゲアザラシの「タマちゃん」であるが、これを捕獲・移送してオホーツク海に戻すことを目的に「タマちゃんのことを想う会」という団体が組織された。同年三月に多摩川に網とダイバーを入れてタマちゃん捕獲作戦を強行したため、多摩川の住民有志で結成した「タマちゃんを守る会」と衝突する問題を起こした。

じつはこの「想う会」は背後では「千乃正法」という宗教が支援・監督している。千乃正法とは、女教祖の千乃裕子が「共産党ゲリラの電磁波による攻撃にさらされている」として、それから逃れるために、白装束と白ずくめのワゴン車で「パナウェーブ研究所」を組織し、日本全国をキャラバン生活しつつ、各地で問題を起こしているカルト宗教である……

「週刊文春」2003年5月1・8日合併号

「タマちゃんのことを想う会」（以下、「想う会」）は、確かに千乃の発意の下、浜田が出資して活動している団体だ。会員たちがタマちゃんの捕獲作戦を実行したこともあった。しかし、聞き捨てならないのは〝カルト宗教〟という言葉。宮野ら隊員はつぶやいた。

「『カルト宗教』……酷い言い草だ」

数週間前に取材に来た「週刊文春」の記者のことが、隊員たちの頭にはあった。だが、まさかこんなかたちで公になるとは予想していなかった。記事は、山梨県大泉村のドーム施設を「サティアンのよう」と明らかにオウム真理教を連想させる語調で書かれている。また、「タマちゃんを拉致するためのプール」と悪意あるキャプションが付けられた隠し撮り写真や、福井県のパナウェーブ研究所の空撮写真まで掲載されている。偏見と悪意ある決めつけ、そして隠し撮りに対し、キャラバン隊員や全国の会員は憤懣やるかたなしだった。

隊員たちはキャラバンの意義や電磁波攻撃の危険性を無視し、千乃正法を「カルト」と断じた「週刊文春」に憤慨した。カルトだろうが何だろうが、もう一〇年もキャラバンを続けている彼らからすれば、週刊誌にどう書かれたところで、彼らのリアリティとして、千乃が過激派から電磁波攻撃を受けていることは真実なのである。だから、記事が掲載されてからも、「ともかく、千乃先生を守ることが最優先だ」と、キャラバン隊員の行動原理は何も変わることはなかった。

しかし、この〝文春砲〟は、ただの始まりに過ぎなかった。おそらく誰も予想しなかっただろう。それ以降、約一カ月にわたって、週刊誌のみならず、各新聞、民放テレビ、そしてNHKまで、日本のすべてのマスコミが「白装束集団」への報道合戦を繰り広げ、国会や警察庁まで巻き込む一大騒動が巻き起こるのである。


「週刊文春」の記事が掲載された二日後の四月二五日、フジテレビ「FNNスーパーニュースWEEKEND」で「謎の白装束集団・タマちゃん移送計画」というニュースが流れた。五分弱のニュースで、内容は「週刊文春」の記事の後追いだった。とはいえ、山中を占拠する奇怪な白装束集団が初めて全国放送で映し出された画期的な報道となった。二日後の四月二七日には、日本テレビ「真相報道バンキシャ」とTBS「サンデーモーニング」がキャラバン隊の詳細を報道した。報道時間は両者ともに一四分間だった。

異様な白装束、渦巻き模様、白ワゴン車の群れ、山道の長期占拠、「共産主義者の電磁波で攻撃されている」という奇怪な主張、そして秘密めいた〝女教祖〟――。SARSやイラク戦争のニュースに食傷気味だったゴールデンウィーク前のワイドショーが、画になる素材を見つけた瞬間だった。この日より、キャラバンに連日連夜マスコミが殺到し始めた。

「なんだ、このマスコミは?」

「過激派のスパイじゃないのか?」

「弱ったな、電磁波が増幅されるじゃないか……」

宮野たちは、朝から降ってわいてきたように群がって来るマスコミに困惑していた。

キャラバンの隊長・宇田川《うだがわ》も困った。警察や自治体、地元住民との散発的なトラブルは以前から経験があったが、今度の相手はマスコミである。

「そもそも一〇年前からやっていること……犯罪を犯したわけではないのに、なぜ急にカメラを向けられなければいけないのか……」

マスコミが注視したのは「白装束で渦巻き模様の白ワゴンが隊列をなしてさまよう」というキャラバンの存在自体の〝奇怪さ・異様さ〟だった。だが、そんなことを今さら問題視されても困る。宮野らキャラバン隊員にしてみれば、直近で何か具体的な問題行動を起こしたわけではない。当然のことながら、専従のキャラバン隊員たちはテレビなど見ていない――。何が何だかわからないうちにいきなりマスコミが群がってきて、コメントを求められる。車列はカメラに囲まれ、上空にはヘリコプターが飛び交う。千乃とキャラバン隊員は、継続するスカラー波攻撃に加え、マスコミに囲まれ、誤解された情報を流され、行く手を阻まれることにいらだった。

それでも、専従のキャラバン隊員はまだ幸運だったかもしれない。一番困ったのは、休日だけキャラバン隊に加わるボランティアだった。

「出張に／親戚のところに行ってくる」

家族にそう言ってキャラバン隊に参加していたボランティア隊員も多かったのである。

「マスコミが邪魔で家に帰れないよ……追いかけて来るんだ、あいつら」

休日を利用して、新幹線で通っている宮野は、手も足も出ない状態で力なくつぶやいた。翌日から始まる仕事のため、夕方にはキャラバンを離れる予定だった。しかし、マスコミはキャラバン隊に参加しながら、白装束を脱いで家路に急ぐ隊員を付け回したのだ。宮野と同じように、マスコミに阻まれて帰れなくなった隊員はほかにもいた。宮野がある隊員から聞いた話によると、マスコミは行動の自由を奪うばかりか、こうも言ったらしい。

「その渦巻き模様のステッカーを記念に持って帰りたいのですけど」

傍若無人のマスコミに、隊員はみな憤っていた。

「マスコミは左翼で頭がイカれているんだ」

「過激派からマイコンされているんだろう」

宮野が仲間内でそう話していると、スカラー波除けの渦巻きシールを貼った携帯電話に、突然メールが届いた。発信元は妻からだった。

「テレビでやってる白装束だけど、あなたそこにいるんでしょ！」

その場で妻にどんな釈明のメールを打ち返したかは覚えていない。はたと日常を思い出した宮野は、会社の上司にも電話をし、平謝りで休暇を延長してもらうしかなかった。なお、このときにキャラバン参加が発覚して家族とトラブルになった隊員は、宮野のほかにもいたらしい。

テレビ各局がキャラバンを報じた時間は、四月二八日は二時間三七分。テレビカメラから有害な電磁波が出るとして、キャラバン隊員と取材陣のカメラクルーが激しくもみ合いをする〝映える画〞が撮れた二九日は四時間六分。三〇日は五時間四三分に達した。五月一日には警察庁の定例会見で佐藤英彦・警察庁長官（当時）がこう述べた。

マスコミの会見に応じるパナウェーブ研究所の幹部

「彼らの装束や行動は異様だ。オウム真理教の初期に似ている。あのまま放っといてよいはずがない」

白装束という風貌と奇想天外な世界観をテレビで見ていれば、誰でも考えつく軽薄な発言だが、天下の警察庁の長官が「オウムに似ている」と言ったことで報道には拍車がかかり、その日と翌日の報道時間は七時間以上に及んだ。新聞も「教祖死んだら『全人類を滅ぼしましょう』」（「毎日新聞」二〇〇三年五月二日付）などと煽情的な見出しを掲げ、連合赤軍事件や三島由紀夫自決事件の対応を経験した元警察官僚・佐々淳行の「小さな芽のうち、摘むのが肝心だ」（「朝日新聞」二〇〇三年五月二日付）とのコメントを載せた。

テレビは「動かず路上にいるだけの白装束の画」に飽きたのか、千乃正法会の特異な教義・言説を報道し始めた。

「彼らは電磁波攻撃にさらされていると主張している」

「五月一五日に惑星ニビルが地球に最接近して天変地異が起こると終末予言を説いている」

「女教祖は一度も会ったことのない男性と結婚し、信者と集団渡米を企てた」

「重病と言われる千乃裕子氏は、じつは死んでいるのではないか?」

こうした報道に接して、全国の会員の反応はまちまちだった。「マスコミは誤解している」と憤る者もいれば、機関誌を惰性で取り続けていた不活動会員の中には、初めて目にする「白装束キャラバン」の画に愕然とする者もいた。機関誌で「千乃が過激派に攻撃されているのでキャラバン生活を強いられている」とは伝えられていても、実際にどのようにキャラバンをしているのかは明らかでなかったのである。

岐阜県八幡町にいたキャラバン隊は、「五月三日までの退去」を自治体から勧告されていたが、「自治体との関係は悪化させたくない。しかし、千乃先生が重病なのだから、退去したくとも退去はできない」と、ジレンマを抱えていた。四月三〇日、隊長の宇田川は行政に平謝りして誤解を解こうと、八幡町と大和町の両町役場を訪れた。

「電磁波を研究して人間の体を守るために役立てるのが目的。一〇年間にわたって活動をしてきたが、こんなに大騒ぎになったのは初めて。事前に了解を取らず迷惑をかけた」(「毎日新聞」二〇〇三年五月一日付)

しかし、平謝り作戦もまったく功を奏せず、翌五月一日は岐阜県警がやって来た。隊員たちは動揺した。

「どうしよう。『移動しないと逮捕だ』って警察が言ってきた……」

「なんでそんなことになる？」

「『道交法違反だ』って、運転手が反則切符を切られた。『違反車両をこのままここに停車していると逮捕だ』って……」

「移動なんかできないよ。動いたら千乃先生がどうなるんだ」

「いや、もう無理だ。警察が言ってきたんだ。移動しないとキャラバンがつぶれてしまう」

「本当に移動するのか？」

「そうだ。逮捕されてしまっては千乃様を守ることができない。このままだとレッカー移動になる」

あくまで居座ろうと考えていたキャラバン隊だったが、「逮捕」をちらつかせられては元も子もない。宇田川は移動を決め、千乃もそれを了承した。五月一日の夜、ようやくノロノロ運転で移動を始め、約二〇キロメートルを夜通し走り、五月二日に岐阜県清見村《きよみむら》の村道まで移動した。ゴールデンウィークのただなかであったので、清見村には一〇〇人近くの野次馬が集まってきた。

清見村に着いて四日目の五月五日。この日は「ニビル星が地球に最接近する」という五月一五日の一〇日前だった。千乃が乗る車の中には、朝からヴァリアント・ソーら天使たちがやって来て、千乃のかたわらの座席に腰を下ろし、地球に接近しつつあるニビル星の動向について協議していた。千乃はヴァルの発言を聞き取り、その発言を隊員に口述筆記させた。隊員は、ヴァルの発言が書かれたその紙を、群がるマスコミのカメラの前に持っていって、掲げた。

ヴァル大天使長より、地球人類への最後のメモ

ニビル星の接近は、五日から一週間近く延びる。日本列島を覆うS波攻撃とアンドロメダ星雲、他の星雲との引力圏の重力バランスによるものだろう。いずれにしてもニビル星の接近は変わらず、聞く耳を持たず、動かない人は死を迎える事に成るだろう。私の言葉を信じた者は、〝最後に笑うものが一番良く笑う〟と迄は言わないが、信じない者は、自然界の法則にあえて自ずから従う者であろう。

真理や真実を受け入れるのは一定のルールに従って生活する者に取って、時には信念を曲げなければ成らない場合も有り、死よりも難しいことも有るから……

二〇〇三年五月五日　口述筆記　千乃裕子

千乃は、きっとニビル星の最接近が延期された朗報を、マスコミを通じて全国民に知らせたかったのだろう。しかし、あまりにも意味不明なこの「地球人類への最後のメモ」について報じた報道機関はなかった。

その日の夜、国交省運輸局職員によってフロントガラスに貼られたステッカーを剝がされたあと、キャラバンは長野県に向けて移動を開始した。

ーヴァル大天使長より 地球人類への最後のメモー

ニビル星の接近は、5日から1週間近く延びる。日本列島を覆うS波攻撃とアンドロメダ星雲 他の星雲との引力圏の微妙な重力バランスによるものだろう。いずれにしてもニビル星の接近は変わらず聞く耳を持たず動かない人は死を迎える事に成るだろう。私の言葉を信じた者は"最後に笑う者が一番良く笑う"と迄は言わないが、信じない者は自然界の法則にあえて自ずから従う者であろう。真理や真実を受け入れるのは一定のルールに従って生活する者に取って、時に信念を曲げなければ成らない場合も有り、死よりも難かしい事も有るから――。

ヴァル大天使長
アダムス大天使長補佐
ダン大天使
ジル大天使
ドク大天使
ティール大天使
タニア大天使
ソン大天使
マリヤ大天使
ストレンジズ大天使補佐

（2003年5月5日 口述筆記 千乃裕子）

ヴァル大天使長より地球人類への最後のメモ
「弁護士紀藤正樹のLINC」（http://masakikito.comchino-nibil01.htm）より

千乃のインタビュー

「インタビューの申し入れをしてください」

五月六日の午前八時半、千乃は連絡係にそう伝えた。五日の深夜から岐阜県清見村を発って夜通し走行し、一行は長野県開田村《かいだむら》に入っていた。

群がるマスコミに対してキャラバンの正当性を伝え、国民に警鐘を鳴らすのがインタビューの目的だった。「千乃先生は重病人で、取材機器の電磁波が危険だから、取材には応じられない」と言われ続けたマスコミは、思わぬ取材の申し出に沸いた。

「本当は車の中ではなく、別のところにいるのではないか？」

「重病人がいると言い張っているだけで、じつは中で死んでいるのではないか？」

「電磁波防止のために車を密閉しているというが、それは腐敗臭を漏らさないためでは？」

連日の報道から、行動原理が意味不明の白装束キャラバンに対して、巷ではこうした疑惑が出ていた。マスコミや物見遊山の国民は、ライフスペースというカルト団体が重病の男性を放置して死亡させ、ミイラ化した遺体を「死んでない、まだ生きている！」と主張した四年前の「成田ミイラ化遺体放置事件（ライフスペース事件）」を思い出していたころだった。

千乃は、「フジテレビに」とテレビ局を逆指名したが、「フジテレビ」を選んだ理由は「タマちゃんを最初に報道したテレビ局だから」だった。

同局の取材クルーは喜びながらも困惑し、恐る恐る白いワゴン車列の中に入った。腕時計以外の金属をすべて外し、「アルカディア」と名付けられた千乃の乗る車に厳戒態勢で入ると、そこには千乃が座っていた。だが、千乃が着用していたのは白装束ではなく、ただの白っぽいサマーセーターだった。

それから約二〇分間、千乃はインタビューに応じた（音声限定だが、のちに映像インタビューもおこなわれた）が、千乃にとってテレビ出演は……というより、報道目的の第三者に自身の思想を語ることは、「生橋英美」が「千乃裕子」となって以来、一九八二年の集団渡米時に受けたきり、二一年ぶりで二度目のことだった。以下は、その内容の一部である。

――みなさん、山にね、白い布を張ったりして……。

「いや、それは過激派の攻撃をあの、少しでも減らしていただかないと、私はここで普通の生活もできないし、仕事もできない。それから、あの、うーんと、みなさんが私の命のことを心配していただきますが、それもやっぱり、そう、ああいったものがなければ、もうすぐに死んでしまいます。もっと早く死んでいたと思います。今は重体なんですよう……本当は集中治療室に入ってなきゃいけない、それで、あの、今のマイク、あの、ヘリの音だけでも……あの、脳溢血が起こりますから、で、言語障害が出てます」

――言語障害、出てるんですか？

「そうです」

――あのー、ものすごいシャキシャキお話されているように……。

「ええ、しゃべっていますが、脳溢血の発作があると、やっぱり、あの、舌がもつれてあんまりしゃべれない」

――いや、ものすごく綺麗に、お言葉聞こえてますけど。

「いやー、だから、今は天上界のエネルギーいただいてしっかりしゃべってますし、しっかりしないともう、あの、緊急事態に応えられないから」

――車をね、道路にね、停めてね。

「あのねー、そのク、クレームはわかってます……クレームはわかってるから、だから私たちは山梨に行きますし、私は三日か四日で死にますから。みなさんにご迷惑かけたけど、もうそれで終わりですから。あの、そのことは許していただかないと。あの、とにかくマル過のせいで、過激派のせいで一カ所に住めない」

――はあ……？　でもね、千乃さん……。

「過激派のせいで私はどんどん攻撃されて、トイレ攻撃、失禁強要されて、いつ死ぬかわからない状態で、今、末期がんにされています。だから逃げ回っているわけですよ。一つの家にいたら逃げられないじゃないですか」

――ただね、千乃さん、じつはね、僕のお祖母ちゃんなんですけど、ガンで亡くなったんですよ。で、そのときと比べると、千乃さんスゴイ元気そうに見えて、あのー、お言葉もシャキシャキ発せられてるんですね。

「それは、薬を一〇〇錠飲んでるからですよ」

――あー、お薬のお陰で元気なんですか？

「そうです。そうです。それからもうこういうの、もう、いいお薬ばかりいただいています。それよりも、えーと、地球の最期が近づいていますから」

――近づいちゃってるんですか？　それはいつごろなんでしょう？

「あ、はぁー、えーと、五月の一週末、下旬です。あんまり時間をかかるとタマちゃんのことも言えないうちに、あのー、県警のほうから『出ていけ』って言われますよ。『逮捕するぞ』って。この写真を見ると、私は（引用者注：タマちゃんの顔に釣り針が付いたのは）口の脇だと思ってたら、そしたら目のわきに刺さってるんです。それで、この釣り針は、タマちゃんが動いたり、あの〜、すると、どんどん食い込むんです、魚でも一緒ですが、自分では外せません」

――今、あの、千乃さんのこのキャラバン隊ですが、もう全国の人、みなさん知ってるんですよ。で、そのうちの一つの理由としてタマちゃんの問題……。

「タマちゃんを助けてください！　人類が滅亡するんですよ？」

――それは困りました。

「みなさん能天気でおられますけどねー、あの、結局それはなぜかというと、ニビル星が近づくのは結構なのですが、あのー、あまりにも、ええー、核エネルギーの施設、設備がありすぎるんですよ、地球には、それで、それによる、あの、ニビル星による大災害がありますね、あのー巨大地震、それから大洪水、津波、そういったものに対して、核施設が全面的に安全だと思われますか？　そういったものが全部破壊されたら、それでもう、全面的に大気圏が覆われてしまって、人間が生きるどころの話じゃあないんです。だからタマちゃんを助けて、助けてください！　全国のみなさん、タマちゃんを助けてください！　神奈川県、埼玉県のかたが妨害してられますが、タマちゃんの手術をしないと、顔半分腐って死にます。

お願いします……」（『パナウェーブ―白装束の謎と論理』一七六－一八五頁）

過激派に襲われ、地球の最期が迫っている状況で、迷い込んだアザラシの目元に刺さった釣り針を抜いてと懇願する――。もはや会話の通じる相手ではないことは一目瞭然だった。[25]

この音声インタビューから一週間後の五月一二日には、映像インタビューも実施された。テレビの画面に現れたのは、肩まで伸びた白髪混じりの髪、鋭い眼光、尖った鼻をした口数の多い老婆の疲れた姿だった。薄暗い雑多なワゴンの車内で千乃は、一週間前に「あと三、四日で死ぬ」と言っていたとは思えない饒舌ぶりでこう語った。

「早く天上界に行きたい！」

「毒薬を作っているとか、武器や弾薬を作っているとか、そんなことはやってません。私たちがそんなことをする集団に見えますか？！」

「（共産主義過激派に対しては）オウムのように戦いますよ。互角に戦いますよ」

「私の後追い自殺する人なんて誰もいませんよ。会長のあとを追っかけて死んだって、誰もほめてくれないいんだから」

「（キャラバンの解散は）いいですよ。私が死んだら。でも一年以内に地球が消滅しますから、そうなったら解散も何もない……」

「（筆者注：締め付け痴漢ビームについて）来てますよ。腰の所に、グリーンハウス側から三、四〇……」

千乃の顔出しインタビューを見た視聴者は、おそらく形容する言葉の見つからない複雑な感

パナウェーブ研究所付近の廃校になった小学校にて

情を胸に抱いたであろう。あの〝おどろおどろしい白装束集団の女教祖〟に見合わぬ老女の姿……。視聴者は、パナウェーブ研究所の笑ってしまうほどの小粒な正体に拍子抜けし、こんな老婆に付き従うキャラバンの哀れさが、痛ましいくらいに不気味だった。

五月六日の音声インタビューで「山梨県（の大泉村のドーム型施設）へ向かう」と言った千乃だったが、山梨県大泉村がキャラバンの受け入れを拒否したことから、移動は水際で撤回された。キャラバン隊は、一九九四年までいた福井県のパナウェーブ研究所本部に向かった。

最終目的地が決まったキャラバンだが、「女教祖」の拍子抜けするような正体がテレビで流れたことにより、インタビューのあった五月六日はテレビ報道が八時間を超えたものの、それをピークに報道スクラムは収まりを見せ始め、世間の関心も徐々に薄れていった。

しかし、無責任な報道スクラムが収まったところで、それによって焚きつけられた人々の不安は収まらない。山梨から福井に向かうキャラバン隊が県境を通過するたびに、各県警は数十人体制で検問を実施し、免許証の確認をおこなった。キャラバンが通過する各地の自治体は、ことごとく受け入れを拒否。長野県では幹線道路に自治体の職員が配置され、キャラバンが側道に入らないように封鎖。中にはトラックや除雪車を置いたり（福井県和泉村）、バリケードを作ったりする自治体（山梨県大泉村）まであった。地方自治体のこれらの臨時出費は、国に求める地方交付税交付金でまかなわれた。

キャラバン隊は移動の道中、まるで警察に護送されるようなかたちで福井市まで走行。キャラバン、マスコミ、警察車両の合計で九〇台の大車列が形成され、その長さは最長で三〇〇メートルに達する日もあった。

五月九日、福井市に到着した。一行は、いったんは同市五太子町のパナウェーブ研究所の敷地に着いたものの、「敷地の砂利が電磁波を出す」らしく、「電磁波が出ないようにするため、アスファルト舗装工事をする必要がある」とのことで、工事が終わるまでキャラバン隊は市内の廃校に待機することとなった（ここで五月一二日の映像インタビューがおこなわれた）。

警察庁も「オウムに似ている」と言って振り上げた拳をそのまま下ろすわけにはいかない。国民や地元住民の不安を払うため、千乃が「ニビル星が接近し、地軸がずれる」と予言した日（五月一五日）の前日、ついに千乃正法会に対する家宅捜索に着手。捜査令状に書かれた容疑は、〝電磁的公正証書原本不実記載及び供用〟。これはキャラバン隊のワゴン車数台の名義が脱会した元会員のものであって、実際に乗車・運用していた隊員と異なっていたことが理由だった。

明らかに微罪による別件捜査であり、警察はこの捜査で資金の動態や会員の個人情報など、千乃正法会／パナウェーブ研究所の実態を解明することを目的としていた。

「徹底して調べていただければ、オウムのような攻撃的な団体ではないことが判明すると思います」（山梨県拠点の関係者）

「団体は私たちの申し入れどおりにやってくれていたんだが……。こういう状況になっては何も答えられない。危険な団体かどうか、これで白黒はっきりする」（五太子町自治会長）

「なぜ捜索されるのか具体的に説明してほしい。私たちが何かしたんですか？」（キャラバン隊員）（以上、「毎日新聞」と「朝日新聞」の夕刊、二〇〇三年五月一四日付より）

キャラバン隊員や山梨県大泉村のドーム施設など各地の会員は、微罪による別件捜査に憤りがあったものの、刑事罰に問われることは何もしていないという自負があった。よって、家宅捜索は混乱もなくスムーズに進んだ。千乃に事情聴取をおこなう捜査員が、千乃の求めに応じて白装束をまとったうえマスクをして、鑑識のカメラにも白い布を巻くなど、柔軟な対応をとったことも、混乱を招かなかった要因だろう。キャラバンと同時に東京や山梨の全国の一二の拠点にも計二五〇人態勢で家宅捜索が入り、会員名簿、通帳、出納簿、パソコンなど約四〇〇点と車二台を警察は押収した。

捜査が終わった五月一六日未明、警察の厳重警備体制の下、キャラバン隊は舗装工事が完了した五太子町のパナウェーブ研究所本部に向けてようやく移動を開始した。

永遠に続くかと思われたキャラバン生活は、マスコミの報道スクラムと警察の実力行使によって、一三年目にしてようやく終焉を迎えたのだった。

キャラバンの財源

警察発表によれば、九〇年代の千乃正法会の会員数は約一〇〇〇人だった。会員からは「聖戦活動維持資金」として寄付が集められており、家宅捜索で押収された出納簿や通帳には九三年から二〇〇三年までの一〇年間で、寄付を中心に二四億八〇〇〇万円の入金が確認されたという。その他、機関誌を発行する出版社「エルアール出版」は資本金八〇〇〇万円で、二〇〇二年三月期決算の売上は九二〇〇万円。関連会社の健康食品通販会社（九三年設立）は資本金が四七〇〇万円であった。

このころの千乃正法会の財源を推測してみたい。

先ほど会員は一〇〇〇人と述べたが、当時の年会費は六〇〇〇円だった。会員おのおのが年会費を払うと、一年で六〇〇万円、一〇年で六〇〇〇万円の収入となる。また、機関誌は月一冊の発行で年間購読費が五〇〇〇円（一〇年で五〇〇〇万円）。九三年以降に出版された本が二冊あり、それぞれ定価は約三〇〇〇円、その値段に本を買ったと思われる会員数の一〇〇〇人をかけると六〇〇万円となる。ほかにも会員向けの健康食品販売会社があり、そのバランスシートは不明だが、仮に会員が一人一万円を月に購入するとして、最大で年間で一億二〇〇〇万円、一〇年で一二億円となる。年会費や雑誌・書籍の売上を足すと、一三億一六〇〇万円となり、入金総額二四億八〇〇〇万円の約半額となる。

残りの約一二億円は寄付だと推測される。第三章で紹介した〝慈悲と愛協会〟はすでに自然消滅していたが、寄付は継続しておこなわれていた。宮野によれば、特に千乃が「病気」となってからは「千乃のために」と進んで寄付をする会員が多かったらしい。当時の報道によると、寄付は五〇〇〇円から一〇万円が中心だったが、一人で八〇〇〇万円を寄付した女性もいたという。また、キャラバンに参加するボランティア隊員には、二〇万円の資金持参が要請されることもあった。

そして、当時の会の一番のパトロンが山梨県大泉村のドーム型住居を会員に提供した浜田である。前述のとおり、浜田は会のナンバー2であり、新潟市内で「高級婦人服」と言えば誰もが知るグループ会社の経営者だった。会社の本店は、二〇〇二年七月期決算で四億七〇〇〇万円の売り上げがあり、グループ全体ではもっと多いはずだ。浜田が合計いくら千乃正法会に寄付をしたのかは定かではない。だが、浜田自身が語るところには「タマちゃんのことを想う会に一〇〇〇万円単位の寄付をした」というくらいだから、会への金銭的な支援額も推して知るべしであろう。

続いて、パナウェーブ研究所の白装束キャラバンの経費も推測してみたい。キャラバンの構成をハイエース二〇台として概算すると、以下のようになる。

ハイエースの燃費はおおむね一リットル一〇キロメートルであり、一時間アイドリングすると一リットルのガソリンを消費する。キャラバンは、四月二五日から五月九日までの一五日間で福井県和泉村から山梨県白州町に行って、福井県福井市に戻った。この総行程は六一〇キロメートルの道のりで、二〇〇三年五月当時のレギュラーガソリンの値段は一リットル一一〇円(東京都)だった。

以上のデータを基に計算してみよう。まず、一台のバンが一五日間アイドリングし続けると燃料を三六〇リットル消費し、六一〇キロメートルを走破すると六一リットルを消費する。合計すると四二一リットルとなり、ガソリン代一一〇円（一リットル）を乗すると四万六三一〇円（約五万円）となる。

よって、一台につき約五万円が、あの白装束キャラバン騒動（一五日間）全体の燃料経費となる。衆目を釘付けにした、仰々しく奇怪なキャラバンの画力を考えると、想像以上に安い気もする。だが、ちりも積もれば山となる。これが二〇台も集まれば一〇〇万円だ。一五日間で一〇〇万円だから、一カ月で二〇〇万円、年額では二四〇〇万円、一〇年で二億四〇〇〇万という計算になるだろう（あくまで二〇台規模のキャラバンを一〇年継続したらの計算であり、九〇年代半ばには車は数台であったため、これより安価となる可能性が高い）。

白装束騒動当時のマスコミ報道では、ガソリン代のほか、隊員の飲食費やペットの餌代なども合わせて「一日に一〇〇万円かかる」と言われたこともあった。しかし、それは高すぎる。一人の食費が多めに見積もって一日三〇〇〇円だとしても、キャラバン隊員四〇人で合計一二万円。前述のとおり「一五日で一〇〇万円」という燃費を一日に換算すると約七万円なので、食費やそのほかの雑費を合わせたキャラバン全体の一日の経費は、二〇万円前後になるのではないだろうか。とすれば、一〇年間の合計で七億三〇〇〇万円となる。

また、専従のキャラバン隊員は有給だったらしい。金額や支払い状況には変動があるようだが、仮に月に二〇万円を二〇人の隊員が一〇年間支給されたとすると、三億六〇〇〇万円が必要となる。

ここまでの合計が約一一億円だ。その他、白布代や車両の購入費や整備費もかかる。したがって、おおむね一〇年間で会に入金された二四億円のうち、寄付や純利益が半分強あれば、キャラバンの維持運用が可能だったという計算になる。

宮野はこう言う。

「そもそも、正法会は初めからお金を使うような団体じゃない。宗教みたいにバカでかい豪華な建物を作るようなことはしないわけで、千乃先生も豪華な生活をしているわけじゃない。集まったお金は、専従隊員の衣食住とキャラバン維持費に使われたんでしょう」

キャラバンのあと

強制捜査が終わり、福井市五太子町のパナウェーブ研究所にはスカラー波除去作業に従事する隊員（キャラバンは終わったものの変わらず「隊員」と呼ばれた。以後は研究所に詰めてスカラー波対策をするメンバーを「隊員」と記述し、それ以外のメンバーを「会員」と記述する）と千乃の身の回りの世話や雑務をする会員、合計四〇人弱が生活し始めた。キャラバンが落ち着いたあとの研究所周辺は静かだった。

五太子町はもともと八世帯一一人の高齢者が暮らす山村であり、パナウェーブ研究所は開設当時から町内会の会費を支払い、自治会員の葬式にも参列するなど、「変な人たちだな」とは思われつつ、近隣住民とは一〇年間も共存してきたのである。

五月二三日には、町内会とのあいだで以下のような四項目の約束が取り交わされた。

一　住民に迷惑をかけない

二　施設に住む人数を減らす
三　全国から人を集めて集会をしない
四　路上駐車をしない

こうして、各地から拒否された彼らの受け入れ合意がなされた。研究所にはボランティアや専従の隊員などを合わせて、四〇人ほどの会員が住み始めた。

とはいえ、千乃の容態は変わらなかった。ワゴン車は「渦巻きステッカーを剝がさないならこれを外す」と警察にナンバープレートを外され、キャラバンが終わり、定住生活が始まった。

敷地内に停車したまま放置された。だが、キャラバン時代と同じように、車体の周囲を囲って白い布が衝立《ついたて》のように立てられ、研究所の家屋も白布で全体を覆われ、敷地全体を囲うようにして白布で塀が作られた。

また、「スカラー波は水にも浸透する」らしく、研究所の脇を流れる川幅数メートルの小川の護岸沿いに、川からスカラー波が飛び出して研究所に入ってくるのを防ぐため、河川法に違反するかたちで白布が数十メートルにわたって張られた。

電磁波防止が不十分な研究所の中に入るのを嫌がった千乃は車に籠《こも》り、隊員は研究所に詰めて、電磁波の測定と除去に努めた。

訴訟

千乃はマスコミによって歪められた報道が腹立たしかった。

「マスコミは大阪の実家周辺まで私の若いころのウワサを聞きに行き、私を貶めようとする。三流週刊誌のでっち上げ……私はこれまで地球人類の延命やニビル星の接近に伴う災害の回避のためにずっと努力してきた。地球人類はヴァル様が統率するＵＦＯ艦隊の努力で救われたのに、それをまるで私の〝妄想〟のように描くマスコミはどう考えても狂ってる……」

千乃はマスコミが無理解であり、千乃への誹謗中傷を繰り返すのは、すべて過激派のマインド・コントロールによるものだと考えた。

「共産主義者が電磁波でマスコミにマインド・コントロールをかけて事実無根の内容を書かせている。奴らの狙いは千乃の評判を貶めることだ。これは共産主義者、共産国家の情報戦略だ！」

特に千乃が許せなかったのは、「週刊文春」の五月一五日号に記された「若いころの千乃が全裸で外出するストリーキングを行ったり、短いホットパンツで散歩をしたりした」という記事と、「九八年に香川県で起こった鉄塔のボルトが抜かれ倒壊した事件の真犯人はパナウェーブ研究所である可能性が高い」という記事だった。キャラバンのさなか、隊員に買わせた週刊誌を読んで、千乃は激高した。

「ホットパンツなんてそんないかがわしいものは履かない。ましてや全裸でストリーキングなど……！　キャラバン隊員には『法律を犯すな！』といつも厳重に言ってある。過激派じゃあるまいし、鉄塔倒壊などしていない。すべて、私を貶めようとする左翼の陰謀だ」

〝全裸外出〟と〝鉄塔倒壊〟という、質も重さも異なる二つの事件が同時に逆鱗に触れる。そんな千乃の思考と感情のプロセスは非常に興味深いが、昭和一桁生まれでプロテスタントの女学校に通い、生涯未婚だった千乃は、こと性の問題に関しては潔癖症だったのかもしれない。このあとも、二〇〇六年の最終号まで、機関誌ではいくどとなく「ホットパンツなど履いていない！」と息巻く千乃の文章が何度も登場する。

千乃は五太子町に落ち着くと、すぐにマスコミ各社や警察へ釈明の文書を送った。五月二九日には「週刊文春」の発行元・文藝春秋に対し、エルアール出版と「タマちゃんを想う会」が原告となって、名誉棄損で二〇〇〇万円の損害賠償を求めて提訴。この裁判は、決着がつくまで二年を要した。

衰退

マスコミの報道が収束し、定住生活が始まっても、千乃の行動原理は変わらない。それどころか、千乃は五太子町から動くことができなくなった分、以前にもまして電磁波の攻撃が強くなったと感じた。

「アースチェッカーはなぜS波を逆流させるのか！」

「手抜き作業をするな。会長を殺す気か！」

「もう老人の私をなぜリビドーでチカン攻撃するのか！」

千乃の失禁症状は止まらず、履き替えても履き替えても紙おむつは濡れ、半ズボンからは尿がボトボトたれる。千乃が乗る車に溜まったスカラー波を地面に流すため、隊員が車に近づくたびに〝いやらしい悪寒〟がし、仙骨《せんこつ》が痛む――そんな以前と変わらぬ生活が続いた。

千乃が日々おこなうのは、車の中で宇宙人の霊や天使と話し込むことであることに変わりない。結局、ヴァリアント・ソーからのメッセージとして予言された「ニビル星の最接近」は、五月一五日から二二日に延期されたあと、六月一五日になると「天上界の協議により、ヴァル様が率いる火星のＵＦＯ艦隊が地球の外周にフォース・フィールド（人口重力）を張って、ニビル星の軌道を太陽の裏側に向けて修正した」ことになった（最終的に、ニビル星は二〇〇四年三月に「暗黒の太陽」向けの周回軌道に乗り、地球から離れていったということになる）。

マスコミの報道が終結したのに続き、六月二五日には警視庁公安部がパナウェーブ研究所に対しておこなってきた捜査を終結した。〝オウム真理教の再来〟かのように報道されてきたパナウェーブ研究所だったが、具体的に下った処分は前述の「電磁的公正証書原本不実記載及び供用容疑」で、数人の関係者が書類送検されただけだった。捜査終了に際し警視庁が発した声明は、「共産主義への被害者意識は強いが、他に危害を加える危険性はみられず、強引な会費集めの形跡もない」――。そもそも被害届や具体的な凶悪犯罪の容疑があったわけでもない。警察の捜査動機は「市民の不安感を解消するため」という漠然とした問題意識だったのだから、捜査が二カ月程度で打ち切られたのも当然のことだった。

報道スクラムの渦中に、ほうほうの体《てい》でマスコミのスクラムを突破して自宅に逃げ帰った宮野は、もううんざりしていた。

「がんばって作業しているのに、千乃様に叱られ、『追放だ！』と言われたこともあった。キャラバンは風呂にも入れないいし、寝られない。お金も続かない。何よりマスコミが怖い……」

一連のメディアスクラムにより、以前までのボランティア参加者や資金の援助者も会と距離を置き始めた。中には住所や電話番号を変更して、連絡を途絶する者も多く出た。主な理由は家族の反対であった。千乃正法会は、そもそも横の繋がりが貧弱な、千乃の本のファンクラブ的な、緩やかな連合体から始まった組織である。コミュニティとしては基盤が弱く、ほかの宗教団体のように会員同士で結婚することも多くなかったのである。

また、千乃正法会の全盛期である八〇年代に二〇代だった会員の多くが、この時期には四〇代になっていた。それぞれ家庭では、父親や母親となり、社会では中堅社員の世代として責任を果たさなければならなかった。それまで家族を何とかごまかし、言いくるめてボランティアや献金を続けてきた会員たちにとって、千乃正法の活動を続けることは家庭生活の崩壊を意味した。

この時期には、八〇年代におこなわれていた月例の集会はもはやなくなっていた。それでも、マスコミの〝白装束騒動〟の最中であれ、基本的には全国の会員には機関誌が届けられ、さまざまな事務連絡も届けられていた。しかし、宮野はその連絡をしばらく無視することにした。八〇年代には最大三〇〇〇人を数えたという全国の会員は、二〇〇三年の時点ですでに五〇〇人程度に減っていた。そして、〝白装束騒動〟の嵐の中で、さらに三〇〇人弱に減った。[26]それでもなお「千乃様のために……」とボランティアで五太子町まで来る者はいた。とはいえ、世間の白い目をよそに必死の思いで千乃の下に駆け付けたのにかかわらず、「S波を逆流させるな！」「失禁強要するな！」「リビドーを出すな！」と千乃から意味不明な叱責を受けるのが常だった。

混乱と衰退の中、毎月出していた機関誌は二〇〇三年から隔月になり、二〇〇三年は四冊、二〇〇四年は五冊、二〇〇五年は三冊、二〇〇六年は二冊が発行されるだけとなった。

火星での死亡事故

熱波のように日本中のマスコミを包んだ〝白装束騒動〟。

騒動が終結して三カ月が経った二〇〇三年八月。山間だが盆地で熱気が滞留する福井県五太子町は、うだるような暑さが続いていた。

八月七日、この日も五太子町のパナウェーブ研究所では、スカラー波除去のアース線調整作業に六人の隊員が専念していた。その中に草間悟《くさまさとる》がいた。草間は福岡教育大学に勤める日本古典文学の研究者。機関誌に共産主義批判の論文を何度も書いた会内の有力者で、大学の夏季休暇を利用してスカラー波除去のボランティアに来ていた。

この日の午後は、福井地方気象台によると福井市の気温が三四・五度。パナウェーブ研究所の敷地の白布は風をさえぎり、また太陽光を反射する。よって、晴れた日中は非常に暑い。草間は風邪をひいて、二日間ろくに食事をしていなかった。だが、千乃に「アースチェッカーは失禁強要するな!」と叱られたこともあり、体調不良のことは千乃に伝えず、恐ろしいほどの高気温の中で屋外作業を続けていた。普段は冷房の効いた部屋でのデスクワークが中心の草間は、適切な水分補給の頻度も十分にわからず、フラフラになって作業に勤しんでいた。

六人の隊員たちは作業中に頭に浮かぶ邪念を払い、自分の体に滞留したスカラー波を落とすため、作業の合間に筒状に丸めた段ボールや竹刀で体を叩き合い、果てしない「スカラー波除去」の作業に勤しむ。この日、隊員は段ボールではなく竹刀で草間の背中や腰をアザができるくらい強く叩いた。それからしばらく経ったあと、草間は千乃の車の後部、排気管のすぐ隣で倒れ込んだ。痙攣し、体には大量の汗が流れ、手で触って熱さがわかるくらいの高熱が出ている。熱中症であることはまちがいなかった。一四時三五分、救急車が呼ばれ、福井市内の病院に運ばれた。そして、草間はそのまま病院で死亡した。

「まさか死ぬことはないだろう」

搬送の救急隊員からも「二〇分くらいで回復する」と言われ、楽観視していた研究所の会員たちは驚き、陰鬱な空気が漂った。

「体調が悪いのに、なんで作業をさせていたんですか！　体調が悪いと知っていたら、竹刀をアースチェッカーの用具に使わせることはなかったのに……」

千乃は天のために働いてくれた草間の死を悼み、施設内の変死でさらにマスコミに批判されてしまうことにいらだった。

翌八日に事情聴取でやって来た警察官は、草間の遺体の背中や腰についた数カ所のアザについて、草間とともに作業した者を詰問した。しかし、彼らはみな「作業中に体に溜まった電磁波を落とすために叩くんです」「叱咤激励の意味もあります」と正直に答えた。殴打による傷害致死が疑われ、一〇日、福井県警は一五〇人の警官を動員して研究所の家宅捜索と現場検証を実施。「電磁波を落とすため」に使った段ボールや竹刀で作られた白い棒、機関誌などを押収し、施設内にいた会員全員（千乃を除く）に任意で事情聴取をおこなった。

「すわ、パナウェーブ研究所で殺人事件か……」「ついに内部で集団リンチ殺人が起こった……」「やっぱりカルト宗教だ……」と世間に思われた事件だった。
検察は「作業が失敗するたびに電磁波が逆流し、千乃会長を苦しめたので、制裁の意味で叩いた」とし、警察も初めは「草間氏以外にも数人、すでに死亡し、敷地内に埋められているのではないか」と疑った。だが、捜査の結果、死亡と殴打に直接の因果関係はないと判断して、当初は予想された傷害致死での逮捕状請求は見送り、四カ月後の一二月に傷害の容疑で五人を逮捕した。逮捕された会員は略式起訴。罪状は逮捕時の傷害罪より軽い暴行罪、処罰は各人二〇万円の罰金であった。
翌九月の一二日未明には、研究所脇を流れる川で白布を点検していたボランティアの玉木《たまき》久一《きゅういち》が川に転落して死亡する事故が起こった。事件性はなく、警察でも事故として処理された。とはいえ、一カ月で二人も変死が出たわけだから、パナウェーブ研究所側が「立て続けに人が亡くなったけど、これは事故が続いただけ」「偏見をなくして、一度率直に私たちの考えを知ってほしい」といくら弁解しても、事故であれ事件であれ、死者を出すにいたったからには、彼らに組織としての責任があることはまちがいない。[27] 実情はどうであれ、近隣住民の不信感は高まった。五月以降のマスコミと警察の騒動の苦しい記憶もまだ残る研究所内の空気は、さらに沈んでいった。

悲運な死亡事故が続いたこのころ、機関誌に千乃が寄せた手記がある。

今年の夏は多くの貴重な人材を失う事に成り、天も人も悲しみの秋です。草間氏、火星守備隊一五烈士に加えて、キャラバンで黙々と奉仕をしておられ、事故死された玉木久一さんのご冥福も正法会を挙げてお祈りするものです。〈中略〉
悲報が入ってきました。火星守備隊全滅の悲報です！　五月一五日にニビル星が最接近し、地球圏内に侵入させないために、フォースフィールドを月の辺り迄張られ、その為、火星の引力圏が地球と月のフォースフィールドに引っ張られて、磁気嵐が起こったのと同じ形で、火星に風が吹き荒れた。それによって巻き起こされた砂嵐でした！

（『フェニックスの翼に乗って』五三頁）

文意を読み取りづらい千乃独特の癖のある文章だが、要約すると、「キャラバンで仕事をしていた会員が死に、火星でも砂嵐が起こって、それによって火星を守備していたUFO艦隊の守備隊員が死んだ」とのことである。機関誌特別号に掲載されたその手記のタイトルは、「火星守備隊の一五名の突然のご逝去を悼んで」であった。

玉木は自分の家のすぐ脇で死に、草間は自分がいる車のまさに隣で、自分が命じた業務の最中に死んだ。にもかかわらず、千乃は「UFO艦隊の火星守備隊」なるものと同列に、その二人の生身の人間の死を語るのであった。

あらためて言うまでもないが、千乃裕子のリアルは、もはやこの世になかったのである。

第七章　キャラバンが終わって

メディアスクラムは何だったのか

　パナウェーブ研究所は〝白装束〟という異様な風貌をし、〝キャラバン〟という異様な行動原理をもって、〝ニビル星の接近〟という異様な終末論を説いていた。これが「オウム真理教の再来」と騒がれ、メディアスクラムが起こった原因であった。千乃正法会は異常な世界観を前提に、程度には幅があるものの、組織の論理を社会通念や人権、法規範に優先させる、また信者に安全を無視した無償労働を強いるという意味でカルト団体であった。しかし、千乃正法会とオウム真理教とのあいだには決定的な相違点があった。それは〝被害者〟の存在である。

　一般にカルト宗教と呼ばれるオウム真理教や統一教会には、怒りや悲しみを訴え、団体の反社会性を非難する被害者や脱会者が目に見える集団として存在する。だが、千乃正法会にはそれが存在しなかったのである（少なくとも目に見えるかたちでは）。警察の強制捜査はあったにせよ、それは「世間が騒いでいるから、社会の不安解消のために」やったまでのことである。千乃正法会が凶悪犯罪を起こしたり、第三者から被害届が出されたりしたゆえのことではなかった。

　当時の捜査関係者が週刊誌の取材にこう答えている。

巨額のお布施の要求や霊感商法、脱会を認めない――などの悪質さはない。細々と生活しており、見かけの異様さと実態は、掛け離れているようだ。移動先の住民とも共生を考えているようで、現状では（オウムのような）攻撃性はない。

（「サンデー毎日」二〇〇三年六月一日号、三五頁）

去ろうとする者を何としても引き留めて、「辞めたら地獄に落ちる」から「ここにいろ」と恐怖心を植え付ける。時に精神的・肉体的な暴力をもって外部との繋がりを遮断させ、逃がさずに搾取するのが破壊的カルトの手口である。しかし千乃正法会では、「辞めたら地獄に落ちる（消滅宣告）」とは言われるものの、いざ去ろうとしたとて、引き留められるどころか、むしろ「天を裏切った背反者」として積極的に排斥されるのがつねだった。

千乃の取り巻きの中でも、近くにいればいるほど千乃の精神状態の異常さがわかる。それを指摘し、状況を是正しようとすると、千乃から激怒され、追放される。すると千乃から遠かった立場だった会員が新たな取り巻きとなる。そして、その新たな取り巻きも千乃の精神状態の異常さに気づくと、千乃から激怒され、追放される――この繰り返し……。こうした構造は、いわゆる破壊的カルトの精神的呪縛・搾取の構造とは異なるのではないか。千乃正法会の構造は、千乃の幻聴と幻視と幻想が織りなす狂騒劇であった。

狂宴のあと――と言うべきか。白装束キャラバンが五太子町に落ち着いてから、世間はパナウェーブ研究所に対する過剰反応を自省し始めた。

具体的な被害の程度と法律違反の内容を十分に検証しないまま、「オウムと一緒」というだけですべてが許されるなら、「法の下の平等」の原則は崩れ去ってしまう。

（政治学者の新藤宗幸・千葉大教授、「毎日新聞」二〇〇三年五月二六日付）

マスコミが騒動を演出し、不安を煽っている感じだ。〝異様〟というだけで強制捜査を受けるなら、さまざまな団体が対象にされ得る。キャラバン隊も同様、メディアも迷走していた。（「創」編集長の篠田博之、「サンデー毎日」二〇〇三年六月一日号、三六頁）

白装束を面白がっているだけで、ニュースなのか、バラエティー番組なのか分からない。

（宗教学者の井上順孝・國學院大学教授、同前）

六〇人程度の集団を、一〇〇人を超える報道陣が追いかけるという構図は、過剰を通り越して滑稽とすら言える。（ジャーナリストの有田芳生、同前）

いまのところ特に重大な事件性がはっきりあるわけでもなく、またその証拠もないのに、ここまで注目されてしまったのは、要するに、典型的なワイドショーネタ、良くも悪くもいまどきのメディアのもっとも世俗的且つ煽情的な部分にきれいにヒットする素材だったわけで……（民俗学者の大月隆寛、「正論」二〇〇三年七月号、三〇八頁）

日本中を流浪した白装束キャラバンにしても、〝キャラバン〟とは名ばかりで、特定の目的地があったわけではない。また、「共産主義過激派が攻撃している」と信じ込んではいるものの、だからと言って、自分たちを攻撃している（はずの）極左団体アジトを、キャラバンで乗り込んで襲撃するわけでもない。彼らの実態は、「電磁波攻撃」にさらされて、一カ所に留まることのできない千乃裕子の居場所そのものだった。つまり、目的地に向かって移動していたのではなく、見えない電磁波からじりじりと逃げ回っていた――それが〝白装束キャラバン〟の本質だったのである。そんなキャラバンをマスコミは、「現在諏訪市を通過しました」「進路を北にとって進んでいます」「長野県で止まったまましばらく動きはありません」などと、まるで台風中継のように報じていた。

そして、そのキャラバンの車内で千乃がやっていたことは――奇天烈《きてれつ》すぎてマスコミではあまり報道されなかったが――水槽でカタツムリを育て、ティッシュに含ませた水や野菜を与えては愛おしく眺めること。車内を飛ぶハエや蚊を優しく愛でること。「火星から太陽の裏に探索に行ったUFOの搭乗員が死んだ」とか、「ミカエル大王が重病になって、それを宇宙人に治療してもらった」とか、千乃の車にやって来ている宇宙人や天使と対話をして、おとぎ話を膨らませて話すこと。「ムー」やその他のオカルト書籍を読んで、その内容の真偽を宇宙人に問い合わせること……。そんな程度のことしかなかったのである。千乃はそうした日々の随想を、膝の上に置いたメモ帳に綴り、機関誌に載せる原稿とした。[28]

狂宴のあと

五太子町に落ち着き、死亡事故が続いたあとも、千乃は変わらず「アルカディア」の車中で生活し、見えないスカラー波に苦しんでいた。だが、スカラー波がないときも断続的にあった。そういう小康時に千乃は、多くの宇宙人と冗談を言い合って、穏やかに談笑した。食事のときには、千乃の食べるぶんのほかに、車内に集まっている大勢の宇宙人の料理も用意させ、千乃の車の中の座席に配膳させた。宇宙人用に座席に置かれた食べ物は、もちろん食前と食後で量に変化はなかった。しかし、千乃が言うには「霊体の方々は料理を食べるわけではなく、エネルギーを吸収するだけ」とのことだった。

ニビル星による脅威はとりあえず去ったものの、「二〇〇四年まで地球はもたない」「二〇〇五年秋が限界」と言われるなど、「地球の危機は迫っており、来るべき天変地異の際にUFOによって地球脱出ができる」という認識枠組み自体はそのまま維持され、隊員たちはパナウェーブ研究所の上空を観察して、自分たちを見守っているUFOの写真や空に浮かぶ異形な雲の写真を撮影した。

年の暮れになると、テレビ局から「今年を振り返る年末番組」を作りたいという取材の申し込みが来たが、そうした依頼は丁重に断わられた。クリスマスには、研究所に詰める会員の有志で〝パナウェーブ聖歌隊〟が結成され、千乃のために讃美歌が歌われた。曲目は「静けき夕べの」「きよしこの夜」「慈しみ深き」、そして「神ともにいまして」。どれも、千乃が大阪・石橋阪大前の商店街裏手に住んでいた青春時代に教会で歌ったお気に入りの讃美歌だった。

二〇〇四年になった。前年にあれほどの混乱が訪れたというのに、全国の会員一〇四人からクリスマスカードと年賀状が届き、千乃は一枚一枚を大切そうにめくって繰り返し読んだ。

五太子町に定住し、落ち着いたように思われた千乃正法会だった。だが、「スカラー波を除去するふりをして千乃車に逆流させる!」として、スカラー波除去作業を手抜きした隊員が千乃から「消滅」「追放宣告」されることは変わらなかった。「五太子町の周辺は過激派ゲリラに囲まれている」という千乃の談に従い、隊員は「ストーカー車監視中」というステッカーが貼られた車にスカラー波検知器を積み、日がな一日周囲をパトロールして回った。もともとスカラー波除去作業には男性の隊員があたっていたが、メンバーが減ったため、作業に不慣れな女性会員までもが駆り出される苦境に陥った。

スカラー波が車内に逆流するたびに千乃は悪寒がして仙骨が痛み、尿漏れをする——この状態が変わらず、毎日続いた。千乃は、機関誌に当時の様子をこう記述する。


今月はアースチェッカーの妨害に加えて、秘書代わりの連絡や雑貨の受け渡しを行う女性が、まったく気が利かず——。腹が立って特別号第五号用の原稿が書けない。と思うと、毎回失禁や排便、チカン攻撃、仙骨チカン攻撃の繰り返しで、とにかく千乃に原稿を書かせまいとして妨害に徹してくる——。〝アース線に詰まるS波粒子を流し出す〟、それだけの事を協力しないで労組のストの如き事を繰り返す。千乃は失禁攻撃に遭う度に衰弱して横に成ってしまう。と、直ぐその姿勢でチカン攻撃、失禁と繰り返してくる。一日の大半は失禁漬けで、身体は冷え廻す。(『フェニックスの翼に乗って』九五頁)

千乃の被害妄想と体調悪化は、このように留まるところを知らなかった。そして時は過ぎ、五太子町に定住して約一年が経過した。

最後の裏切り

二〇〇四年五月、大事件が会を襲った。

「もう千乃先生のところに天はない。あそこにいるのは悪霊だ」

そう書かれた機関誌が全国の会員に向けて発送されたのである。機関誌には「千乃裕子は天に背反した」「寄付が求められても送金するな。先生は悪霊に憑依されている」など、恐ろしい内容の文章が書かれてあった。

この機関誌の発送を主導したのは、エルアール出版社長の浜田進英だった。浜田は、前年の白装束騒動のさなかにも千乃を信じ続け、一〇年以上にわたり、数億円単位の献金をして会を支え続けた会長代行。「千乃先生帰天後」の後継者とされ、一九九一年のクーデタ未遂事件の際には「千乃先生は病気だ」という声をねじ伏せた忠臣・浜田が千乃を裏切ったのである。

浜田が背反したのには理由がある。もちろん一番の理由は「千乃先生は狂った」と気づいたからであるが、それに加えてもっと次元の違う現実的な事情があった。

じつは当時、千乃正法会は会員から集めた預託金（寄付金）に対して、国税局から納税義務が課せられていた。前章では、寄付を中心に二五億円ほどの入金が会にあったと述べたが、千乃正法会は任意団体であり宗教法人ではなかったため、この預託金に贈与税の納税義務が発生してしまったのである。しかし、彼らは長年のキャラバンにすべての資金を投入してきたため、当然のことながら納税などできるはずがない。国税局は納税義務を果たさない千乃正法会に対し、山梨県大泉村のドーム型施設を差し押さえようとしていた。

ここで困ったのが、このドーム施設に住んでいた浜田である。ドーム施設は登記こそ浜田の個人名義になっていたものの、その建設費は会から出ていたため、国税局は浜田の名義であっても会の預託金で建てたものだと判断し、ドーム施設を千乃正法会の納税義務が滞った場合の差し押さえ物件として認識したのだ。

そしてここに、ややこしい事情がもう一つ重なっていた。福井県五太子町のパナウェーブ研究所施設も土地取得・建設費用の原資は、浜田をはじめとする会員の寄付金であった。だが、お金の動きとしては寄付金を受領した千乃正法会が出版社に資金を貸し出して土地を購入し、建物を建設する形式をとっており、法的にはエルアール出版名義の不動産だったのである。

千乃正法会もパナウェーブ研究所も任意団体であり、不動産の登記はできない。パナウェーブ研究所の土地名義はエルアール出版であり、その社長は浜田である――この点に着目した浜田は、千乃にパナウェーブ研究所建物からの立ち退きと入院、そして出資した資金の返還を迫り始めた。が、案の定、千乃はまったく聞く耳を持たない。

長年の献身にもかかわらず、会全体と自身の置かれた困難な状況にまったく寄り添おうとしない千乃に、浜田は不信感を募らせた。前年の〝白装束騒動〟の後に、草間氏や玉木氏など、会員の死亡事故が相次いだこともそれに拍車をかけた。

「もう千乃先生に天はない。UFO艦隊の正体も悪霊や邪霊だ」

そう気づいた浜田に同調する会員は、出版社副社長を含む役員たち全員に加え、千乃の側に付き従ったキャラバン隊長の宇田川、「タマちゃんを想う会」の代表など、幸いにして大勢いた。同調したのはすべて、これまで千乃を支えてきた幹部であった。

千乃はたびたびこう言っていた。

「山に来る行楽客に紛れて過激派が車で散らばり、千乃を攻撃する」

「スカラー波をセミの鳴き声のようにカモフラージュして千乃を攻撃する」

「山で森林伐採業者が使うチェーンソーの音がスカラー波に変わる」

キャラバン隊で千乃の側に居続けた者は、それまでこうした千乃の言説に疑いを抱かなかったはずだった。しかし、「キャラバン車列隊の維持継続」という、共同体の意識と行動を一つに集中させる活動の中心軸――デュルケムの「集合的沸騰」と言えるだろう――がなくなったことで、みな千乃の〝おかしさ〟に気づき始め、それまで抱いていた固定観念が氷解したのだろう。

突如として立ち昇った幹部陣から千乃への異議申し立てに、パナウェーブ研究所では「自分たちが実感できないから、天上界が存在するとはもう思えない」とみなの前で公言する者や「霊体が食事をとるのはおかしい」「もう天を信じない、感じられないから」と言い放つ者も出た。

不穏に澱んだ空気が徐々に千乃の周囲を覆い始めた四月のある夜、パナウェーブ研究所の左側の山の上空に一〇本もの太い光の柱が見えた。光が三～四時間も空に立ち昇る怪現象を研究所の一〇人ほどが見守ったが、誰も千乃に知らせなかった。

光の目撃者たちは、この光を浜田が言う「悪霊」だと直感した。

「スカラー波なんかない。みんな千乃先生の思い込みだ」

「天は千乃先生のところにはない。玉木さんも草間さんも死んだではないか」

「いまの日本は平和なのだからなぜ過激派が暗躍するのかわからない」

「先生が受けていても、自分は攻撃を受けていないのだから現実感がない」

「UFO艦隊は天上界ではない。悪霊だ!」

浜田に同調した背反者は、口々にそう言い合った。

そして五月。ある朝、数人の会員がパナウェーブ研究所からいなくなり、翌日にはさらに多くの会員がいなくなった。その中には、たった数日前に仲間と「天上界を信じること」について熱く語り合った者までいた。そして「もう千乃先生のところに天はない。あそこにいるのは悪霊だ」と記す機関誌が発行されるにいたったのである。

天は千乃先生ではなく、われわれの下にある!――浜田らは、機関誌の発行という強襲作戦で全国の会員たちを味方につける作戦に出たのだった。

これに対して千乃は、「私は千乃裕子に騙された被害者」と主張する浜田を「精神分裂病の中期」と罵った。浜田に共鳴する背反者には、天上界の名の下に「消滅宣告」と「正法会追放」を言い渡し、それを千乃側に付いた会員から全国の会員へ通知させた。このときに背反した者の数は、少なくとも四〇人。その全員に「消滅宣告」が出された(「LR」二〇〇四年六・七月合併号、六八頁)。

その後も浜田は、千乃側が機関誌を出そうとするのを「私が出版社社長だ」といって印刷所に圧力をかけたり、法務局に登録している会社の代表者印を返還しなかったりするなどの抵抗を続けた。そして、「早く研究所を出ていけ」「預託金二五億円を会員に返還しろ」とパナウェーブ研究所に居続ける千乃たちに迫った。そうした圧力は秋まで続くことになる。

幹部のほぼ全員が千乃を裏切ったこの「最後の裏切り」は、一九八二年の小田優子出奔事件、一九九一年のクーデタ未遂事件、一九九四年の大規模背反事件に次いで、四度目にして最後の、そして最大の背反事件だった。

幹部全員から裏切られてもなお、千乃は自らの側に天の正義があると信じ続けた。事件から一〇日後の五月二五日、背反事件を振り返って書かれた総括手記には、千乃の心奥にある孤独と迫害妄想が歪《いびつ》な正義感となって噴出している。

一人天のみ、火星のＵＦＯ艦隊のみ、そして少数のキャラバン・メンバーが「正法の砦」を守っています。如何に偽者が天にへつらって集っていたか――。今それが明らかになっています。（『フェニックスの翼に乗って』一二七頁）

Ｓ波というものは、細胞壁にも長時間固着し、脳細胞など、或る固定観念を与えると、なかなか呪縛が解けずに、マインド・コントロールの餌食になります……愚かな人物はその犠牲となって「友を裏切り、主を裏切り、天を裏切る。」そして総ての物を失ってしまう。情けない自称正法者です！（同、一三二頁）

福井のパナウェーブ研究所から去ることは「下山」と表現されたが、この事件で会員の約半分が下山したらしい。

動揺と大量脱会

宮野は当時、ボランティアに行くこともなく、もう二〜三人しかいなくなった地元の集いのメンバーとも疎遠となっていた。そんな中でも、下山した仲のよい元隊員から「もう天はない。先生に悪霊がついた」という話は聞いていた。

悪霊、背反、裏切り者、消滅、追放——。宮野は、天がすぐそばにあるはずの千乃正法会で、なぜこんなこと起こるのかと悲しくなった。天がここにあるのなら、みなが平和に暮らせなければおかしいのではないか。なぜ草間さんや玉木さんが死ななければならなかったのか。悪霊や過激派に攻撃されるような天上界などあるものか。いずれにせよ、千乃先生はご病気なのだから一度だけでも入院なさったほうがよいのではないか——。

いや、宇宙の歴史はつねに善と悪の闘いだったはずだ。善が声を上げなければ悪が勝利してしまう。何もおかしくはない。天上界が「入院すると死期が早まる」と言っているではないか。最後のときまで天を信じて戦えば、その正誤はおのずとわかるはずではないか——。

宮野の心には、千乃を信じたい気持ちと、すべてがまちがっていたらどうすればよいのかという不安が同居した。錯綜する思考の網の目の中で、宮野は「千乃先生はまちがっているのではないか」と思ってしまう自分を嫌悪し、何も考えられなくなった。考えること、思考することと自体を放棄したい気持ちになった。

浜田は出版社社長という立場にのっとり、このような書簡を千乃に送っていた。

天上界はPW（引用者注：パナウェーブ研究所）の下、会長から離れており、今いるのは悪霊である。故に真の天による拝命の代表取締役は自分であり、悪霊の天にはしたがわないこと、普通法人たるLR社、並びにOBT社の資格は商法に則り、決定されるものであり、その任を辞す必要も意志もないことをお伝えする。（「LR」二〇〇四年秋号、三二頁）

浜田と同じように「千乃先生はまちがっていた」と思えば楽になるはずだ。しかし、宮野には千乃を見捨てたくないという気持ちも同居する。惰性で機関誌を購読していただけの会員は、すでに前年の〝白装束騒動〟で脱会し、浜田ら見知った幹部連中が去り際を足蹴に罵られる様子を目の当たりにした残存会員も、「もう付いていけない」と去っていく。

どのような世界を自分の世界にすればよいのか——宮野をはじめ、動揺する全国の会員に対して、騒動の渦中に新しく就任した出版社の副社長は、この状況を嘆きながら、それでも正しいのはわれわれだとして、機関誌に率直な手記を載せた。

どうしてこのような背反劇が繰り返されるのだろう。それもいつの場合も中枢メンバーが……。正法会の会員なら誰しもそう思ってため息を吐いたに違いない。私たちが集っているのは至高の天を戴く世界で唯一の神理を学ぶ集まりではないのか。真正なる天の教えを仲介してくださる真実の預言者がおわす団体ではないのか。〈中略〉背反する人は〈中略〉間違っている。心の中の良心は泣いているはずだ。背反者は残る人を妄信者と言うが、現正法を学ぶ者は少なくとも先の二つのこと（引用者注：正法会は神理の集いであり、千乃は天の預言者である）を真実と受け入れる人であると思う。それがどうして妄信なのだ。

（「LR」二〇〇四年秋号、三七頁）

そして、このような苦難にある会員たちが、思いを新たに共有しなければならないのは、千乃の説く真実・正法に出会ったときのあの感動である。千乃の書籍を初めて読んだときに抱いた魂が慟哭するような感動は、それから二〇年後のいまもなお、心の内奥で揺らぐことなく輝き続けている。副社長の手記はこう続く。

正法に出会った経緯はそれぞれ違ったものがあったと思うが、出会った時の感激、これこそ自分が探していたものだ、やっと出会ったという思いを二十年近く経った今でも私は忘れられない。いつまでもその感激を忘れないでいようと思う。（同前）

二〇〇四年五月、前年のメディアスクラムで三〇〇人程度に減っていた千乃正法会の会員数は、今回の背反事件によってさらに減った。正確な人数はわからないが、少なくとも五〇人ほどの消滅・追放宣告者が実名で機関誌に記載されたほか、「メンバーが半減した」と伝えられる。直接に千乃から消滅・追放宣告された者以外で自ら会を去った者もいるため、会員はおそらく一〇〇人程度、多くても一五〇人ほどに減ったのではないかと思われる。[29]

去る者は追わず、積極的に排斥するのが千乃のやり方だ。どんなに組織が瓦解しようが、決して誰にも媚びない。動揺し、どっちつかずの思いを抱いた会員の心を見透かして、自ら機関誌にこんな一文を書いた。

集いのメンバーでUFO艦隊の存在を信じず、協力しないものは消滅を宣告する。
（「LR」二〇〇四年六・七月合併号、二九頁）

浜田が企図したのは、分派活動というより、会から千乃を追い落とすことだった。だが、結局それは失敗した。浜田ら背反した幹部たちは、一九九〇年に浜田が千乃正法会内部に創設していた「未来政経研究会」[30]の名の下に一応のまとまりを持ったようだが、脱会した多くの会員を糾合するにはいたらなかった。

出版社社長の立場から強気だった浜田によるパナウェーブ研究所施設の明け渡し要求は、その後しばらく鳴りを潜めたが、一〇年以上経った二〇一六年に突如として裁判となり、二〇一八年に「福井県五太子町のパナウェーブ研究所施設は、名義上は出版社であろうとも、実態は千乃正法会が公然と使用する建物であり、浜田は千乃正法会から脱会しているため、明け渡しは認められない」とする結審が出て、法的な決着がついた。なお、エルアール出版の二〇二一年現在の会社登記簿には、未だに浜田が社長であることが記載され、福井県五太子町の土地名義も同出版社のまま変わっていない[31]。

福井豪雨

千乃正法最後の大事件が終わり、二〇〇四年初夏になった。

七月一八日、その日は未明から福井県嶺北《れいほく》地方や岐阜県で強い雨が断続的に降り、明け方には土砂降りの激しい雨となった。福井市中心部でも七〜八時の一時間に、一カ月分の降雨量に近い七五ミリの非常に激しい雨が観測された。

かつてキャラバン隊が野営していた九頭竜川水系の九カ所で堤防が決壊し、福井市や旧美山《みやま》町《ちょう》などを中心に、多数の浸水害が生じた。死者は四人、行方不明者は一人。建物の被害については、全壊五七戸、半壊一四二戸となり、浸水は約一四〇〇〇戸にのぼる被害が出た。福井市には合計一〇万世帯程度しかないことを考えれば、最低でも一〇人に一人以上は何らかの被害を受けたことになる甚大な災害だった。

五太子町のパナウェーブ研究所も無関係ではなかった。千乃をはじめ、会には豪雨による人的被害はなかった。だが、研究所周辺は水浸し、布やキャラバンの車もびしょ濡れになった。

疑念を抱きつつも、ずっと天を信じて千乃に従って来た会員には、甚大な被害を目の当たりにして、こう思う者もいた。

「天は、もうここにはないのではないか……天上界が、ミカエル大王が、UFO艦隊が私たちを見守ってくださっているはずなのに……キャラバン生活が辛いのは仕方ない。千乃様に叱られるのも耐えられる。私たちは悪霊の過激派と戦っていて、天はつねに味方してくれるはずだった。生活が辛かったのはそれだけ過激派のスカラー波が強かったせいだ。だが……この豪雨はどうしてだろう。なぜわざわざ千乃様がいる研究所に天は雨を降らせるのか。天は私たちのそばにいるのではなかったのか……」
そう言って会を去る者を、千乃は追わなかった。

人間よりも〝ハエ〟

幹部がほぼ全員逃げ出し、イエスマンだけが残ったパナウェーブ研究所。千乃が唯一気を休めることができるのは、虫と一緒に過ごす時間だった。

実の所、私は、閉じ込められたこのキャラバンと研究所で虫達と共存するしか楽しみが無いんです！　いつもいつも過激派の失禁強要で、生命がいつ失われるか不明の現状。作業員もアース・チェッカーもそれを阻止できない状況で、警察は、ハイテク兵器で姿を見せない卑劣な過激派を逮捕できない。まるで〝おとぎの国〟です、ここは――。

（「LR」二〇〇四年クリスマス・新年特別号、二〇頁）

千乃は、ハエを捕獲して車内に入れ、衣装ケースのフタを取って空気穴をたくさん開けたポリ袋を貼った〝ハエ用の住居〟を会員に作らせ、自ら世話をしていた。衣装ケースの中には一〇〇匹を超えるハエが繁殖していた。千乃が飼うハエは、ショウジョウバエ、羽虫バエ、小バエと三種類いたが、千乃は自分の周りをブンブン飛び回り、食べ物に群がるハエをどれも平等に可愛がり、死ぬと悲しんだ。
ある日、千乃は小バエが死んだのを、担当の会員が餌やりを怠ったせいだと怒った。

千乃「ハエはどんな飛び方をしていたんですか?」

会員「……こういうふうに飛んでいました」

千乃「それは、〝エサ・コール〟です! 餌が欲しいと言っているんです!」

千乃はお腹をすかせた小バエを心配し、急いでその小バエを呼んだが、一日に一度しかエサを食べなかった臆病者のハエは、衰弱して死んでいた。

「私とハエのあいだに愛情の交流ができると、こうやって周りの人間が殺す!」

千乃はハエが死ぬたびにそう言って怒った。その場で叱るだけでなく、機関誌の誌面で「○○は小バエを一人で一五四、二〇匹も殺す!」と何人かの会員を名指しで叱責。ほかにも、飲み物をこぼして電磁波対策の物品を汚した会員や、「使えない」と判断した隊員を「キャラバンから追い出しました」と息巻く。

機関誌は、千乃のやり場のない怒りと鬱憤の掃きだめになった。日を追うごとに減り続ける会員を目の当たりにして、余計に不遇感を攻撃的に募らせた。千乃が女性に当たり散らすことは少なかったはずだが、やり場のない憤りは、しだいに千乃の間近で生活の世話をする「受け渡し係」の女性会員にも及んでいった。

「あなた、スカラー波呼び込みのアンテナを作ってるでしょう!」

受け渡し係の女性会員は、「(あなたの)体がアンテナになってスカラー波を呼び込んでいる」と叱られ、女性会員が恐縮して気を張ると、今度はこう言って叱られた。

「私からリビドーが出ていると思って、リビドー牽制しているでしょう! リビドーは私からではなくて、過激派から出ている! 何度言ったらわかるのか!」

女性会員が「いや、違います」とていねいに否定しても、千乃の耳には届かない。むしろ会員がていねいな言葉を使うたびに、千乃には慇懃無礼なごますりに聞こえるだけだった。「もう、逃げ帰りたい……」と思う会員たちの心中は、千乃にも察することができたのだろう。千乃は力なくこうつぶやいた。

「逃げ出す会員には召命感、使命感がない。妄想に終始して、ゲリラに完全に振り回され、天を見失っている薄情者……」

いままでは千乃の呼びかけに応じて、全国から五太子町まで短期のボランティアに来る会員がかろうじていた。しかし、このころにはもはやいなくなったらしい。

「最近の流れには、もうついていけない……」

遅すぎるような気もするが、全国に散らばる会員たちはそう言い合った。二〇〇三年の五月から二〇〇四年の秋までに、ボランティアでパナウェーブ研究所に来た会員は合計七九人。月に一度、継続的に来る者は六名ほど、数カ月に一度の者は数名。その他大勢は、一年半で一度か二度来ただけだった。

ハエが死んでは立腹し、「リビドー牽制をするな」と会員に意味不明な叱責をする千乃裕子――。彼女は、天使や宇宙人との対話の中で〝地球の未来〟も〝ハエの健康状態〟も同じように案じた。千乃の主観からすれば、パナウェーブ研究所は共産主義過激派によって電磁波の攻撃を受け続ける〝戦場〟だったはずだ。しかし、なぜかのんきに会員たちは、「カラスは人間の友達」などと千乃の言うとおりに、電磁波防御のかたわらカラスのエサやりを日課とした。

死ぬ死ぬ言っていて、いっこうに死なないじゃないか！――。そういう思いは「違う！　天上界のパワーを得ているからこそ、生き長らえているんだ!」という正統的解釈によってかき消される。白布に覆われた敷地で、千乃は膀胱に集中する過激派の電磁波攻撃により失禁を強いられ、おむつを履き替えたとたん、また失禁する。そんな千乃に命じられて、会員たちはカラスの餌やりに勤しむ――。彼らのほかには、八世帯の高齢者住民が暮らすだけの福井県山間の過疎地で繰り広げられるこうした〝牧歌的な狂気〟は、変わらず続き、そして、季節は冬になった。

日本海沿岸の福井県は豪雪地帯であり、研究所が位置する五太子町も例外ではない。白布が巻かれた建物や敷地には牡丹のような厚い雪が降り積もる。純白の雪が白布の不気味な白さを帳消しにして、パナウェーブ研究所の異様な姿を覆い隠す。氷点下の朝は、白布がばたばたとはためくたびに寒冷な空気が施設に満ちる。白布はスカラー波を吸収するたび、洗って干さなければならず、古くなると効果が落ちる。人数が減ったいま、洗濯作業は大変な重労働である。研究所の会員にとって、福井の冬は厳しかった。

沈みゆく船

二〇〇五年になった。

五月、二年前に一連の報道スクラムについて文藝春秋(「週刊文春」の発行元)を訴えていた裁判の判決が出た。判決は、ストリーキング(全裸での外出)などの若いころの千乃の奇行について、千乃側の訴えを認めなかった。だが、四国の鉄塔倒壊事件の真犯人を千乃正法会とする記事については、「千乃正法会が関与した証拠がない」として、文藝春秋側に千乃正法会へ二〇〇万円の支払いを命じるものであった。結果として、千乃正法会の一部勝訴だった。
なお、訴訟は「『週刊文春』のデマのせいで千乃正法会の会員が激減した」という争点もあったが、これに対する裁判所の判断は秀逸だった。千乃側が「記事により、五〇〇名程度所属していた会員が三〇〇名弱にまで減少し、会の宗教的活動に著しい支障が生じた」と主張したのに対し、裁判所はこう判断したのである。[32]

原告会（引用者注：千乃正法会）は、本件掲載行為（同：週刊誌の記事）により、原告会に五〇〇名程度所属していた会員が三〇〇名弱にまで減少し、原告会の宗教的活動に著しい支障が生じた旨主張するが、〈中略〉その原因の相当部分は、これまでの原告A（引用者注：千乃裕子）の多くの予言がはずれたこと、及び原告Aの言動がガンの進行のためか被害妄想の程度を増し、多くの信者やその一族郎党につき消滅宣告をするなどしたことにあることが認められる。
（平成一五年（ワ）二七七二〇号損害賠償等請求事件：判決）

千乃を信じる人間が減ったのは、千乃の自業自得である――。これが、司法が下した判断であった。他方、千乃はこのころ、会員が激減する当時の会の状況をこう表現していた。

沈みゆく船から逃げ出す卑怯なネズミの群れ（『フェニックスの翼に乗って』一六〇頁）

「沈みゆく船」なら、そこから一刻も早く逃げ出すのが、むしろ当然の選択だと思うのだが、ともあれ、指導者である千乃自身も、末期状態の千乃正法会がネズミすら逃げ出す「沈みゆく船」であることは認識できていたようである。

騒音攻撃とホログラフィック画像

会が「沈みゆく船」であろうが「正法の砦」であろうが、「電磁波で攻撃されている」という千乃のリアルは一切変わらない。この期に及んでも、当然のことながらパナウェーブ研究所はスカラー波の探知と防御を毎日の通常業務として継続した。

研究所周辺を監視する見張りをたてて、夜中に近づく不審な車などがあれば、ライトで照らして追いかけた。ほかにも、「探査車」と名付けられたワゴンに〝人工スカラー波検知器〟を積み込み、研究所の周辺をパトロールするのが隊員の日常だった。

測定値が二・〇ボルトを超えると人工スカラー波が発生している可能性が高いとして、警告音が鳴った地点周辺に共産主義者の攻撃車がいないか、電信柱に不審なアンテナがないかを調査して回った。一定の期間で区切ったうえ、スカラー波を検出した日時と場所、測定値をまとめた調査報告書は「共産主義過激派による反社会的テロ活動を公安当局に知らせる」目的で、福井県警に定期的に提出された。

熱心な調査の結果、研究所から一〇キロメートルほど離れた北陸電力の蒲生発電所から福井市へ続く送電線に向け、過激派が道路上からスカラー波を発射して、送電線を経由するかたちで千乃を攻撃していることがわかった。しかし、その対策のために彼らが具体的にできることといえば、近所の電柱数本の下に地面が帯電するのを防ぐ白布を敷くことだけだった。それ以上のことをすると、近隣住民の苦情や行政からの警告がある。電柱や送電線を破壊してしまえば、元を絶てるのかもしれない。だが、そうした犯罪行為は千乃たちの望むものではなかった。

また、警察に報告されたスカラー波の被害例には、騒音をスカラー波に乗せて攻撃してくる〝騒音攻撃〟というものもあった。「音を伴うスカラー波攻撃に関する報告」と題され、二〇〇五年七月に福井南警察署警備課部長に宛てられた報告書にはこう書かれる。

一　山の上から聞こえる「女性のワーワー怒鳴る声」

コンクリート山の中腹から聞こえると思われます。一人の女性が怒鳴っているような声がここ数日間ずっと聞こえ続けており、作業しているときなどうるさくて妨害になっております。言葉を喋っているようですが、何語かはわからず、ただ録音されたようにまったく同じものが何度も繰り返し聞こえてきます。

二　（千乃車から見て）右側から聞こえる「お祭りの賑わい」

PW（引用者注：パナウェーブ研究所）からすれば同じく右後ろになりますが、実際にはコンクリート山よりやや前方寄りの山の向こうから聞こえると思われます。夏祭りのようなガヤガヤした人のにぎわいに加え、太鼓や笛の音も混ざって聞こえます。しかし、奇妙なことにこれは農道からPWまで行く砂利道（私道）でないと聞こえません。また当然ですが、コンク

リ山でお祭りは行っていません。（『フェニックスの翼に乗って』四五四頁）

〝騒音攻撃〟は、ほかにもビーム音やブーンという重低音にキーンという甲高い音、さらに安いエレクトーンのような電子音でもおこなわれたらしい。こうした〝騒音〟は千乃のみではなく、研究所に詰める会員たちにも聞こえた。

幻聴だけではなく、幻視も千乃を襲った。このころ、一〇年以上自分を苦しめ続けたスカラー波を、千乃はついに肉眼で捉えることに成功したのである。二〇〇五年冬の機関誌に千乃はこう記している。

今年の夏、アルカディアの車内に侵入した物は濃いブルーと黄色の直線で、千乃の頭の周りや身体の周辺でバチバチとショートするような音を発していました。大声でスタッフを呼ぶと数秒で消えましたが、はっきり車のフロントから〝数本のビーム〟として侵入、そして消えました。S波を視覚で把えたのは生れて初めてです。

（『フェニックスの翼に乗って』四六四頁）

千乃正法会が始まって二〇年以上――。数々の裏切りを経て、メディアスクラムの受難も克服し、前年の大背反事件も乗り越えて、このころまで千乃の下に残った会員は、みな筋金入りの「正法者」である。千乃の幻視は、〝騒音攻撃〟と同様に会員にも見えるようになった。一一月には「ホログラフィのように空間に投影される小型のUFOのような一メートル弱の不審な物体」を複数の会員が目撃。それは一部の会員にしか見えず、霧のようにうっすら見える黄色や紫色で、触ろうとしても突き抜けてしまうし、写真に撮っても写らない。

「スカラー波の反応があるところには十中八九、この物体がある」

「物体ではなく、三次元の写像ではないか」

「スカラー波攻撃を軽減させる目的で同盟星のUFO艦隊が置いたものではないか」

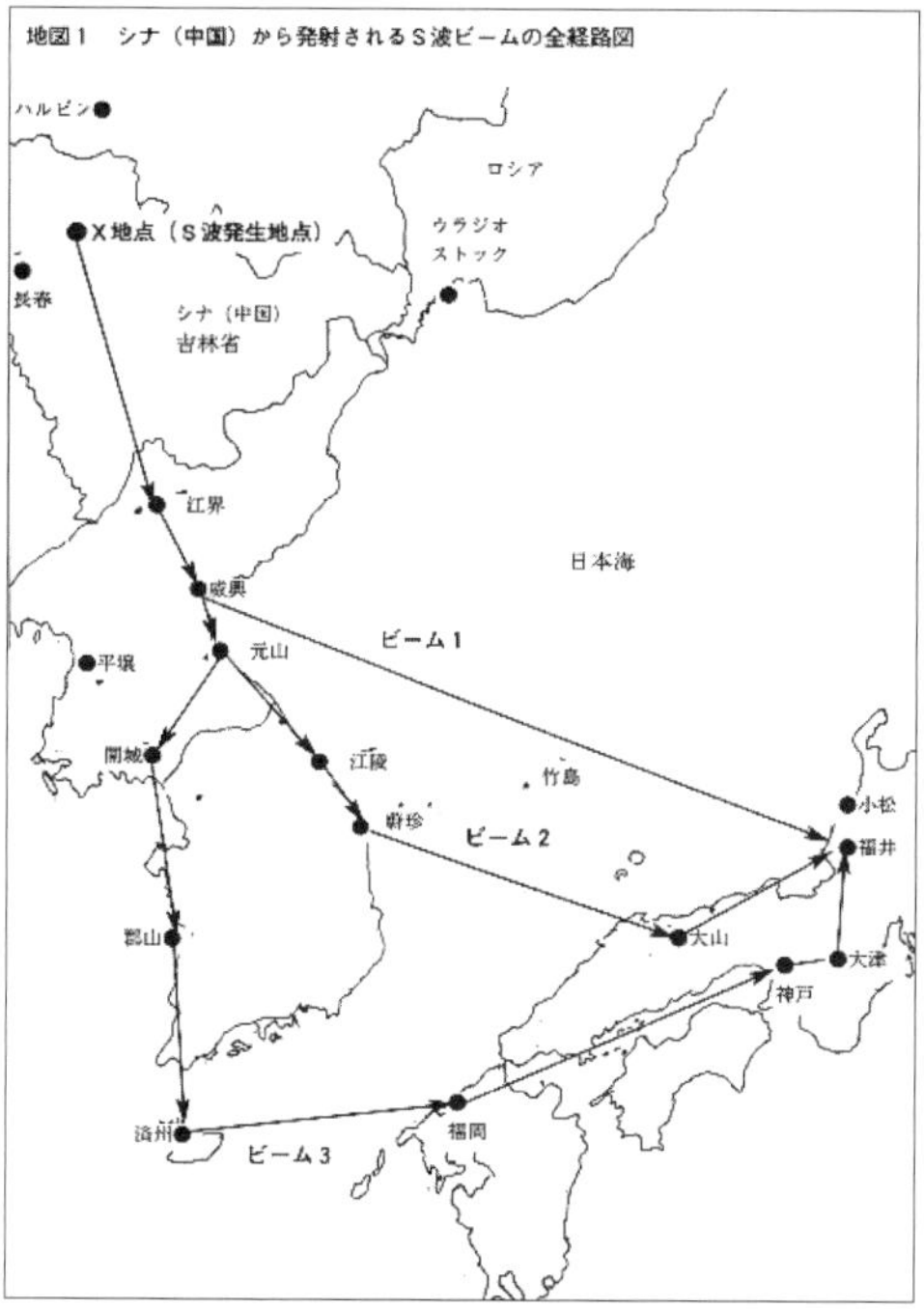

図5　報告書に掲載された地図（中国東北部から日本海と朝鮮半島を渡ってスカラー波ビームが福井県に到達する経路がわかる。『フェニックスの翼に乗って』444頁より）

「いや、過激派ゲリラが置いたスカラー波のアンテナだ」

パナウェーブ研究所の中では、この〝物体〟の正体についてさまざまに議論された。結局、千乃によって「ホログラフィック画像でスカラー波の中継地点を偽装したもの」（『フェニックスの翼に乗って』四六七頁）と結論づけられた。

一二月、これまでにおこなった調査で、スカラー波は中国東北部の吉林省から朝鮮半島を通って、福井県五太子町に撃ち込まれているということが判明した。

「中国大陸から発出されたスカラー波が日本海に浮かぶ偽装漁船や福井県内の高圧電線で増幅されて、福井市五太子町のパナウェーブ研究所の千乃裕子が乗るワゴン車まで撃ち込まれている――。そしてこのスカラー波攻撃の出元は中国共産党政府である」

そう結論づけられて千乃に提出された報告書には、中国から発射され、福井県にいたるスカラー波攻撃の軌道を記した地図が添付されていた（図5参照）。

第八章　千乃裕子の死

地球氷結

二〇〇六年に入り、千乃の体調は悪化した。だが、千乃は「病院は千乃車や研究所のようにスカラー波防御のシールドが完全にできておらず、入院することがかえって死を早めるだけだと天上界から言われている」として、入院することなど初めから考えになかった。

このころには会員数の激減による資金難から、機関誌を作ることが思うようにいかなくなり、代わりに「瓦版」というかたちで簡易な冊子が作られるようになった。「瓦版」の中で千乃は変わらず、講読する「ムー」や各種オカルト本を読んだ感想、宇宙人から聞いた宇宙の構造、車の中で飼育している小バエやトビケラの様子を書き綴り、過激派によるスカラー波攻撃の被害を訴えた。

〝ニビル星の接近〟による地球の危機は回避されたはずだが、ニビルが去ると、千乃は新たに〝スカラー波による地球凍結〟の危機を訴え始めた。なんでも、過激派が千乃を攻撃するため一〇年以上にわたって出し続けたスカラー波が地中に溜まった影響で、「来年三月以降には地球が寒冷化し、五年後に凍結して死の星になる」ということらしい。

千乃は、「凍結する地球から脱出するためにＵＦＯが迎えに来る」と言い、瓦版では全国の会員に向けて、迎えに来たUFOに乗るための準備を呼びかけ、凍結に伴って訪れる地球全体の寒冷期に動物を死なせないため、なるべく多くの野良猫や野生動物を保護して暖かい屋内に入れるよう促した。

S波の渦によって地球は氷結し五年後に冷却して死の星になる。愚かな地球人類です。

PWや正法会の選ばれた人のみが幸運な後世を送る事が出来ます。UFO旅行は高齢者や病弱者には耐えられない物《ママ》であり、介護者がその三倍の人数を必要とし、科学者グループが搭乗できなくなります。

来年三月以降は冬季で、野生動物の大半は凍死します。出来る者は救出して個人宅でお世話頂かないと、全員餓死と凍死です。（以上、『フェニックスの翼に乗って』三四七－三四九頁より）

千乃は、ノアの箱舟さながらに、パナウェーブ研究所で飼育するペットや野生動物を一〇〇匹ほどに選別し、UFOの中で飼育するためのケージや別の星に行くまでの食料を確保することを唱えた。一方、機関誌には「食料は個人負担でお願いしないと、正法者がガタ減りした現在、PWでの負担は不可能なのです」とも書いている。資金難と人員不足から、「地球脱出」の準備など十分にできないことは自覚していたようだ。

「地球脱出」のために、資金も人員も不足していた当時のパナウェーブ研究所にできたことは、ＵＦＯの着陸場所を確保するために研究所近くの木を勝手に伐採したり、カラスに餌やりしたりすることだったが、いずれも行政や住民とトラブルになった。特にカラスへの餌やりは、カラスが増えて周辺の農作物が荒らされる被害が出た[33]。近隣住民からなる自治会はこれに抗議し、警察や行政にも掛け合った。だが、「エサ場は敷地内にあるので手が出せない」ということであきらめるほかなかった。

このときに千乃が説いた〝地球氷結〟終末論の情報源は不明である。前述のとおり、千乃は「ムー」をまるで「ニューズウィーク」や「ニュートン」のような国際情報誌・科学雑誌と同列のものとして読んでいたが、二〇〇五年から二〇〇六年までの「ムー」を通読してみても、〝地球氷結〟に関する記事は見当たらず、むしろ温暖化に警鐘を鳴らす記事が多い。

たとえば「あなたを襲う地球規模の大飢饉　温暖化の破局は戦争を引き起こす」(「ムー」二〇〇五年五月号)という記事では、温暖化が進めば世界中で飢餓が進むと論じられ、「この夏、陽光が殺人光線に変わる!!」(同二〇〇五年八月号)という記事ではオゾン層の破壊が進んでおり、紫外線が癌や失明などの重大な疾患を引き起こすと語られた。

しかしこの時期、「ムー」ではないものの、逆説的に「温暖化が進むと地球は寒冷化する」と論じる雑誌があった。科学雑誌「日経サイエンス」(日経サイエンス社)である。同誌二〇〇五年二月号には「温暖化が進んで極地の氷が解けると海洋が淡水化して海流の動きが弱まり、赤道付近の温かい海流が北半球(あるいは南半球)に流れなくなるため、結果として地球は急激に寒冷化する」という記事が掲載されていたのだ。

この記事を千乃が読んでいたかどうかは不明であるが、千乃の没後に発刊された書籍『フェニックスの翼に乗って』には同記事が引用されている。よって、千乃が同誌記事を読んだという推測もできなくはない。

正法の大黒柱として財政的に会を支えた浜田進英は、すでにいない。このころの千乃正法会は資金難から、もはや新しい白布が買えなくなったため、スカラー波防御には向かない毛布が千乃車周辺に幾重にも配置され始めた。毛布は木綿の白布と違ってスカラー波が帯電しやすく、毛布に溜まったスカラー波を落とす洗濯作業も同時並行でおこなわれた。しかし焼け石に水で、千乃が乗る車の周辺にはこれまで以上のスカラー波が蓄積された。

また、人員不足と資金難の影響は、渦巻き模様の図形ステッカーにも及んだ。図形ステッカーの作製作業も満足にできず、車の周辺の白布や図形は古くなって劣化し、性能が落ちたため、スカラー波がそこに滞留しやすかったのだという。

最後の動揺

夏になると、また一騒動起こった。「パク（キム・ソン・パク）」と名乗る北朝鮮の元工作員亡命者（の霊）が千乃の下にやって来たのである。パクが言うことに千乃は心底怯えた。なんと、日本海から北朝鮮のゲリラが何十人も福井県に上陸して五太子町の民家に潜み、千乃を攻撃しているらしい。

千乃はパクからゲリラの動向を聞き、瓦版にその情報を書いた。すでに五〇名ほどの北朝鮮の特殊部隊がパナウェーブ研究所のすぐそばにある民家に潜んでおり、千乃がパクから聞いたところでは「彼らの所有するスカラー波兵器は小型で二四センチ、多機能付き、〝ガン〟と称する物は五〇センチ弱で、その威力は三〇名ほどで五太子全体を灰にするのに二、三日しかからない」とのことだった。

前述したとおり、千乃が受けるスカラー波攻撃には〝悪臭攻撃〟というものがあったが、北朝鮮のゲリラも例にもれず、「便壷や浄化槽を利用してスカラー波を打ち込」んできたという。北過激派や北朝鮮の工作員からつねに至近距離から監視され、攻撃されているという千乃の恐怖感は、いかばかりだったろう――。あるとき、千乃は言った。

「研究所の外すぐそこにゲリラの車が数台停まっている！」

しかし、そこには何もない。

「そこの木造の民家に北朝鮮のゲリラが潜んでいる！」

しかし、そこにも誰もいない……。

「誰もいませんでした」

「車は停まっていませんでした」

隊員たちは見たものを見てきたとおりに報告するしかなかったが、千乃は事実を報告した隊員を叱責した。隊員たちは「五太子の民家にゲリラが潜伏しているというパクの情報は誤り」と冷静に伝えたものの、千乃はパクを信じ切っていてまるで聞く耳を持たない。さらには〝潜伏ゲリラ〟の情報を警察に伝えるよう指示を出した。

こうした千乃の言動に、隊員のあいだで「先生は騙されているのではないか」と疑問が噴出し、「『警察に報告しろ』という千乃の命令に従うべきかどうか」について葛藤が起こった。

彼らの葛藤の理由はこうである。

世間でどう思われようが、パナウェーブ研究所の主観としては、電磁波・スカラー波攻撃の調査は公益に供する目的意識を持っておこなっていることであり、その被害状況や加害行為の実態を警察に報告することは、共産主義過激派の知られざる犯罪行為を公安当局に知らせ、公安行政と社会に警鐘を鳴らすものである。こうした理屈において、警察の信用を失うことはもっとも避けるべきことであり、隊員には「警察が技術的にできないことをわれわれが代わりにおこなっているのだ」という自負心があった。

警察は味方であり、協力相手である――。こうした意識から、地球凍結に伴ってUFOで地球を脱出する際には、警備のため、「福井県警の警察官もUFOには乗り込む」ということにもなっていたのだ。

「見に行っても誰もいない。にもかかわらず千乃様はゲリラが隠れていると言う……」

隊員たちにとって「目視で確認した事実と異なることを警察に報告せよ」という千乃の指示は、受け入れ難いことだった。いままで警察に提出した電磁波攻撃の調査報告書は、検知器を用いたスカラー波の検知記録や隊員にも聞こえた〝騒音攻撃〟の詳細な記録が付してあり、パナウェーブ「研究所」の名のとおり、一応はデータに基づいた「科学的」根拠のあるものだった。だが、今回は千乃の言葉以外に何も根拠がないのである。

これまでは目に見えないスカラー波が相手であり、「締め付けビームが来ている！」や「スカラー波を逆流させるな！」と怒鳴られても、それが見えないものであるがゆえに、隊員は耐えられた。しかし今回は違う。「あそこにゲリラがいる」と言われて見に行って、「いなかった」のである。そして、それを何度説明しても千乃には通じない。隊員たちは混乱した。

「浜田たちがしようとしたように、二年前に先生に入院していただいていれば……」

普通の感覚ではきっとそう思ったであろう。だが、数々の苦難と背反事件を経た隊員たちは違った――。彼らは悩み、混乱しながらも、最終的には千乃の言うとおり、警察に上申書を提出したのである。根拠のない千乃の指示のとおりに隊員たちが動いたのは、彼らが自分たちをこのように定義したためだった。

「最後まで、決して千乃様を裏切らない精鋭を天は残したのだ」

彼らは固くこう決心した。

「あのときに浜田たちを切り捨てたからこそ、いまのこの事態にも動じず、千乃先生を裏切らない私たちが残ったのだ。天の意思には深い意味があるに違いない。私たちは最後まで千乃様についていくほかないではないか」

不十分な電磁波防御態勢でスカラー波が充満し、共産主義過激派に加えて、北朝鮮のゲリラにも狙われるパナウェーブ研究所――。研究所に残った会員たちは一致団結していたものの、千乃はしばしば鼻を突く悪臭攻撃に苦しみ、尿漏れも続き、腰の骨もキリキリ痛む。内臓も痛んで食事どころではない。会員たちは、そんな状態の千乃が時に笑って「死んだあとは会員の自宅を訪ねるのが楽しみです」と言ってくれる姿が痛ましかった。

天の嘘

研究所の会員はみな、千乃が伝える「パク」の言葉を混乱しながらも信じた。もしここで誰かが千乃の言葉を信じなかったら、千乃はその会員を「裏切り者」と断じたであろう。そして、「こんな身近にまだ悪魔（千乃を信じない者）が残っていたのか」と、その裏切り者が仲間として潜んでいたことを、悪の敷いた伏線だったと千乃が捉えたことと予想される。

千乃正法会では、善とされていたものがじつは悪だったとする、こうした設定の転換がつねになされてきた。すでに述べたように、憧れの対象であった高橋信次が「サタンの側に付いて天に背いた」として「消滅宣告」されたこと。高橋信次の後継者として入会を希望したGLAが「GLAはじつはサタンをおびき寄せるために神が作った囮の団体」とされたこと。人類を善導する存在であったイエス・キリストが、一九八六年に突如、「イエス・キリストは、ユダヤの民を天上界から離反させるためにサタンが神（エル・ランティ）を騙して生み出した存在である」とされ、聖母マリアとともに「サタンの傀儡」とされてしまったこと……。

過酷なキャラバンで千乃の下を去った者はみな、悪魔に魂を売った背反者とされた。このように善とされるものの正体をすべて悪の敷いた伏線として回収する千乃の発想は、幼少期に実父を亡くしたり、養子に出されたり、迷える子羊を救うべき教会で除け者にされたりするなど、延々と愛する者に裏切られてきた自分の人生の悲嘆の意味を、高橋信次やイエス・キリストという救い主、また自分を敬愛する弟子をあえて対象喪失に追い込むことによって、矛盾的に創造するという「裏切られることの意味の逆説的構築」の試みのようにも見える。

しかし、千乃が天の仲介者となってこの方三〇年、大量の裏切り者を出したキャラバンが始まって一五年が経ち、いつのまにか周囲には、千乃を裏切る人間など物理的にすべていなくなってしまった。「人間から裏切られること」すらもついになくなった千乃は、今度は天が自分を裏切ったことに気づく。じつは、天は千乃を翻弄し、ある嘘をついていたのである。そして、この嘘の意味を千乃は最後まで知ることはできなかった。

そう。千乃正法最後の大混乱を招いた〝パク〟は、じつは大魔王を連れて来ているサタンの手下だったのだ——それがわかったのは、警察に上申書を出して間もなくのころだった。

「近くの民家にゲリラがいる」というパクの談は、じつは嘘だった——。パクは虚言を弄《ろう》して千乃を油断させ、大魔王を千乃の車に招き入れ、最後の攻撃を仕掛けようとしていたのだった。天に騙され、警察に誤情報を流してしまった千乃は、意気消沈した。九月末から一〇月初頭にかけて、車の中で一人、「どうして天は私を騙すのですか？」と自問自答する千乃の姿が会員によって目撃されている。

全部間違いでした。警察もマスコミも、私が嘘をついていたと言っていると…これでは信用を失ってしまいます。警察に見放されてしまいます。パナウェーブだって、信用ゼロです。何故、ああいうデタラメを仰ったのですか？　何故ですか？

（『フェニックスの翼に乗って』五七五頁）

千乃は深いため息をつきながら肩を落として、悲しそうに、静かに、天と会話をしていた。

「なぜですか？　教えてください、なぜいまごろになって、パクが悪魔だったと仰るのですか？」

千乃はそう繰り返し、車内にやって来たミカエル大王をしばらくじっと見つめていた。ほどなくして、千乃は倒れ、足と腰に力が入らず、自力で立つことができなくなった。五太子町の山を染めていた夏らしい深緑の木々の葉が、徐々に紅色に染まり始めるころだった。

悪魔の柱

二〇〇六年一〇月七日、自分の力で動けなくなった千乃を慰めようと、会員たち有志が聖歌隊を結成し、千乃のために讃美歌を歌うことになった。千乃はキリスト教徒だった過去の名残で讃美歌を聴くのが好きだった。

「少し早いクリスマスを迎えたようです、ありがとうございました」

「皆様が悪に対して戦ってくれた精神に感謝します。今年の暮れには新天地に行きます。残った人たちは野生の動物たちに餌をやってください……素晴らしい地球の歴史が作れました。ミカエル大王とともに皆様のお幸せを心からお祈り致します」（『フェニックスの翼に乗って』六九五頁）

讃美歌の合唱に聴き入った千乃はそう言った。このころの千乃はすでに内臓機能が低下して、食事は流動食のみ。ひどいときはジュースと番茶しか摂取できなくなっていた。

一〇月に入って、千乃は頻繁に「悪魔の柱が体の中に立っているようだ」と口にするようになっていた。

「真上に突っ立っている悪魔の柱をもぎ取って、ボイド空間[34]か銀河系に捨てることはできませんか」

「頭の上に悪魔の柱が居てミカエル様にくい込んでいます。どうにかしてください」
「ミカエル様のふりをして、そばにいる悪魔が、上空にいる」
「あの悪魔をボイド空間へ、放り込めていない……」（同前、五七九‐五八一頁）

隊員や世話係の会員は苦しむ千乃を見て、自分たちの非力さを悔やんだ。
「悪魔が相手では人間の出る幕はない……」
「千乃先生の真上に柱のように浮かんで直接攻撃する悪魔……私たちの手ではどうすることもできない……」

千乃は、自分たちを遠い宇宙から見守っている同盟星に助けを求めた。隊員たちは必死に悪魔と対峙する千乃に、何もしてやれない状況が恨めしかった。

一〇月二二日未明、福井県五太子町パナウェーブ研究所の上空に不思議な流れ星が二〇以上も落ちた[35]。

翌一〇月二三日、千乃は目を開けてじっと上を見ていた。いままではそんな行動をとったことがなかったので、付き添いの会員は不思議に思った。ミカエル大王と話をしているのか、悪魔の様子を窺っているのか、それとも自分の命の終わりがもう数日後に迫っていることを悟ったのか――。

千乃は生まれてこの方、何度「死にたい」と思っただろう。

八歳で父親を亡くしたとき。一二歳で母親に捨てられたとき。大人になるにつれ継父といがみ合ったとき。他人から認められない悔しさ、苦しさを抱いたとき。社会人として人間関係に悩み、孤独感を覚えたとき。キリスト教に助けを求め、牧師からも教会からも拒まれたとき。GLAに入れてもらえなかったとき。サタンに襲われたとき。小田優子が去ったとき。アメリカに行けなかったとき。大川隆法が現れたとき。共産主義者から電磁波で狙われるようになったとき。マスコミに誤解されたとき。そして「先生」と呼んで慕ってくれた人たちがみな自分を見捨てて去ったとき――。

これまで何度も「死にたい」と思った。だが、死ねなかった。

エリザベス・キューブラー＝ロス著『死ぬ瞬間』（中公文庫）によれば、死を悟った人間は、否認、怒り、取引、抑鬱、そして受容の五つの段階を経て死にゆくという。自分の死が避けられないと悟った人間は死ぬことを否認し、なぜ自分が死ななければいけないのかと怒る。そして、自分が死なずに済むのなら大切な何かを犠牲にすることもいとわないと願う。だが、その取引が無益な試みであると悟り、失望する。失望を通り過ぎるまでに死の訪れが幸運にも来なければ、ようやく人は死ぬことを受け容れることができる。そして、臨終の間際になった人は過去を回想する。近い記憶は消え、遠い幼少時代の記憶をつい昨日の出来事のように思い出す。すでに故人となった遠い思い出の中の人物との交流を通し、生と死の境界線が消え、過去と現在と死後の未来が円環のように繋がる奇妙な安堵感を覚える。

千乃はいつから死を受容したのか。キャラバン逃避行に出たのも「電磁波で死にたくない」が理由だったが、いつしか「私はあと数週間で死ぬ」と、自分の死を率先して受け容れるようになった。しかし結局、それから数年も生きながらえた……。

一九七七年に大阪の下町で神の声を聞いてこの方三〇年、かつては日本全国で大勢の人を魅了したその筆致は変わらず、天の奇蹟を証《あか》していたはずだが、福井県の寒村で千乃が明かす「天国の扉」の周囲には、もう二〇人程度しか残っていなかった。

私はよく、小さい頃から人から誤解を受けては、悲しい思いをしていたものでした。

（『天国の扉』一四頁）

天の証しを続けた三〇年間で、千乃の下を去ったのは、つねに誰よりも千乃のそばにいた人たちだった。大阪で千乃と一緒に天使を降霊してくれた愛弟子の小田優子は一九八二年に去り、千乃の証しする天の声を信じた大阪と兵庫の会員たちは一九九一年に去った。東京で集いの主宰をし、書籍も共著した北沢健彦は矢田芳美らとともに一九九四年に去り、献金で会を支えてくれた者や一〇年来のキャラバンを率いた隊員たちの多くは二〇〇四年に去った。

一〇月二四日、女性会員の「もしものときには救急車を呼びましょうか」という問いかけを千乃は静かに拒絶した。

一〇月二五日の夕刻、千乃はパナウェーブ研究所の敷地に停まる「アルカディア」と名付けた車の中で息を引き取った。七二歳だった。

山の向こうの日本海に沈む夕陽は、いつもであれば五太子町の空を赤く染めるのに、この日の夕空はほんのり黄金のように鮮やかだったという。

第九章　予言が外れたあと

〝謎〟の解き明かし

「千乃先生が亡くなってから、会員が残っている各地で追悼式をやりました」

二〇二〇年三月、一年ぶりに会った宮野は、体調が悪い日が続いたのだろうか、少し頬がこけていた。

初めて宮野に会ったのは二〇一九年二月であった。この一年間、私は千乃正法会の過去の機関誌をはじめ千乃の著作にはすべて目を通し、二〇〇三年の白装束キャラバンの報道関係資料を読み通したほか、元会員にも何人か直接取材し、千乃正法会の通史をまとめる作業を続けてきた。

「だいぶ、勉強したようじゃないですか」

千乃の著作を読み込んでまとめた第二章後半の草稿（千乃正法の教義）を見せると、宮野は満足そうにほほえんだ。私が今回、宮野に会おうと思ったのは、千乃の死と同時に廃刊になった機関誌をいくら読んでもわからなかったこと――千乃の没後に千乃正法会に起こった出来事――を知るためである。

「先生が亡くなって、パナウェーブ研究所はなくなりました。そもそも先生を電磁波から守るための組織でしたのでね。亡くなったあとの先生のご遺体は集いに引き渡されて、火葬されました。その数週間後ですね、追悼式をしたのは」

千乃は天涯孤独だった。実父の実家とは母の再婚を期に疎遠となり、母の実家とは宗教活動を始めたことで疎遠となった。遺骨はパナウェーブ研究所に引き渡されたが、墓は建てられなかったそうだ。ということは、そのまま五太子町のパナウェーブ研究所（現エルアール出版）内に安置されているのだろうか。

千乃が一〇月二五日に亡くなって、翌月には東京、大阪、草津、福岡で追悼式がおこなわれた。追悼式には、もう数十人もいなくなった全国の会員と死の直前まで千乃の側にいたキャラバン隊員たちが集まって、思い思いに千乃の死を悼んだ。一一月一二日に全国の先駆けとして東京で営まれた追悼式は、讃美歌の斉唱、千乃が作った詩の朗読、そして献花がなされ、千乃や会との思い出やこれからの思いを語り合った。

みなが、千乃の早すぎる死を惜しんだ。

キャラバンで移動中は千乃先生という共産ゲリラにとっての目標が常に動いているため、ここまでS波攻撃はひどくなかった。千乃先生の居場所を確認するため、共産ゲリラが頻繁に偵察に来ていた。ＰＷ研究所に閉じ込められなければ、千乃先生はまだ御存命だったかもしれない。（『フェニックスの翼に乗って』四三六頁）

天国の証しをする指導者がこの世から消えた――。会員たちは、千乃が生存する限り続く混乱からは解放された。同時に、千乃がこの世からいなくなった喪失をどう受け止めてよいかわからず、不安で胸が押しつぶされそうになった。会員にとって千乃は、白装束キャラバンや背反事件、死亡事故など会員がこうむったすべての苦難の原因であると同時に――またそれがゆえに――天の意思を仲介する使者だったのだ。追悼式に参加した宮野は、甘美な虚脱感と言いようのない憤りを胸の内に抱いていた。

なぜに、天に従っているはずのわれわれを天は苦しめるのか。どうしてたくさんの裏切り者が出たのか、なぜ天の仲介者が死ななければならなかったのか。天はなぜわれわれを過激派との電磁波戦争に駆り出したのか――。二〇〇三年五月の白装束集団騒動の直後には正法から足が遠ざかった宮野だったが、ここに来て、自分が信じ続けたことに対するなにがしかの答えを得ようと渇望していた。

宇宙創成から続く正法のうねりの中でこの世に生まれた自分が、千乃裕子という「天の仲介者」と邂逅《かいこう》し、癒され、苦しみ、ひたすらに生きた意味は何だったのだろうか――。追悼の場で語られだしたのは、ここ十数年で、千乃と正法の集いの中で起こった狂騒と苦難の〝謎の解き明かし〟だった。

「千乃先生はね、死ぬ瞬間に『悪魔の柱が立っている』と仰ったでしょう。それが大魔王〝エンキ〟だったんです。その大魔王を身体に引き入れて、死ぬと同時にミカエル様が天の軍勢を率いて、大魔王の軍勢をすべて消滅させたんです――」

千乃が死んだあとになされた〝謎の解き明かし〟を、宮野の言うとおりにメモし続けると、だいたい以下のような〝物語〟になった。

サタンの勢力は天の使者である千乃を抹殺するために共産主義過激派を使って、一九八〇年代末から一〇年以上にわたりスカラー波攻撃をおこない続けた。パナウェーブ研究所が千乃を防御し、スカラー波を地面に流す作業をし続けた結果、スカラー波が地中に溜まり、地球の寒冷化が免れえない状況に陥った。地球凍結にいたっては地中に潜むサタンも死滅してしまうため、それを阻止すべく、老衰で意識薄弱となった千乃に「悪魔の柱」として入り込み、千乃を直接殺害しようと企てた。

そして「パク」は千乃の味方のふりをして、大魔王を千乃の乗る車に招き入れ、最後の攻撃を仕掛けようとしていた。パクに騙された千乃は騙されたがゆえにパクに気を許してしまい、大魔王の侵入を許してしまった。

サタン勢との戦いの末、千乃の肉体が死に、千乃が霊体として肉体の外へ出た瞬間に、ミカエル率いる天の軍勢とサタンたちの最終戦争が起こり、霊体となった千乃やミカエルが率いる天がサタンに完全勝利を収め、大魔王らサタンが消滅した――。

この〝物語〟は宮野だけの解釈ではなく、千乃正法会としての正統な解釈である。千乃の没後に刊行された遺稿集『フェニックスの翼に乗って』にも、端的にこう書かれる。

（千乃は）攻撃を受け苦しみながら、スカラー波の科学的な知識を生かし、その攻撃を逆手に取った大逆転の勝利で使命を成就した。（『フェニックスの翼に乗って』六頁）

淡々と〝謎の解き明かし〟をする宮野に、私の世界観がついていかない。むしろ、解釈できない「意味の泥沼」に突き落とされたような気分になった。宮野の話をどのようにメモすればよいのか。宮野の話をただただノートに書き進める筆先を見て、私の理解の浅さに気づいたのだろうか、宮野が確認するように私に尋ねた。

「わかりますか？」

——何がです？

間の抜けたような声で私は聞き返した。

「つまり、スカラー波の攻撃も苦しいキャラバン生活も、背反事件もね、すべては大魔王をおびき寄せて、消滅させるための〝罠〟だったんですよ」

宮野はこう続けた。

「千乃先生はスカラー波自体を消滅させたり、電信柱を壊したり、共産党などの過激派に対して実力行使をして電磁波攻撃に対抗しようとしたことはなくて、すべて受けたスカラー波攻撃を地面に流す『防御』に徹していたんです。それが、じつはスカラー波を地中に流して地球を冷却して、大魔王をおびき出すためだった。サタンが仕掛けたスカラー波攻撃を、千乃先生が天上界のエネルギーで予想以上に耐えたから、地球が氷結する危険性が出てきた。何度も起こった背反事件も、離脱者を大量に出した過酷なキャラバン生活もね、『絶対に裏切らない精鋭だけの体制で、大魔王をおびき出すための罠』だったんですよ」

つまり、「千乃先生は気が狂った」と言われるような一連の言動もすべて、裏切り者をあぶりだし、最後に大勝利を期すための布石だった――ということになる。

――それは、千乃先生が亡くなったあとに、会員の中でそういうことが言われたということですか？

なぜか私も千乃「先生」と咄嗟に言ってしまった。

「そうです。亡くなったあとに、すべてがわかったんです」

聖なる者が己の死とともに悪を消滅する物語は、少女時代の千乃が親しんだイエス・キリストの贖《あがな》いの死が原型だろうか。カリスマが消え、残された者たちがそのカリスマ消失の意味を解き直し、紡ぎ、構築するという営みは、古今東西、あらゆる宗教でなされてきた。

「亡くなって、天は千乃先生の側にあったってことが改めてわかりましたね。その証拠に追悼式をやったあとにはＵＦＯが飛来したんです」

一一月一二日の追悼式の翌日にはＵＦＯが東京上空に飛来したらしく、一部の会員によって目撃されている。

東京での会の翌日、一一月一三日朝、広川会長代行、狩矢センター長と駅に向かう道で、会長代行が突然「同盟星のＵＦＯだ」と言われたので、視線を追って空に目を遣ると、抜けるような青い空にものすごいスピードで飛ぶ飛行機のような物体を捉える事が出来ました。

白い尾を引いて一見飛行機のように見えますが、スピードが違います。私も素直に信じることが出来ました。(『フェニックスの翼に乗って』七〇一頁)

苦悩

しかし追悼式のあと、千乃の死の意味や自身がこうむった苦難の意味が解き明かされたにもかかわらず、第一章で述べたとおり、宮野は会から離れることになった。

「千乃先生が亡くなったあとの会の主導権を巡って、代表代行と科学班班長だった加賀さんのあいだでいざこざが起こったんです。くだらない内ゲバですよ。会員に対して、加賀さんに嘘の証言をしろと、代表代行とか出版社の人が強要したと聞いてるけど、詳しくはわかりません。そうこうしているうちに、瓦版の記事にくだらない内部批判が多くなって——」

加賀は、本書の第五章に登場した『波動性科学』を基に千乃とスカラー波の理論を構築した人物である。千乃の生前、加賀は千乃のそばで直接に霊能開発を伝授され、〝宇宙人の出迎え〟の手伝いもする立場にあったらしい。千乃先生に気に入られていた——、その様子がほかのメンバーの妬みを買ったということもあっただろう。

ともあれ、両者の関係悪化から、千乃の没後に千乃正法会は出版社を中心にしたグループと、加賀のグループに分かれたらしい。出版社は、正法会の初期のころから千乃のそばで講師をしていたヨハン・ダニエル(本名、金鏞漢)という在米韓国人と会長代行の二人に率いられている。

金鏞漢は、一九二九年、日本統治時代の韓国に生まれた最古参の会員だ。一九八一年にソウル明洞《ミョンドン》の日本語の本を売る書店で千乃の書籍『天国の証』と運命的な出会いをして入会した千乃正法会の〝講師〟である。千乃正法会がまだまともだった八〇年代には〝講師〟として任命された会内の有力者が金のほかにも複数いたが、彼らは軒並み九〇年代以降に千乃正法会がカルト化するにつれて脱会した。金は八〇年代にアメリカに移住（第四章参照）したこともあり、八〇年代後半以降、嵐のように吹き荒れた千乃正法会のカルト化と大量脱会の旋風から結果的に守られるかたちとなったのである。

出版社は千乃裕子の没後も変わりなく、千乃の諸著作の新版や、ヨハン・ダニエル（金鏞漢）名義の新著を出版している。二〇〇六年の千乃裕子没後に出版された本は以下の六冊。

①『フェニックスの翼に乗って―新しき天の救い―』（千乃裕子著、二〇〇八年）…「白装束キャラバン」と騒がれた二〇〇三年から二〇〇六年の千乃の死までの機関誌をまとめた千乃の遺稿集。

②『天国の扉を開くマスター・キー―真我が解れば人が変わり人類が救われる！』（ヨハン・ダニエル著、二〇一三年）…過去の千乃正法会の書籍の抜粋に現会員の信仰体験談、ヨハン・ダニエルによる千乃正法会の教義の解説が載る。

③『天国の扉―未来への幸せをめざして（改訂版）』（千乃裕子著、二〇一三年）…千乃正法会のバイブルにして千乃裕子の初著。初版は一九七七年。千乃正法会の教義を解説した本。本書の次に合計六冊の「天国シリーズ」と題する書籍が出版される。

④『天国の証―最後の審判より希望の星へ（改訂版）』（千乃裕子著、二〇一四年）…右に同じく、千乃正法会のバイブル。千乃裕子の二作目。初版は一九七八年。千乃正法会の教義を解説し

た本。
⑤『天が証された驚くべき霊界の真実―まちがいだらけのあなたの人生』（会員の共著、二〇一五年）…千乃正法会の教義を初心者向けに解説した本。
⑥『天の奇蹟 写真集 天空のアート―神の業―』（金丸幸楓・立花弘章著、二〇一五年）…福井市の空の綺麗な景色を撮影した写真集。千乃正法会では変わった形の雲や太陽に虹がかかる日暈を「神が起こした奇蹟の現れ」とする。

「現在の集いでは、金先生が天の声を聞いて、霊体となった千乃先生と対話をするわけだけど、加賀さんのほうでも、加賀さんが天や千乃先生と対話をしているんじゃないかなと思います。大サタンが消滅した今の世は、もはや戦う必要がなくなったと基本的にはそうなってるんだけど、どう指針をもって生きて行くかは天に従うほかないから」

基本的に宮野とは順調に会話をしてきたつもりであった。だが、話のところどころに〝大サタン〟や〝天の声〟という言葉が口からサラリと発せられ、戸惑う。そんなとき、「そういえば、私は〝パナウェーブ研究所の元キャラバン隊員〟と話しているのだった」と思いだす。

――対話をするというのは、ようするにチャネリングみたいなもの？

「正法会は霊体も科学的に実在すると考えるんだけど、世間的にはそうなります」

――では、つまり、千乃正法会の中でチャネリングする人が二人いて、それぞれが別のグループに分離したということですね。

「ま、平たく言うとそう」

千乃死後の〝いざこざ〟によって会を離れた元科学班班長の加賀は、共に離会した元会員らとともに二〇一一年に新たな集いを作ったという。この集いは〝be With GODS〟と名付けられたホームページを持っており、二〇二二年五月現在も頻繁に更新をしている。ホームページを通して加賀自身に取材依頼を出したが、残念ながら返事はもらえなかった。

千乃正法会／パナウェーブ研究所が、公開情報として最後にメディアに登場したのは、二〇二一年五月に「文春オンライン」に掲載された鹿取茂雄氏による次のような記事だった。

多くの人たちにとって、パナウェーブ研究所に関する記憶はここ（引用者注：二〇〇三年五月の白装束騒動）で終わっているだろう。だが、彼らはその後も本拠地で活動を続け、私はその姿を追い続けた。〈中略〉大きな変化があったのは二〇〇九年のことだった、現地を訪れると、白い布はほぼ撤去され、パナウェーブ研究所の看板も下ろされていた。ここに至って、パナウェーブ研究所は自然消滅していたのだ。〈中略〉

あれから十八年が過ぎた今、現地はどうなっているのか。〈中略〉本拠地の前に着くと、以前と変わらず、出版社の看板が掲げられていて、郵便受けには千乃正法会の名前もあった。〈中略〉中から一人の男性が出てきた。千乃正法会とパナウェーブ研究所のことについて話を聞きたいと申し出たが、こんな言葉が返ってきた。

「うちは一切関係ありませんので」

にこやかな表情でそう言い放つと、「わざわざお疲れ様でした」と付け足した。ポストに堂々と千乃正法会と書いておきながら、一切関係ないとはどういうことなのだろうか。そう思い、質問を重ねた。

「過去のことを言ってもしょうがないので。今はみんな通ってきています。ここで平穏に過ごしたいだけなんです」

その言葉から、現在も粛々と宗教活動は続いているが、集落の人たちとはトラブルもなく平和に過ごしていることがうかがえた。〈後略〉（「文春オンライン」二〇二一年五月八日）

「パナウェーブ研究所は自然消滅していた」と「文春オンライン」は記す。しかし、千乃を信じる人々まで自然消滅したと思ったら、それは事実誤認だ。自然消滅したのはパナウェーブ研究所だけであり、記事にもあるとおり、千乃の死後も人知れず、千乃の正法を信じる人々は生き続けているのだから。

予言が外れたあと

「本当はね、一九七七年に千乃先生の命は終わる予定だったんですよ。でもサタンがまだ生き残っていた。だから天は先生の命を延ばしたんです。天の教えとして必要なことはすべて天国シリーズで話し終えた。でも、その後に左翼過激派やサタンによるS波攻撃が始まった。二〇〇六年一〇月に先生が亡くなって、ようやく大サタンが消滅した。天国シリーズを出しおえたあとの先生の人生は、サタンとの戦い、〝善と悪の闘い〟だったんです」

宮野が言うには、真理を説いて世直しを訴えるという段階は、初期の書籍を出版したときにすでに終わったことらしい。八〇年代から始まった反共活動と九〇年代に始まった白装束キャラバンは、サタンを絶滅させる、まさに「善と悪の闘い」だったのである。そして、その「善と悪の闘い」は二〇〇六年の千乃の死をもって終了した。

千乃は亡くなる前に「これからは自分たちの力で」と言っていたという。ところで、天の声の聞こえない世界を自分の力で生きてきた宮野の「いま、このとき」は、千乃がいたころよりも辛い現実なのだろうか。

――キャラバンをやってたころより、千乃先生の天の声が聞こえないいまのほうが苦しみは大きいということでしょうか？

そうたずねると、宮野は少し考えて「そうですね……」と言葉を継ぎながらこう続けた。

「当時といまとは、葛藤の種類が違いますけど。だから、いまのほうが……というわけではないんですが。いまはもう慣れましたが、亡くなったすぐあとは、確かに苦しかったです。天はどこにあるのか、わからなくなりましたからね……」

人間は、「狂気に従うための苦悩」を抱く一方で、「その狂気がなくなったがための苦悩」も同時に抱くのだろうか――。人間の精神は、苦難それ自体よりも「なぜ自分がこんなに苦しむのか」と、苦難の意味がわからないことに絶望を感じる。神は深遠な思し召しから人間に不可知の苦難を課し、人間はその苦難の意味を知ることができず、苦しみに悶《もだ》える。苦難はただ神に拠《よ》ってのみ、義とされるのである。そして、時に人間は、注射針を突き刺す獣医を治癒者として認識できない愛玩動物のように「この苦痛にいったいどんな意味があるというのか」と絶望し、逃れられない苦しみに向き合わなければならない――。しかし、意味があるかどうかもわからない不可知の苦難によって、あらゆる自由を剝奪されたように見える人間も、その苦難に対していかなる態度を取るかという部分については、絶対的に自由で主体的な意思が存在する。白装束キャラバンは、天国に取り憑かれた一人の女性による狂気の末路ではなかったのか――。人間は、その狂気の渦中にあっても、絶えず、その狂気の中に意味を見出し続ける存在なのだろうか。宮野は、千乃正法にのめり込んだ苦難の意味を紡ぎ、解釈を重ねて、千乃正法に没頭した苦悩と千乃を喪失した悲嘆を、抱き直そうと努めている。

「結局は人生をかけた〝問い〟になりますね、天の意思に生きるっていうのは。先生がいてもいなくても、それは変わらないですよ」

千乃正法との出会いは、人生を左右する苦難を宮野に与え、それは宮野の人生を苦しめ、翻弄しつつも、彼が〝問い〟に答え続ける主体的な歩みを止めさせなかったのだろうか。

傍目には狂気の末路にしか見えない白装束キャラバンの記憶。宮野が一つひとつ脳の底からねじりだすように話す言葉を、私はどう理解したらいいだろう――。一九六〇年代初頭に生まれた宮野は、二〇歳前後で千乃正法に出会い、三〇歳を過ぎてから四〇代半ばまでキャラバンで過ごし、その後、約一五年間、一人で答えを求め続け、こうしていま、静かに還暦を迎えている。

宮野がキャラバンで過ごした内的時間は、いまでは旧約聖書でモーセが旅した荒野の四〇年に比定《ひてい》されている。

「キャラバンやってるときは、モーセがエジプトを出てカナンの地に入るまでの『荒野の四〇年』にキャラバンをたとえることがありました。神様に見守られて、敵に追われながら約束の地に向かう。キャラバンもそう、過激派の攻撃をかわしながらだから。砂漠地帯で女子どもを連れて放浪する四〇年間は長いけど、そこから神と人間の数千年の長い物語が始まっていくでしょ。エジプトで奴隷になっていたユダヤ人が四〇年間の艱難で奴隷根性を叩き直して、また神様から与えられた地に帰る。ようするにそういう濃い四〇年があって、神様と人間の関係はそれからいまもまだ続いている。キャラバンも意義としては同じですかね。四〇年はなかったけど（笑）」

いわゆるカルト団体の被害者に見られる特徴は、周囲の人間がいくら諭しても「自分が信じていることはまちがっていない」とかたくなに信念を曲げないことであろう。その根拠は理屈ではなく、時に「だってあんなに尽くしたのだから」という自分の過去の献金や献身である。献金も身も捧げれば捧げるほど心は呪縛され、カルトにのめり込んでいく。帰還不能の限界点を超えると、もはや信念を捨てさせるのは著しく困難となる。ただ、ここで私は、宮野がこれに当てはまるかどうか判断する権力性を、あえて持ちたくはない――。

〝スカラー波〟は目に見えないが、宮野はその見えない〝スカラー波〟と戦い続けた結果、「あんなにスカラー波と戦ったのだからスカラー波がないわけがない」と思うにいたった。千乃の〝うわ言〟にずっと意味を探し続けた結果、千乃を信じた自分を疑わなくなった。そしていま、千乃の声が聞こえなくなったがゆえに生まれた新たな〝問い〟の余白を、もがきながら生きている。

千乃正法という宗教を愚かしくも強く信じ続けた宮野の人生は、確かに哀れな人生だったと人は言うだろう――。しかし、ゆっくりと言葉を噛みしめながら私の質問に答える彼の言葉の端々には、「どんな生き方をしようとも〝問い〟に答え続けるのが人生だよ」と、年少の私を人生の先輩として労《いた》わる人間的な優しさを感じずにはいられないのである。


ひととおりインタビューを終えると、宮野は「昔の話はぜんぜんしないから楽しかったよ」と感想を言ってくれた。そのあとは、他愛のない世間話に花が咲いた。最近読んだ本は何か。信州の郷土料理のざざむしや蜂の子、山賊焼きは食べたか。松本城には行ったか。温泉にも入らず東京に帰るのか――。

「最近読んでおもしろかったのは『時間は存在しない』かなあ。物理学の本だけどおもしろいから読んでみたらいい」

普通の話をしている宮野は知的な優しい紳士である。この大人が、果たして本当に過去、あの〝白装束集団〟にいて、〝ニビル星が接近する〟と信じ、〝過激派によるスカラー波攻撃〟と戦っていたのだろうか――。「時間は存在しない」のだとしたら、過去と現在は断絶されていることになるから、いま、私の目の前にいるこの人と過去のキャラバン隊員の宮野は、同じ人間だと私の脳が認識するだけで、物理学上、本当は何の関係もないのかもしれない。

一時間ほど話したあと、一緒に喫茶店を出た。店の前の国道には、車がひっきりなしに行き交う。出口の段差で転びそうになった私を笑って、宮野は店の駐車場に停めた車の鍵を開けた。

車は白装束キャラバンのワゴン車とは似ても似つかない古い乗用車。もちろんあの〝渦巻き模様のステッカー〟は貼られていない。

そういえば、二〇〇三年五月の白装束騒動の折、白装束キャラバンは山梨県から追い返されて福井県に向かう道中で、松本市を通ったはずである。

「松本はね、通ったと思うけど、街中は電磁波が多いから山のほうに避けたんじゃないかな？この道を通ったのかもしれないけど……どこを通ったとかぜんぜん覚えてない。もうずっと移動してたから、どこを走ったとか、いちいち覚えてないんだよ」

宮野の家は、ここから一五分ほどのところにあるらしい。

握手をして別れ、車は走り去った。

国道を走って遠ざかる宮野の車を目で追うと、ふと後ろに白いワゴン車が連なって走っているように見えて、脳の中の時空が少し歪んだ。

エピローグ

特定の事件や人物を深掘りする文芸作品は、アイデンティティ論の古典エリック・エリクソンの『青年ルター』（一九五八年）が書かれたときにすでにそうであったように、主人公の成育歴から人物像を探って、ライフコース上の危機と事件・人物との連関性を描くのが、古今東西、ルポであれ学術書であれ、定石といえる手法である。

本書を執筆する際も可能な限り、その定石を踏襲したが、本書のような体裁の作品を書くうえで欠かせない生橋英美の学生時代の記録を、顔の広い知り合いのつてで、ある個人から幸運にも見せてもらうことができたのは、本書を脱稿するほとんど直前であった。

英美の出身校・梅花学園の記録によれば、英美が高校三年生だった一九五一年一一月三日、学園では「文芸会」として学生有志による演劇が上演されたらしく、この演劇のプログラムに英美の名前が載っている。

女の家族　堀江史朗
高三有志
演出　生橋英美

祖母　てい　○○××
母　　きぬ　○○××
長女　　・・・・〈以下略〉

「女の家族」とは、当時NHKに所属していた売れっ子放送作家の堀江史朗《ほりえしろう》が書いた戯曲である。内容は、戦後すぐ、男女同権となった直後に女ばかりの家庭で起こるドタバタの日常を飄々《ひょうひょう》とシニカルに描いた流行もの。人間嫌いで、人とのコミュニケーションがうまく取れなかったはずの英美が、高校生活最後の秋に、同級生有志六人をまとめあげ、劇の演出をしていたのは興味深い。

文芸会では、中学生と高校生によって、ほかにも四つの題目が上演されている。それぞれ、劇作家・木下順二《きのしたじゅんじ》の代表作「夕鶴」、グリム童話の「眠れる森の美女」（英語劇）、マルティネス・シエラの「ゆりかごの唄」、近世演劇の「義経千本桜」であった。

英美を含めた高校三年生七人のグループが、もともと仲のよい七人組であったのか、それとも上演のためにたまたま集った七人だったのかは知る由がない。しかし私は、外国や日本の歴史的名作が演じられる中で、売れっ子ラジオドラマ作家の書いた現代的な芝居をあえて選択し、個性的な演者らをまとめ、劇という一つ世界を創り上げる演出を買って出た英美の創造力に、のちの千乃裕子の片鱗を見る。

高校三年の文芸会は有志の参加者にとっては思い出の結晶であったから、放課後の空き教室でやっていた芝居の稽古では、きっと英美も普通の女子高生らしく、泣きもすれば笑いもしただろう。思い出のこもった熱演に見入った指導教員は、文芸会のプログラムに次のようなコメントを寄せている。

高三生にとってはこれが最後の文芸会でありますので、お芝居が好きでたまらないといふ人たちに、全く自由にお芝居をさせてやりたいと思いました。初から終まで、何もかも自分たちの手でやっていたようです。拙い点も多々ございましょうが、お目こぼしのほど、願います。

その二週間前の一〇月二〇日には、中高、短大合同の運動会があった。運動会のプログラムは以下のようなものだった。

50m走　高三
ちょうちん競争　短大
学年リレー予選　高有志
スプンレース　高三
パン喰い競争　短大
100m 200m 予選　高有志
仮装行列　短大
高等学校体操　高全

綱引　高三対高二
スプンレース　短大
学年リレー決勝　高有志
綱引　短大
巧技　高有志
ファウスト　高三
踊るたのしさ　高全

「高三」と書かれているものに、英美は参加したはずである。彼女もスプーンレースや体操、ダンス、綱引などをしたのかと想像してみると、うまく言語化できない感情が心を突く。月並みな言い方だが、これから五五年後、福井の寒村で悪魔と格闘しながら、ワゴン車の中でひっそりと亡くなるあの千乃裕子にも、いとけない少女だった時代があったのである。

民主的に生徒の人気投票で決まった日光や東京への修学旅行、淡路島への遠足、アイスクリームの販売される文化祭、聖歌隊による讃美歌斉唱、シェイクスピアの英語劇、厳かなクリスマスの礼拝、キリスト教著名人や女権活動家による講演、手書きのイラストが愛らしいガリ版刷りの校内新聞——。

英美がいたころの梅花学園の写真や校内新聞を見ると、当時の学園がにぎやかで、上級で、知的な空気に満ちていたことがわかる。朗らかで知的な学園生活は、まるで、これから二五年後に「生橋英美」が「千乃裕子」となったあと、放課後の女子高生たちと創り上げる正法の集いの〝原型〟のようである。私は、本書で延々と英美の生涯を記述してきたはずだが、結局、彼女のことを何も知らないのかもしれない――。

英美の生きた時空を共有しなければと、おのずと私の足は、若い英美の育った大阪府池田市の石橋商店街へ向かっていた。

大阪府池田市石橋。阪急電鉄・宝塚《たからづか》線と箕面《みのお》線が乗り入れる石橋阪大前駅から、アーケードを歩いて約三分の商店街のど真ん中。女子高生、生橋英美が育った家は、じつはもうない。英美は四〇年前まで、ここ石橋の商店街にある木造二階建ての借家で、猫と小鳥を囲って暮らしていた。だが、一九八二年ころに転居したあと、建物は取り壊された。それ以来、英美の家があった区画は隣の区画と一緒になって、地図上から消え、いまではスーパーマーケットになっている。

英美宅の跡地に建つスーパーマーケットは、多くの買い物客でにぎわいを見せている。だが、アーケードの脇から開いた小さな路地は、商店街の風景に同化しつつ、古くも新しくもない薄い灰色の集合住宅が連なっているだけで、アーケードのような活況はない。陰鬱な路地は、三〇メートルほど先の金網で、行き止まりとなって終わる。英美の家は、この路地とアーケードの角、スーパーマーケットの一隅にあったはずだが、四〇年前に英美が一人、宇宙の生成と消滅の神秘を語った痕跡は、いまでは完全に消滅している。

私はアーケードに戻り、今度はスーパーマーケットを背にして、商店街を歩いた。道行く人は、四〇年前のこの商店街で善と悪の闘いが繰り広げられ、一人の女性の口から宇宙創成以来の真理が語られたことなど、誰も知らない。

私は、一人、生橋英美の育った地で、彼女の残像を探していた。

行き過ぎる人の群れを眺め、高齢の女性の姿が目に入ると、その一人ひとりの残像が英美の姿に重なり合う。一九三四年生まれの英美は、いま（二〇二二年現在）生きていれば八八歳である。英美も、石橋に住むほかの多くの人たちと同じようにここで育って、青春を過ごした。大勢の女子高生の一人だった生橋英美が「千乃裕子」になって、天の奇蹟を説くことがなければ、英美もきっと、はたはたと忙しない商店街で静かに暮らし、老いて、死んだだけだったのだろうか。

地図で周囲を調べ、若いころの英美が通っていた可能性のある教会を探した。だが、教会に対する聞き込みと取材は、「わかりません」と言われるか、「教会員の個人情報」を理由に、ことごとく断られた。英美が言うには、通っていたのは「プロテスタントの教会」で、英美はそこで「デボラ」という洗礼名を付けられたそうだ。とはいえ、一般にプロテスタントでは洗礼名を付けないため、真相はわからない。なお、池田市石橋周辺のキリスト教会で英美が受洗した一九五〇年前後から存在する教会は、片手で数えられるくらいしかない。私は、それらの教会が発行する『教会史』をひととおり集めたものの、英美の痕跡は見つからなかった。

一九四九年一二月、クリスチャンになるかならないかの時期に英美が出席した降誕祭（クリスマス）礼拝の様子を、梅花学園の校内新聞は次のように紹介する。

……禮拝堂がない。コワイヤー・ガウンもなければページエントに必要な衣装もない。いつかは私たちの手でこれらのものをこしらえたいものだ。しかし、それよりもまず必要なのは私たちのたましいの準備であることを忘れてはならない。私たちの毎日の朝の禮拝における心の清めが、そして日々の祈りをつうじてのキリストへの近づきが、私たちのクリスマスを意義づけるのである。（THE BAIKA SHINBUN 一九四九年一二月二三日号）

これを読むと、英美が受洗したころのクリスマスは、物不足から不自由な手作りの礼拝を強いられたが、心だけは豊かに聖霊に満ちていたようである。しかし、英美にとっての教会は、聖霊だけに満ちた空間ではなかったようだ。確証がないため、本文中では紹介しなかったが、若いころの英美が教会で性暴力を受けたという話が、二〇〇三年の白装束騒動時に週刊誌で報道されているのである（「週刊新潮」二〇〇三年五月二二日号）。記事に登場する英美の母親の知人を名乗る人物の談を信用すれば、英美は「教会での性暴力」がきっかけで、人間関係、特に男性との意思疎通が取れなくなったのかもしれない。確かに英美の著書には「教会で男性から世俗的な眼で見られた」など何らかの不当な性的関係をうかがわせる表現があるし、また英美の男性の性欲に対する徹底的な嫌悪感は、本文中で見てきたとおりである。

すでに読者はおわかりだと思うが、英美はずっと心に苦しみを抱えていた。その苦しみが、信頼した聖職者からの「性暴力」によるものなのかどうかはわからない。いずれにせよ、その心の苦しみは、英美に天の仲介者の役割を課し、またその役割自体も英美をずっと苦しめた。じつは英美は、その苦しみゆえに、「メッセージを辞めたい」と何度も口にしたそうである。

だが、そのたびに周囲の幹部が彼女の求めを拒んだ。「本当は千乃先生も被害者なんですよ。そもそも秘書の仕事してた人だったのに、それがメッセージを伝える先生になってしまったから」。私は本書の取材中に、そんな証言を耳にした。

本当は、英美は天の束縛から解放されたかったのかもしれない。この石橋の商店街で、天の奇蹟が英美に明かされた。そのために、英美は、多くの人を巻き添えにしながら、その一生を善と悪の闘いの中に投げ入れることになったのである——。

英美と私を隔てる四〇年の時の厚さに思いを巡らせながら、石橋の街をひととおり歩き終え、英美の家の跡地へ戻る。すると、数軒隣の和菓子屋に、先ほど通ったときはいなかった老女将がいた。

——ここの隣のスーパーが建つ前に○○という人がしていた会計事務所があったんですが……。

「ん、会計事務所なら、ここじゃなくて、あっちのパン屋のほうに……」

——あ、いや、昔このスーパーが建つ前に、ここに会計事務所があって、そこに英語教室を開いていた女性がいて、そのころのことを知ってる人を探しているんですが。

私に道案内をしようと店先に出た和菓子屋の老女将は、「英語教室を開いた女性」の一言で何かを思い出したのだろう。数秒動きを止め、口を開いた。

「あー、女の人いた。うん。知ってる。でも、もうおらんでしょ。借りて住んでただけやったろうし。会計事務所ゆうか、不動産屋やったと思うけれど」

老女将は御年八五歳。石橋に来て、ようやく英美を知る人物に出会えた。

――どんな人でしたか？　綺麗な人だったそうですが？

「うん、スラっとして。ものすごく美人さんってわけちゃうけど、綺麗な人やったよ。そう、あそこの人みたいな」

女将が指差した方向には、細身で艶のある黒髪をなびかせ、アーケードを歩く長身の女性がいる。

「あの人（＝英美）ねえ、あっちの郵便局あるでしょ。そこで、あの女の人、手をこうやって広げて空見上げて、夜中に星としゃべったりしてた。商店街ってあんまり近所とかほかのお店のことはよう知らんもんなんやけど、でもあの女の人は、『あー、あの人……』って、有名やった」

夜空から燦燦《さんさん》と降り注がれる星々の声は、英美の耳に何を告げていたのだろう。幻覚や妄想に苦しむ病者にとって、幻声は未曾有の精神病的世界に生きていくための、必要不可欠な世界の同伴者であるという。両手に落ちる星の声は、きっと英美には、ぱちぱちと弾けるような光の囁きだったろう。だが、同時に英美の人生の底知れない孤独の表明でもあった。英美はそれを手のひらの触感をもって受け止めたが、この和菓子屋の老女将の言うように、世の人はそれをただの奇行としか受け取らなかったのだ。

老女将が言うには「当時を知っている人は、もうおらん」とのことである。しばし話して老女将と別れ、お土産に買った和菓子を手に駅へ向かった。老女将と話した時間は一〇分に過ぎなかったかもしれない。とはいえ、ここに来てようやく英美が生きていた証《あかし》を感じることができた。

駅の構内を宝塚線のホームに向かって歩く。少女時代の英美も、この駅の同じ通路を歩いたことであろう。英美は甘いものが好きだったというから、自宅の数軒隣で売られるこの和菓子も食べたかもしれない。きっと同級生たちと明朗に過ごした学校から、居場所を見つけられずに苦しんだ会社から、猫と小鳥の待つ家へ帰る道すがらに——。

私は駅のホームの長椅子に腰掛け、英美も食べたであろう菓子を一口一口、咀嚼《そしゃく》しては飲み込み、ホームに到着した梅田行の阪急宝塚線に乗り込む。目を閉じて、暗い瞼の裏側を見つめながら、千乃裕子の生涯をどう摑めばよいのか、ずっと考えている。

あとがき

本書は、お読みいただいたとおり、千乃裕子こと生橋英美／増山英美と千乃正法会の通史である。元会員や関係者への取材、千乃の著書、千乃正法会の刊行物、既存の報道などをおもな情報源として執筆している。

元会員や関係者への聞き取りでは、取材に応じてくださった方、話したくないという方、無視する方、正法の流布に寄与しないことには協力しないという方など、さまざまな方がいた。取材拒否の意向を示した元会員の中には「そんな書籍を出したら、少なからず傷つく人が出てくる」と言って、きつく忠告してくださる方もいた。いまも千乃の書籍を出版するエルアール出版にも何度か電話取材をしたが、ていねいにお話はしてくださるものの、突っ込んだ話を聞こうとすると決まって「千乃先生のお考えに則っていないのであれば、話はできません」と、断られるのが常だった。また、取材に応じてくださった方の中には、話すことで自分の証言が特定されることを懸念する方がいた。一方で、宮野氏のように懐かしい思い出話をするように話してくださる方もいた。

そうした方々の千差万別の思いに触れて、一人ひとりの人生にのしかかる千乃正法というテーマの重さを思い知り、筆が止まったこともあった。千乃正法に何の関係もない私が本書の執筆をしていることについて、申し訳ないと思ったことも何度かあった。また、「カルト団体の教祖」を一人の生身の人間として描くことや、それ以上に「カルトの当事者」と見られる人の人生を、その人の主観に寄り添った視点で記述した点にも、批判は免れ得ないかもしれない。

描き方の立場性の問題は、じつを言うと、いまも悩み続けている点である。しかしながら、千乃裕子の生涯と千乃正法会の通史を記録文学《ドキュメント》としてまとめ、世に残す作業は、世の記憶に曖《あい》昧《まい》に残るあの〝白装束集団〟の誤解を解く鍵として、その中心にいた千乃裕子という一人の人間が生きた証《あかし》として、また多くの人が彼女を信愛し、また裏切られて大切な人生を費やした証として、少なからず意味があるはずだと考えたい。

千乃に関わった人たちの多くは、千乃を信愛し、裏切られた人たちであった。だが、本書で述べたとおり、いまだに千乃を信愛し続ける人たちは、確実にいる。彼らが千乃を信愛し続ける理由は何か。それは、人間というものは自分の過去に意味を積み重ねて世界を認識するからである。世界の実相はそれが何であるかより、われわれがそれをどう見るかによって定まるのだ。宮野の例を出すまでもなく、いまも千乃の正法を信じる人たちは、千乃の死の意味や第三者から見たら異常で奇怪な彼女との経験にさまざまな意味を紡いで、自分の人生を一貫性のあるものとして再構成している。

読者の多くは、本書で描いてきた千乃正法の歴史について、最初期から八〇年代までの千乃の言動と、キャラバンが始まって以降の千乃の言動の差異を見て、初めは「まとも」だった宗教が、教祖の精神状態が悪化の一途をたどった結果、カルト化したものと捉えるだろう。その見方は、確かに多くの人が首肯するものではあると思う。私も同意する。

しかし、それでもなお、私が本書の執筆を終えて強く考えたいのは、天の声が聞こえ始めた最初期に、女子高生たちとのほがらかな場で千乃が認識した世界と、多くの人に「狂った」と判断された白装束キャラバンの渦中で認識した世界に、千乃の主観上の差異はなかったのではないかということだ。絶え間ない天上界との交流を通して、彼女の世界は一貫していたのではないだろうか。

思うに、病的世界と宗教的世界の差異は、それを外側から解釈する人間の認識枠組みの差でしかない。つまり、天の声を聴く人間は最初から狂っているし、最後まで聖人なのである。聖なるものと俗なるものの差異は確かに存在するが、聖なるものと狂ったものの差異は必ずしも存在しない。聖なる真正の宗教性により、極限の苦しみも生まれる。フーコー『狂気の歴史』（新潮社、一九七五年）によれば、前近代の社会では、狂気は社会の中で包摂されており、狂人は真実の明瞭な告知者として畏怖の念に包まれていた。また、シャーマンが存在する文化圏には統合失調症の患者が少ないというが、これは幻視や幻聴など一個人の精神上の異常を、「創造の病」として文化的に有意に包み、シャーマニズムとして集合的な神話に昇華する柔らかい人々の共同体があるからである。

本書の第五章で述べたとおり、千乃がスカラー波で攻撃され始めたころに実行に移されたクーデタ未遂が成功し、もし千乃を引退させることができていれば、千乃は死ぬまで「聖女」でいられたかもしれない。仮に千乃の精神状態が、それから悪化の一途をたどったのだとしても――。

最後に、本書の執筆期間は新型コロナウイルスの世界的パンデミックと時期が重なった。

人々の日常は、まるで白装束のような防護服で「清浄」と「汚穢」が物理的に分断され、一つひとつの生活行動にも、まるで「スカラー波」に対処するような細かな制限が求められる日々が続いている。

また、そうした不便な生活への不満や微細なウイルスの「不可視性」、コロナ対策に右往左往する政治への不信感などから、疑似科学や反ワクチン運動、陰謀論が巷を騒がせて久しい。「ディープステート（闇の政府）」なる陰謀論によって米連邦議会が襲撃されたかと思えば、日本でも「光の勢力が闇の勢力に支配された世界を倒す」という異様な世界観をもとに、ワクチン接種会場が襲撃される事件が発生した。そして、まさしく「善と悪の闘い」そのものとして可視化されるロシアのウクライナ侵攻がいま、世界をつよく揺さぶり、〝反共主義〟を旨とするカルト宗教と政治の深いつながりに日本が揺れている――。

こうした日々を、まるで〝千乃裕子の世界〟が冥界から現実に湧出してきたかのような感慨をもって私は見つめていた。一定しない真実と虚構の間で氾濫する情報を、良識をもってどのように取捨選択するかが、世界の主体たるべき現代人にとっていかに大切であるかを考えさせられる時期であった。

このような〝世界の揺らぎ〟を実体験する時期に、本書を出版する運びとなったことはまったく想定外だが、原稿を推敲するさなかに「真実とはなにか」「虚構とはなにか」を深く考える機会を得られたのは、言葉にならない奇遇である。

さて、紆余曲折を経た本書の刊行は、多くの方々のご助力なしには決して実現できるものではなかった。ここに力を貸してくださったみなさまに心から感謝を表明したい。まず、宗教学の知見から監修をしてくださった道蔦汐里《みちつたしおり》氏、宗教系学校の研究をしていた道蔦氏に会わなければ、学生時代の千乃のこともよくわからぬまま脱稿していたと思う。自画自賛状態の草稿に鋭い意見で切り込みを入れてくださった笠原《かさはら》なな子氏、もうずいぶん前にさかのぼる本書の企画段階から的確なアドバイスをしてくださったフリー編集者の西島《にしじま》悠氏。取材を手伝ってくれた大鳥靖史《おおとりやすし》氏。快く写真素材を提供してくださった鹿取茂雄《かとりしげお》氏。編集・校正からずっとご尽力くださった論創社の谷川茂氏ほか同社社員のみなさま。そして何より、取材に応じ、想いを語ってくださった宮野氏をはじめ元会員・関係者の各位に心からのお礼を申し上げる。

　私はこれからも千乃裕子と正法の集いのことをもっとわかりたいと思う。この書籍を手に取ってくださった方の中で、生前の千乃のこと、正法の集いのことを少しでもご存知の方がいたなら、略歴に記載した私のＳＮＳアカウントかメールアドレスまで、ご感想やご意見を、私への苦情も甘んじて受けるので、ぜひお送りいただければ幸いである。

　白装束キャラバンが始まって三一年目、終わって一九年目の二〇二二年九月、自宅にて

金田直久

注

1 千乃裕子を中心に集い、二〇〇三年五月に「白装束騒動」で一躍話題となった集団が「千乃正法会」を名乗ったのは、二〇〇三年以降のことであり、元来は「正法の集い」を名乗っていた。ほか、集団の刊行物には「千乃正法グループ」や「正法会」という呼称もあるが、あまり一定していない。本書では便宜上、時代によらず彼らのことを「千乃正法会」と記載している。

2 本書に登場する人名は、千乃裕子をはじめ、すでに名前が公になっている人物を除き、すべて仮名で表記していることを、あらかじめお断りしておきたい。

3 千乃裕子の本名が「増山英美」であることは、二〇〇六年の彼女の死没に際し「本名、増山英美」と報道されたことから明らかだ。しかし、彼女の幼少期（おそらく出生時も）から、少なくとも一九七七年までの姓は「増山」ではなく、「生橋」であった。元来「生橋」であった姓が死没時に「増山」となった事情は不明である。第四章に記したが、千乃は一九八四年にペーパー結婚をし、すぐに離婚した。その際の夫の姓が「増山」であったことも考えられるが、離婚後も元配偶者の姓を名乗り続けるには別に手続きが必要であるため、その可能性は低い。なお、英美の母は夫（英美の父親）と死別したあとに再婚するが、再婚相手の姓は「増山」ではなく、「金丸」であった。

4 英美自身は著書にそう書くが、英語科で英語を学んだとはいえ、短大卒で留学経験もない彼女に英語会議の速記録が作れるとは容易に思われないため、詳細は不明である。

5 ちなみに、これ以前に日本の宗教団体で真面目にUFOや宇宙人を取り扱ったのは、管見の限り生長の家と、白光真宏会、竜王会（神智学協会）のみである。特に白光真宏会は、幹部が金星人に遭遇し、UFOに搭乗したという本を一九七四年に出版している。

6 筆者は石橋商店街へ現場取材をした際、このころの英美を目撃したという年配の女性に会った。その女性が言うには「あの女の人、手をこうやって広げて空を見上げて、夜中に星としゃべってたりしてた」とのことである（「あとがき」参照）。

7 ヤスパースは「実体的意識性」（『精神病理学研究2』みすず書房、一九七一年）という概念をもって、統合失調症病者の心理的域外空間に潜み、幻聴や妄想によって病者をさいなむ症状を捉えた。もちろん千乃もそうした実体的意識性（＝共産主義過激派、悪霊）に苦しんだが、その一方で、対話可能な二人称の存在として神が自分のそばにいるという現存感は持っていた。統合失調症の病者の多くは「実体的意識性」から発生する妄想と幻覚の両方に苦しむが、千乃の場合は少し違った。本書で記述するように、千乃はこのあとも妄想には苦しむものの、幻覚に苦しむことはなかったのだ。千乃にとって、迫害妄想や被害妄想などの妄想は、すべて実体的意識性から来る見えない攻撃者の悪なるものである。だが、幻聴や幻視などの幻覚は、すべて神の現存感から来る善なるものであった。

8 千乃は自らの集いを「正法の集い」と呼んでいたが、中野裕道を中心に糾合した元GLA会員らの集まりも自らを「正法の集い」と呼んでいた。

9 なお、先述したとおり、時代によって千乃の主張も変わるため、千乃の書籍によっては、この系図とは異なる親族関係が書かれたものもある。

10 この『波動性科学』は、一九九一年に白装束キャラバンが開始されたときには、スカラー波を分析する論拠として千乃が参照する重要書籍として扱われるが、このころはまだ、機関誌（一九八四年一一月号）でこの本が紹介された際、千乃は単に「興味深い」と言及しただけだった。

11 千乃の理屈はこうである。サタンは「ユダヤの民も他の民もまとめて天上界に帰依させる計画をする」と称して、イエス・キリストを地上に生み出すことをエル・ランティに進言した。エル・ランティはその奸計に乗せられ、イエスを〝救い主〟として地上に登場させ、多くの奇蹟をおこなわせたが、その甲斐なくユダヤの民はイエスを救い主と認めなかった。サタンの仕組んだとおり、これでユダヤの民が完全に天上界から離れる結果となった。（『天の奇蹟（下）』三二三―三二四頁）

12 前述した機関誌一九九一年八・九月号の吉田の寄稿も、先鋭的にカルト化する会の雰囲気を敏感に感じ取ったがゆえの文章であった。

13 千乃は、会員が「千乃は気が狂った」と思ったり、千乃に非協力的な態度をとったりすることを、「スカラー波攻撃より、脳の神経回路がコントロールされているからだ」と考えていた。ちなみに、千乃自身も体の異常を感じた当初は、自律神経失調症を疑ったという。なお、統合失調症患者の主な症状には、注察妄想（監視されているという妄想）、追跡妄想、迫害妄想、作為妄想（第三者に自分の体が操作されている妄想、その感覚。作為体験とも）などの妄想があるが、千乃は、これらの妄想のうち、作為妄想はまったく経験しなかった。また、「幻聴」

も日常的にあったものの、第二章で述べたように、それは多くの統合失調症患者が苦しむような、自分を攻撃してくる第三者の一方的な声ではなく、対話可能な、心に安定をもたらす天の声であった。

15 奇妙なことに機関誌には、同研究所の開所に関しては何も触れられていない。おそらく「活動場所を公にすると過激派に狙われやすくなる」と考えられたのだと思われる。

16 ロシア出身の科学者ジョルジュ・ラコブスキーが一九三一年に発明した「電磁波で病気を治す」という治療器具。一般的には疑似科学として扱われ、オカルト界で有名。

17 オウム真理教も地震兵器の研究のために、実藤の著書を多く参照していた。また、実藤自身は自著『ニコラ・テスラの地震兵器と超能力エネルギー』のあとがきに「大橋とベアデンの著作に影響されてスカラー波研究を始めた」と言明している。

18 おそらくその後、数年も経たず自然消滅したと思われる。

19 機関誌では、矢田の背反は「矢田偽メッセージ事件」、北沢の背反は「北沢文書問題」と呼ばれた。

20 ベストセラー『神との対話』（サンマーク出版）の著者。

21 ちなみに、北沢は東京のリーダー格の人物であったが、千乃に直接会ったことは一度もなかった。

22 もっとも「追放」にせよ「消滅」にせよ、いずれも「執行猶予付きの脅し」であり、追放や消滅を言い渡された者が皆そのままキャラバンを去ったわけではない。

23 千乃は、ここで「ムー」の前身を「ＵＦＯと宇宙」と書いているが、「ＵＦＯと宇宙」の後継誌は「トワイライトゾーン」（ワールドフォトプレス）であり、「ムー」ではない。このように、千乃は「ムー」と「トワイライトゾーン」を混同していたようだが、ここから千乃が「トワイライトゾーン」も読んでいたことがうかがえる。

24 この施設は、「ドーム型」という形状の特殊性から、二〇〇三年当時の報道では、千乃正法会のオカルト的世界観の現れとして論じられたこともあったが、実際は山梨県の建築事務所が別荘や店舗用等に設計して売りに出している規格住宅であり、千乃正法会が設計したものではない。

25 ちなみに、その後は目撃情報が絶えたタマちゃんは、千乃によると「UFOに救出されてUFOの女性乗員に世話をされ、メスアザラシのお嫁さんが欲しいとクークー甘えて鳴くほどに回復した」らしい。（「LR」二〇〇三年二 - 八月号）

26 二〇〇三年五月一四日の家宅捜索前にされた警察発表によれば、会員は約一〇〇〇人とされ、会のナンバーツーである浜田も二〇〇三年五月の新聞インタビューで、会員数を「一〇〇〇人から一二〇〇人」と述べるが、前述の「週刊文春」への訴状では「マスコミの悪意ある報道が原因で会員が五〇〇人から三〇〇人に減った」と記載されている。よって、九〇年代は約一〇〇〇人いた会員が徐々に減り、二〇〇三年当時には五〇〇人になっていたのだろうと試算した。

27 なお、草間氏の死亡事故に関して、取材中に「あれは殺されたんです（殺されたも同然なんです）」と、同氏を熱中症に追い込んだ会の責任を強く非難する元会員の証言もあったことを付言しておきたい。

28 たとえば、千乃は『『ムー』には『火星の湖には恐竜の化石がある』と書かれますが、金星人のヴァルによれば、それはニビル星から連れて来られて水死した恐竜とのことです」などと機関誌に書いた。（『フェニックスの翼に乗って』一二八頁）

29 翌年二〇〇五年の機関誌クリスマス号には、「千乃正法との思い出」を綴る会員からの寄稿集が掲載されたが、寄稿したのは八八人であった。

30 保守系の政治的啓蒙活動をおこなう団体で、共産党批判・自民党支援のチラシ配りや保守系書誌の図書館寄贈などをおこなっていた。（「LR」二〇〇三年二－八月合併号、六一頁）

31 なお、「エルアール出版」には、浜田が社長を務めるジェイアイ出版以来のもともとのエルアール出版に加え、千乃没後の二〇〇九年に福井県五太子町の旧パナウェーブ研究所住所を本店住所にして新たに設立された同名の「エルアール出版」がある。現在、千乃正法会の書籍を刊行しているのは、後者のエルアール出版であるが、旧パナウェーブ研究所の土地所有権者は前者のままである。

32 これは訴訟が起こされた二〇〇三年一二月時点での人数であり、翌二〇〇四年五月の大背反事件が起こる前の会員数である。

33 千乃は、カラスを「人間の友達」だとしてなぜか偏愛した。また、いずれにせよ地球冷却により生物は凍死してしまうはずだが、それまでの短いあいだでも野生動物は平和に暮らすべきだと千乃は考えた。

34 銀河と銀河のあいだにある、何も存在しない宇宙空間。

35 おそらく毎年一〇月二一日前後に極大を迎えるオリオン座流星群だと思われる。

参考文献

一般書籍

阿久津淳『マージナル・サイエンティスト—異能科学者列伝』西田書店、一九八八年
池田市史編纂委員会編『池田市史—概説篇』池田市、一九七一年
石井研士編著『バラエティ化する宗教』青弓社、二〇一〇年
エリザベス・キューブラー＝ロス（鈴木晶訳）『死ぬ瞬間—死とその過程について』中公文庫、二〇〇一年
大川隆法『高橋信次の新復活』土屋書店、一九八七年
—編『高橋信次霊言集—同時代の福音』潮文社、一九八六年
—『高橋信次霊訓集』幸福の科学出版、一九八七年
大橋正雄『波動性科学入門—宇宙と生命の神秘をとく』たま出版、一九八三年
—『波動性科学—二〇〇〇年来の不可知を解く』たま出版、一九八八年
小野桂『神と天使たちの罪業』たま出版、一九九八年
鹿取茂雄『酷道を走る』彩図社、二〇〇九年
河合隼雄『河合隼雄著作集11—宗教と科学』岩波書店、一九九四年
木村忠孝『魂の真実』たま出版、二〇〇七年
—『驚異の高次元世界』たま出版、二〇一一年
久場政博『シャーマニズムと現代文化の病理—精神科臨床の現場から』弘文堂、二〇一七年
実藤遠『スカラー波理論こそが科学を革命する—驚異の電磁兵器から平和産業の利用』技術出版、一九九四年
—『ニコラ・テスラの地震兵器と超能力エネルギー—人類が知らない重力波の存在を探る』たま出版、一九九五年
ゼカリア・シッチン（竹内慧訳）『地球人類を誕生させた遺伝子超実験』ヒカルランド、二〇一七年

高橋信次『悪霊1』三宝出版、一九八〇年
―『悪霊2』三宝出版、一九八〇年
中井久夫『分裂病と人類』東京大学出版会、一九八二年
―『中井久夫著作集1巻 分裂病―精神医学の経験』岩崎学術出版社、一九八四年
沼田健哉『現代日本の新宗教―情報化社会における神々の再生』創元社、一九八八年
―『宗教と科学のネオパラダイム―新新宗教を中心として』創元社、一九九五年
―「現代新宗教におけるカリスマの生と死：高橋信次とGLAの研究」『桃山学院大学社会学論集』二〇巻、一九八六年
パナウェーブとたまちゃんを考える会『パナウェーブ―白装束の謎と論理』アートブック本の森、二〇〇三年
原田実『と学会レポート 原田実の日本霊能史講座』楽工社、二〇〇六年
ミシェル・フーコー（田村俶訳）『狂気の歴史―古典主義時代における』新潮社、一九七五年
松田真理子『統合失調症者のヌミノース体験―臨床心理学的アプローチ』創元社、二〇〇六年
森山公夫『統合失調症―精神分裂病を解く』ちくま新書、二〇〇二年
カール・ヤスパース（藤森英之訳）『精神病理学研究2』みすず書房、一九七一年
I・M・ルイス（平沼孝之訳）『エクスタシーの人類学―憑依とシャーマニズム』法政大学出版局、一九八五年
リサ・ロイヤル他（保科一美訳）『プリズム・オブ・リラ―銀河系宇宙種族の起源を求めて』星雲社、一九九二年

千乃正法会書籍

岩間文彌『天の奇蹟（上）』慈悲と愛出版社、一九八〇年
―『天の奇蹟（中）』慈悲と愛出版社、一九八二年
―『天の奇蹟（下）』ジェイアイ出版、一九八七年
立花弘章・沢田三月『天が証された驚くべき霊界の真実1―まちがいだらけのあなたの人生』エルアール出版、二〇一五年
千乃正法会『千乃正法会よりマスコミ報道等への反論』エルアール出版、二〇〇四年

千乃裕子『天国の扉―未来への幸せをめざして』たま出版、一九七七年
―『天国の扉―未来への幸せをめざして〈改訂版〉』エルアール出版、二〇一三年
―『天国の証―最後の審判より希望の星へ』たま出版、一九七八年
―『天国の証―最後の審判より希望の星へ〈改訂版〉』エルアール出版、一九八八年
―『セルメス(天使の詩)―希望と愛と光をあなたに』慈悲と愛出版社、一九八一年
―『エルバーラム(天使の群)―光、光、光の世界をあなたに』慈悲と愛出版社、一九八二年
―『エルカロム(天使の角笛)―天は愛と義と智に満ちた人々のために在る』慈悲と愛出版社、一九八三年
―『エルロイ(天使の智恵)―天は人の世に破壊をもたらさない』慈悲と愛出版社、一九八三年
―『フェニックスの翼に乗って―新しき天の救い』エルアール出版、二〇〇八年
千乃裕子編『天国の光の下に―エクソシズム(悪魔払い)からアトランティス大陸の解明 改訂版』慈悲と愛出版社、一九八〇年
―『エルフォイド(天使の冠)―光に生きる人生をあなたに』慈悲と愛出版社、一九八一年
―『天上界メッセージ集―人は理性と真理と希望につらなる未来を求めてやまない』慈悲と愛出版社、一九八五年
―『天上界メッセージ集―人は理性と真理と希望につらなる未来を求めてやまない・続』エルアール出版、一九八六年
―『天上界メッセージ集Ⅲ―天の危機・人類の危機を迎えて』、ジェイアイ出版、一九九五年
―『神々の憂いと悲しみ―天と地のはざまにて星を仰ぐ千乃正法/エル・ランティの法』ジェイアイ出版、一九九六年
ヨハン・ダニエル『天国の扉を開くマスター・キー―真我が解れば人が変わり人類が救われる!』エルアール出版、二〇一三年

千乃正法会機関誌

「LR」二〇〇〇年一月号~二〇〇六年三月号
「希望と愛と光」一九八一年一月号~一九八二年七月号
「JI」一九八一年三月号~一九九九年一二月号
「慈悲と愛」一九七八年一二月号~一九八一年二月号

「生存」一九八五年七月号～一九八九年七月号
「マンガデスヨ!!」一九八一年一二月号～一九八二年七月号

雑誌

「アエラ」二〇〇三年五月一九日号
「上方芸能」二〇〇三年九月号
「サンデー毎日」二〇〇三年六月一日号
「GLA」一九七六年一月号～一九七八年一二月号
「週刊朝日」二〇〇三年五月二三日号、同三〇日号、二〇〇六年五月五・一二日号
「週刊現代」二〇〇三年五月二四日号
「週刊新潮」二〇〇三年五月四日号、同一五日号、同二二日号、同二九日号、二〇〇五年八月一一・一八日号、二〇〇六年五月四・一一日号、同一一月九日号
「週刊文春」二〇〇三年五月一日号、同一五日号、同二二日号、同二九日号、同六月一九日号
「週刊ポスト」二〇〇三年五月二三日号、同三〇日号
「正法」一九七八年九月号～一九七九年一二月号
「新潮45」二〇〇三年七月号
「正論」二〇〇三年七月号
「創」二〇〇三年七月号
「日経サイエンス」二〇〇五年二月号
「日本神学」一九七七年一月号～一九八〇年一二月号
「ムー」二〇〇三年一月号～二〇〇六年一二月号
「UFOと宇宙」一九八一年年一二月号

「RikaTan」二〇一八年一〇月号

新聞

「赤旗」二〇〇三年五月三日、同二四日
「朝日新聞」二〇〇三年五月一五日
「朝日新聞」夕刊、二〇〇三年五月一四日
「THE BAIKA SHINBUN」一九四九年一二月二三日号
「産経新聞」二〇〇三年四月二九日、五月四日、同七日、同一四日、五月一五日、同二三日、同二五日、六月六日、同二五日、八月九日
「東京スポーツ」二〇〇三年五月七日、同八日、同一〇日、同一四日、同一五日
「福井新聞」二〇〇六年九月一二日、同一三日、一〇月二六日、二〇一一年一〇月二六日
「毎日新聞」一九八二年一〇月二七日、二〇〇三年四月二八日、五月一日、同二日、同五日、同六日、同七日、同八日、同二四日、同二六日、一〇月三〇日、一二月六日
「毎日新聞」夕刊、一九八二年一〇月二七日、一九八三年一月二五日、二〇〇三年五月一四日
「夕刊フジ」二〇〇三年五月九日、同一五日、同一六日
「読売新聞」二〇〇三年五月五日
「読売新聞」夕刊、二〇〇三年五月二日、五月一四日

インターネット

エルアール出版(http://www.lr-p.com/)
be With GODS (http://bewithgods.com/hope/index.html)
総務省統計局(http://www.stat.go.jp/data/kouri/doukou/2003np.htm)

千乃真理正法会のブログ(https://chinosyoho.exblog.jp)
パナウェーブ研究所(https://web.archive.org/web/20050409004718/http://www.pana-wave.com/)
「『電磁波攻撃を受けている』〝謎の白装束集団〟騒動から一八年…パナウェーブ研究所はその後どうなった?」文春オンライン(https://bunshun.jp/articles/-/45371)
高橋信次先生の法を学ぶ会(http://houwomanabukai.org/index.htm)
正法 現代の釈尊 高橋信次師とともに(http://www.shoho2.com/)
水瓶座新時代と多次元新生地球の幕開け(https://chinosyoho.exblog.jp/)

その他

「現象テープ」 4番~46番(欠番41番~44番)
『ゼンリン住宅地図 大阪府池田市』 一九八二年~一九八九年
『ゼンリン住宅地図 福井県福井市』 一九九二年、一九九三年
平成15年(ワ) 第２７７２０号 損害賠償等請求事件(平成17年5月13日判決言渡)
平成27年(ワ) 第２９３６０号 建物収去、建物・土地明渡請求事件(平成30年3月23日判決言渡)
平成15年５月９日衆議院内閣委員会第９号議事録

金田直久（かねだ・なおひさ）

東京都生れ。都内在住の40代。国内外のスピリチュアル、超常現象《オカルト》情報を収集・考察する在野の研究家。精神医学、民俗学、歴史学など学際的なアプローチを志向。本書が初の著作となる。宗教に対しては懐疑主義であるが「人はなぜ宗教を信じるのか」ではなく、「私はなぜ宗教を信じないのか」を着眼点にして考察をおこなっている。
学生時代に遭遇した「白装束集団騒動」が忘れられず、10年程前から千乃正法会の取材・調査を開始した。そのほか、過去の怪奇事件、カルト事件の〝いま〟を鋭意取材・調査中。
ツイッターアカウント：@kanedaauto7919
メールアドレス：knd.kne.1979@outlook.com

論創ノンフィクション 030
白装束集団を率いた女 ――千乃裕子の生涯――

2023年1月1日　初版第1刷発行

編著者　金田直久
発行者　森下紀夫
発行所　論創社
　　　　東京都千代田区神田神保町2-23　北井ビル
　　　　電話　03（3264）5254　振替口座　00160-1-155266

カバーデザイン	奥定泰之
写　真	鹿取茂雄
校　正	小山妙子
組版・本文デザイン	アジュール
印刷・製本	精文堂印刷株式会社
編　集	谷川 茂

IISBN 978-4-8460-2165-8 C0036